一个美国青年在中国抗日游击区的见闻

索万喜
日 记
(1938—1940)

〔美〕索万喜 著

于 琳 译

武锡申 校订

北京出版集团

北京出版社

北京市版权局著作权合同登记号：01－2023－3352

Original Title：Howard Sollenberger's Diary by Howard Sollenberger
Simplified Chinese Edition is first published in China in 2024 by Beijing Publishing Group, by arrangement with David Sollenberger, Zoe Sollenberger. Simplified Chinese rights arranged through Beijing Star River Foundation.

图书在版编目（CIP）数据

索万喜日记 ：1938—1940 ／（美）索万喜著；于琳译.－－北京：北京出版社，2024.9. －－ ISBN 978－7－200－18176－0

Ⅰ．K265.06

中国国家版本馆 CIP 数据核字第2024EL9394号

索万喜日记（1938—1940）
SUOWANXI RIJI（1938—1940）
［美］索万喜 著 于琳 译

*

北 京 出 版 集 团
北 京 出 版 社　出版
（北京北三环中路6号）
邮政编码：100120

网　　址：www．bph．com．cn
北 京 出 版 集 团 总 发 行
新 华 书 店 经 销
北 京 华 联 印 刷 有 限 公 司 印刷

*

880毫米×1168毫米　16开本　22印张　250千字
2024年9月第1版　2024年9月第1次印刷
ISBN 978－7－200－18176－0
定价：78.00元
如有印装质量问题，由本社负责调换
质量监督电话：010－58572393

索万喜（1917—1999）

序　怀念索万喜

伊莎白（Isabel Crook）

　　我很高兴索万喜（Howard Sollenberger）的战时日记即将用中文出版，从中可以看到对一场残酷战争中人道主义使命的令人着迷的叙述。中国历史学家无疑将非常重视这样的档案文件。

　　索万喜（我称他为"索利"）和我一样来自一个传教士家庭，遵循的是社会福音派（Social Gospel）的教义，这意味着应该关注人、关注教育、关注健康和家庭。我们作为在中国成长的传教士后代（"mishkids"），都是先在中国接受早期教育，而后"返乡"上大学。之后我们又都选择返回中国。我在四川做人类学研究时，索万喜在华北参加了难民救济工作。

　　1940 年，我在成都结识了索万喜。他当时和朋友路易·惠特克（Louis Whittaker）从游击区过来。惠特克当时患了严重伤寒，几天后去世了。我和我的母亲帮助索利安排了他的葬礼。

　　母亲在 1940 年 9 月 11 日给家人的信中写道：

　　　　今天我们埋葬了一个特别出色的年轻人。他和索万喜先生都是传教士的儿子，他们在战区英国贵格会的主持下做了了不起的难民工作。这些年轻人的经历非同寻常：去年 11

月，他们患了斑疹伤寒……8月，惠特克先生患了痢疾……从成都出发4天，惠特克先生又染上了另一种病……等他到这里的时候已经病得很重，从一开始人们就不抱什么希望。可怜的小伙子，才25岁，而且他始终是那么任劳任怨。我们中只有很少人见到他。但是他的同伴是个难得一见的优秀年轻人。他一旦能离开就要去美国了。他出国已有2年，现在要回去完成他的大学学业。

我和索万喜很喜欢结伴在成都附近骑自行车。索万喜当时在社区演讲，介绍八路军和游击区的情况。这些让我着迷，并受到鼓舞。

索万喜和我的父母一样是和平主义者，对圣雄甘地充满敬佩之情。甘地在印度争取独立的斗争中发挥了至关重要的作用。索万喜在中国从事难民救济后返回美国，不久美国也投入了战争。他当时决定做一个出于良心而拒服兵役者，这完全符合他作为兄弟会成员的背景。兄弟会的宗旨同反对战争并推崇社会正义的贵格会相似。在战时美国，所谓的"CO"（良心拒绝者）经常被骂作胆小鬼，但这与索万喜和他那位患难与共的贵格会朋友惠特克的英勇事迹不符。

我的朋友简·亨特（Jane Hunter）教授在"布朗家族档案"中发现了索万喜的一封信，这封信大概是1940年10月1日在重庆写的：

尽管我为我去成都的原因感到遗憾，但它让我有幸结识了一位令人愉快的朋友，由于她的真诚、勇气和热情，我非常佩服她。尽管我们相识只有几天，但我真诚地希望我们的友谊可以通过通信继续下去，而有朝一日我们也可以在亚洲或在家乡重聚。

我不知道该如何感谢你在葬礼当天的帮助。我相信，他的父母会像我一样感激你。

希望你今年的工作能够带来真正的幸福。

伊莎白，祝你好运！

即将离别的朋友："既然这是天命……"

我们在一段时间里保持通信，后来我离开中国，去英国加入了军队，并在那里加入了共产党。

我隐约记得 1949 年或 1950 年在北京再次见到索万喜。那是在我曾先后遇到彼得·唐森（Peter Townsend）和林迈可（Michael Lindsay）的北京饭店，还是在南希（Nancy）和赖朴吾（Ralph Lapwood）邀请我去燕京大学做报告，介绍解放区生活的时候？大卫的自传为此提供了答案：

有一天，我们在军营所在的旧军团区散步，遇到了索万喜。我心里对他一见如故，因为他帮助伊莎白和我走到了一起。我到达后不久就问他星期天怎么过。"上个星期天嘛，我是和伊莎白·布朗一起骑车出游了。"我立刻出去买了一辆二手自行车，从那以后一直和伊莎白·布朗一起骑自行车。那是在 1940 年。但是在 1949 年，情况有所不同。索万喜不再是救济工作者，而是美国大使馆的语言官员，该大使馆尚未撤出，不过并没有被中共承认。索万喜认为我们可以提供接触官方的渠道。他说，他那里有救济粮，请我们帮他移交。我们向索万喜解释我们不能也无法相助，将他介绍给当时处理福利事务的孙中山的遗孀宋庆龄。不过，出于旧情，我们接受了去索万喜公寓吃饭的邀请。

（《大卫·克鲁克自传》第十章）

此后，我再也没有见到他，不过我听说他在 20 世纪 80 年代访问了中国。

2012 年，我有幸与索万喜的朋友王晋保（Joseph Wampler）碰面，当时也见到索万喜的女儿佐伊（Zoe）。她带来了索万喜的一些骨灰。我帮助他们把骨灰撒在北京大学校园里靠近埃德加·斯诺纪念馆和夏仁德·赖朴吾花园的地方。这曾是他的遗愿。

索万喜对中国人民的友情，在众多传教士后代中都可以见到！我们应该对传教士及其后代的角色进行正确的评价，他们的贡献应该得到承认。

2020年于北京

索万喜的女儿佐伊（前）将索万喜部分骨灰撒在北京
大学校园里（后排从左至右：伊莎白、柯鲁、王晋保）

目 录

导　言　索万喜其人

王晋保

　　1919 年，美国人索万喜随着他的传教士父母奥利弗·克拉克（Oliver Clark）和黑兹尔（Hazel）来到中国，那时他只有 2 岁。西方教育、基督教和平主义价值观和他早年在中国农村的经历都为他度过 1938—1940 年在山西省东南部的太行山区中救济战争难民的艰难岁月打下了基础。这里讲的是他如何对待日本军队和中国军队，他和他爱上的女人的短暂恋情，他的九死一生、忍饥挨饿、困于疾病的传奇，以及在一个基本上没有责任感且充斥着暴力的世界中的一种非暴力哲学逐渐成熟的过程。

　　1909 年，友爱会首先在山西东南部建立了一个传教站。第一所教堂和学校是在平定县建立的，就在阳泉火车站的南面、太行山西坡绵延至太原平原的地方。在平定县出现这座复合建筑之后，20 世纪 20 年代此类建筑进一步增多，到 1930 年的时候，阳泉西边铁路沿线的辽州（平定往南 80 英里[①]）和寿阳都建成了欧式风格的教堂、学校和医院。在沁县和太原也设立了小型的传教点，由几名友爱会传教士管理。友爱会的传教区域主要就是山西东南

---

　　①　1 英里约为 1.609 千米。

山区的农村。

索万喜有着惊人的强健体质。他在高中[①]时就展现了突出的运动能力，是学校 100 码[②]短跑和撑竿跳纪录的开创者，同时也是校篮球队、棒球队和曲棍球队的队员。高三时，他和朋友亨利·欧国禄（Henry Oberholtzer）一起组织了晋东南 800 英里自行车之旅。华美学校的一名年轻教师陪他们一起旅行，但是那些精力充沛的小伙子们把老师累得精疲力竭，以至于不得不提前退出这次探险，坐火车回到通州。

友爱会的传教士们常常在冬天狩猎。索万喜也喜好狩猎，青少年时期就已经是个好猎手了。在冬季狩猎的过程中，索万喜走遍了山西东南部山区。这使索万喜甚至比当地农民还要熟悉当地环境。那些农民被束缚在自己的小块土地上，缺乏对山西全境地理环境的了解。

1931 年 9 月，日本入侵中国东北，1937 年 7 月 7 日，卢沟桥事变爆发，拉开了中国全面抗战的序幕。早已在北京附近集结重兵的日本军队很快向西越过河北平原，侵入山西省。1937 年 12 月，山西省省会太原落入日军之手，连接北京和太原的铁路线被日本人控制。从北京经保定到石家庄的这条铁路是标准轨距，而在石家庄则变为窄轨进入太行山脉和山西省。日军在石家庄设防，把石家庄作为中转站，用来检查想要进入中国内陆山区的人。

这一地区大部分区域未被日军完全控制，中国游击队和日军之间经常有战斗。游击队会攻击通过河谷道路的日军补给护送队。到了晚上，游击队会切断道路，破坏铁路和电话线路，还会攻击军事哨卡。日军为了使游击队失去支持基础，便摧毁村庄、粮仓，

---

① 华美学校，位于通州。
② 1 码约为 0.914 米。

杀死牲畜，折磨、杀害村民。从所有无法保护的城镇撤离，给日军留下一座空城成了中国人的策略。

1937年12月3日，寿阳一位名叫玛丽·郝威①（Mary Harsh）的友爱会传教士在给她母亲的信中说："当日本人第一次来到这个小镇时，在我们教堂的房子里有50个中国人和我们3个外国人，镇上没有人，而在日本人来之前镇上有1800多人。日军需要食物，但是没有人帮他们搞到食物。很自然，这座小镇被洗劫一空，有些地方被彻底破坏。这里曾经是一个繁忙的小集镇，现在则是满目荒凉。日军随时来来去去，走失的马、骡子和驴在田间和街上流浪。有几个本地人回来，但他们看到小镇时，脸上是绝望的神情。也许你们会好奇我是否能描绘出一幅更绝望的画面，我们没有看到，也说不出来。我们的食物储备还是相当充足的。另外，由于早前和你提起过的那个法国人打算去阳泉居住，他给了我们买下他储备的大量煤炭的机会，所以接下来的冬天我们会很幸福。"

玛丽·郝威的信被带给了天津教会的会计麦肯齐（Mackenzie）先生，一名日本军官主动提出代送这封教会的信件。就在玛丽·郝威写信的当天晚上，郝威夫妇和聂玉兰女士这3名寿阳的友爱会传教士都消失了。他们被叫去解决一位法国站长和他的日本妻子之间的争吵。有传言说，他们是被日本人杀害了。尤其有一种说法是，在站长和妻子激烈争吵时日本士兵被叫进来了，当站长防卫妻子的攻击时，一名士兵将站长杀了。为了不留下谋杀的目击证人，传教士也被杀害了。然而，没有人知道传教士命运的确凿证据。

①　传教士郝威（Alva C. Harsh）的妻子。他们于1937年底到达寿阳。当时在寿阳负责全面工作的是聂玉兰（Mineva Neher）。参阅《寿阳县志》。

关于传教士死亡的猜测让友爱会传教士们都很惊慌。在 12 月 16 日写给教会委员会的信中，麦肯齐先生说："通常我会在周一早上发信，但是周日晚上，库范格（Crumpacker）先生［友爱会传教团主任］带来了这个坏消息，我们便一直忙于此事。昨天，库范格先生和侯其荪（Hutchinson）小姐启程回山西，我们仍抱有一丝希望，希望在他们回去的时候会有好消息。"

麦肯齐先生继续写道："过去 3 个月里，库范格先生作为［平定］传教站唯一留下来的人，几乎被这件事压垮了，他承担了非常繁重的工作。这对他来说实在是太难了，我肯定不知道他是如何承担他的工作的。"

战争打断了传教区域的通信和电报服务，传教士们只能自己面对严酷的局面，其中有几个传教士孤立无援。无人知道寿阳传教士失踪的原委。其他友爱会传教士会面临被暗杀的风险吗？根据国际法，传教士名义上是中立的，而且友爱会是一个和平主义教派。但是这些传教士的中国朋友加入了战争的一方，他们利用教会资源帮助中国人会损害教会的中立性吗？传教士们应该遵照美国政府的建议撤退到北京吗？战争已经波及了秉持和平主义的友爱会传教士们。他们该如何应对呢？

1938 年 2 月 19 日，周六，下午早些时间 6 架日本重型轰炸机空袭了沁县。每架轰炸机投下了 6 对炸弹，其中 1 枚炸毁了王普霖的家。爆炸惊吓到了伊丽莎白·王普霖（Elizabeth Wampler）和她的两个孩子，以及他们的厨师窦先生（Mr. Dou）一家。他们被埋在土里，但是他们没有受伤。房子无法使用了，王普霖一家搬到了沁县以东 3 英里的郝家村一个教徒的小窑洞里。在那里他们一直待到了 4 月初。3 月底，他们认识到在窑洞中不可能给当地居民提供帮助，尤其是他们还有两个小孩，大的才 5 岁。尽管无法知道外面的情况，也没有辽州传教站传来的任何消息，但他们还是决定搬入辽州的一个美式住宅中去。他们知道在辽州传教站只有以赛亚·欧国禄（Isaiah Oberholtzer）一个外国人。欧国禄的两个女儿在母亲的陪同下已经回美国上大学了，他原本也要休假回美国与家人团聚。

王普霖一家刚到辽州不久，欧国禄、王普霖和几个中国的热心拥护者一起游览了传教区。欧国禄先生描述了他们看到的情况：

在榆社，我们发现城市的大部分地区都化为灰烬。我们找不到食物和饮用水。只有一两头猪游荡在街上寻觅食物。武乡、沁州的县城和很多集镇都遭遇了同样的命运，情况都差不多。据中国人估计，各地3/4的房屋都被彻底摧毁了。沁州周围有22个村庄被毁，在距离仅20英里的另一个河谷里大约有60个村庄被毁。

我们看到了战争带来的各种后果。我们看到，在有的地方，日本军队和中国军队发生了战斗；在有的地方，日本人除了埋藏带不走的大量军火之外，还埋葬了数百只动物。我们遇到了数百名生存无望的伤员。我们看到，几十个无辜的男女被刺刀多次刺扎。我们看到，老人毫无缘由地被从高处推下，他们现在恳求我们送他们去医院或者杀了他们。我们还看到，在有的地方发生了其他的暴行。我们看到，有钱人的家里现在除了废墟和碎砖烂瓦之外什么也没有了。我去的一户人家里，几十头牛都被日本人吃了，有80头山羊和绵羊被活活烧死，大桶的小米和大豆被烧焦。那家的女主人没有东西给我吃，她也不得不去山里的朋友那里找吃的，而她家是我们教会信徒中比较富裕的。这是我们南部教区第一次被入侵。

之后的几天，我们走访了附近的乡村，调查都需要什么救济。人们走到的所有被侵略的地方都是同样令人难过的场景：毁灭、废弃、贫穷和悲伤。

1938 年 5 月，欧国禄牧师返回美国，王普霖一家成为辽州仅剩的外国人。6 月中旬，传教士安娜·侯其荪（Anna Hutchinson）、劳拉·硕克（Laura Schock）护士和科尔达·韦茨（Corda Wertz）护士前来支援他们。这些支援力量帮助管理教会医院，在教会医院的场地上和学校一起组织了教会救济营地，给在周边太行山区的无家可归的中国人发放救济。虽然很多中国人参与了这些救济工作，但仍然需要外国工作者来监管美国救济物资从教会转入中国人手中的渠道。5—8 月，王普霖牧师致信位于美国伊利诺伊州埃尔金的教会总部，紧急请求更多的救济工作者来华。受到特别关注的是尤其需要人给逃往辽州附近高山上窑洞里的人发放救济。1938 年 5 月 13 日，王普霖写道："如果可能的话，派一个富有热情的人来帮助开展救济吧。"

索万喜当时就读于美国曼彻斯特学院。为了响应教会对救济工作者的需求，索万喜中断了学业，申请陪同父亲返回中国。虽然友爱会的理事会很快同意派索万喜去中国当救济工作者，但是说服美国国务院给他发放护照则要难得多，因为政府认为他计划去的地方太危险。在教会理事会的帮助下，美国国务院最终同意了，1938 年 9 月，索万喜和他的父亲回到了中国。

索万喜虽然年轻，但他有管理太行山区的救济工作的优势：他在辽州生活多年，了解这片土地、人民、语言，并富有所需的一腔热血。他从 2 岁半起就跟中国人一起生活，能够流畅地说当地的方言。但是，他的当地方言带有在北京附近上学的4年中形成的上层社会的口音。因此，当他和村民聊天时他可以用村民的习语和他们开玩笑，但是他的城市口音又使他和村民区别开来，也赢得了村民的尊敬。

索万喜在中国遇到的困难使他迅速成熟起来。他的活力和善良很快赢得了所有人的尊敬。但是救济工作是集体工作，没有整个救济团队的勇气、自我牺牲精神和愿景，救济工作是不可能成功的，其中有几人甚至失去了生命。也许索万喜的主要贡献就是他使他的同事们无私奉献、不遗余力。

在1940年11月返回曼彻斯特学院之前，索万喜在中国工作了2年。1946年，索万喜作为友爱会和联合国善后救济总署（the

1940年4月，路易·惠特克（左一）、
索万喜（中）和聂至豪在山西东南部

United Nations Relief and Rehabilitation Administration, UNRRA）共同支持的联合小组领导人又一次乘船来到中国。索万喜的"农家子弟"（Plow Boys）项目帮助中国人修建第二次世界大战期间黄河大坝被毁时被洪水冲毁的农田。1947年，"农家子弟"项目逐渐停了下来，索万喜辞去了联合小组领导人的职务，而去管理北京的美国领事馆的一所语言学校。后来他去了美国国务院任职，最终以美国外交学院院长的身份退休，这个职位的工资相当于美国副国务卿的水准。

本篇导言之后是索万喜对1938—1940年的友爱会救济项目的总结。从第一章开始，我仅仅是编辑、整理了索万喜随着项目开展而写的日记和书信。在我看来，这些东西很鲜活，能够更好地表达他的情感。我认为，使用他的原话，更能让这种关于动荡时期的重要历史观点鲜活起来。当然，这种早期的描述受限于未经证实的传言的偏见，缺乏后来的从不同视角的解读。这是观察者个人的视野，其中有许多中日战争早期的日常生活的细节。用索万喜自己的话说，这是他1938—1940年在中国游击队参与救济的故事。

［我自己的评论放在中括号里并加斜体，如此例。］①

文中提到的一些计量单位：1里等于500米，1斤等于0.5千克。

2018年10月1日

---

① 英文原文是斜体。中文为了便于阅读，只变楷体，而不用斜体。——编者注

概　述　友爱会在中国的服务[①]

　　尽管中国的救济服务被重新重视起来，但对于友爱会来说，这并不新鲜。1921—1922 年，中国传教团就为了避免饥荒导致的严重灾难而在救济中全力以赴。有时，教会也向其他受灾地区的救济机构送去资金和派出传教团人员。但是，随着最近抗日战争的爆发，整个教会才对这种服务项目有了充分的认识，促成了这种项目组织的可持续性。对这种救济工作的重视，在中国体现为委派专门的救济管理者［索万喜］和传教团一起工作，并通过传教团开展工作。

　　如果仔细研究当时的情况，想从事为战争受害者提供最大机会的友爱会机构的救济工作，则难以找到比当时情况下我们所处的地方更贫困的了。战争很早就蔓延到友爱会传教的山西东南部高原。在战争的前 6 个月［1937 年 7 月 7 日后］，5 个传教站中有 3 个已经被日军占领；战争持续将近一年的时候，整个区域都被侵略。主要城市和交通线被日军占领后，日军扫荡周边的山区。这种对游击区旷日持久但仍不能成功的行动引发了日军对这些地区的人们不断加剧的报复行动。为了消灭残余的反抗力量，这些

---

　　① 友爱会在中国的救济工作的简要综述（摘自索万喜给友爱会的一份内部报告）。——王晋保

山区被封锁和反复扫荡。城市被夷为平地，村庄被烧毁，庄稼和谷物被毁。

被侵占初期，传教站是难民的避难所。成千上万的妇女、儿童在传教站院墙里面挤作一团寻求保护，因为坚定的传教士敢于站在他们和肆无忌惮的侵略者之间。但是在损毁严重的山区，没有对战争受害者的有组织的救助。而那里人们的需求最迫切。因此，在这些山区的友爱会组织起来帮助战争受害者，在食物供应被破坏的地方发放食物。农民和难民被组织加入一个联合织布项目，以提供急需的衣物和被褥。短短几个月的时间，他们手工织出了12万英尺长的布以供己用及救济用。当日军扫荡乡村时，教会就派出紧急救济小组去帮助那些散落在偏僻小山村、窑洞甚至是防护沟中的难民。在这里需要努力解决饥饿问题。能够穿过日军防线的当地农民被派去其他地方购买并运回小米（当地的一种主食）、用于纺织的皮棉及其他必需的工具和物资。向伤病员提供急救和医疗服务。帮助父母找到丢失的孩子，为孤儿找到父母。一旦日军完成扫荡离开后，就鼓励难民们重回家园，在那里给予他们生存必需的帮助。有时会在曾经是他们家园的废墟上搭建单坡屋顶的棚屋。常常给农民提供谷物种子和几件简单的农具，以便他们能够养活自己和家人。但对于需要帮助的人来说，只有少数人能够获得帮助。

经过在传教区域工作了一年，由于从被占领的传教站到未被占领的山区实施救济很困难，这一项目受到了限制。在被占领的城市中，救济工作通过为妇女和儿童开办学校而继续进行，那些学校就是为保护妇女和儿童而建立的。在处于困境的难民和当地的幸存者中也能做些救济工作。由于教友派信徒（Quakers）的协助，便来了一个管理人员——路易·惠特克，他是一个曾在北京教书的年轻教友派信徒，未被占领区域的救济工作被重新组织了起来。这项新的救济工作在与我们传教区域接壤的黄河战场的背后沿着前线组织起来，超过 200 个被战争破坏的社区得到了救济，但几乎不可能保障提供食物。即便人们的食物得到保障，被破坏的煤矿必须重新开工才能让他们有燃料来做饭。有些地方被破坏得极为彻底，以至于必须靠手工来制作锅碗才能煮熟我们提供给他们的食物。

数百名在田间等死的伤员也得到了在我们的指导下组织起来的农民团体的救护。成千上万的难民在从战区向西部地区迁移的路上也得到了帮助。

尽管有大约 5 万人通过友爱会机构得到帮助，但是这项工作的重要性是不能用分发物资的多少来衡量的。这就像往干枯大地上洒一杯水。友爱会愿意在破坏最严重的地区继续工作，显然是爱心的体现和基督教同情心的范例。相比我们能够给予人们的少量物质帮助，这种工作发挥的启示和鼓舞作用可能更大，最终让人们为之欢呼致敬。通过这种工作，我们正在建立信仰和希望，我们希望以后在全人类范围内建立起更广泛的国际基督教团契和友谊。

第一章　用游击战术发放救济

　　索万喜刚到中国，就给他的美国女友海伦·哈夫纳（Helen Hafner）寄了一封长信，海伦是印第安纳州北曼彻斯特的曼彻斯特学院的英语老师。这封信是写在一本很薄的书中的一张把中国艺术版画分隔开来的空白页上。索万喜把信放在外交邮袋里，从北京的美国领事馆寄出，这样就不用担心战时的审查制度了。

——王晋保

中国北平

1938 年 9 月 14 日

　　请允许我用铅笔写这封信，我怕纸承受不住墨水。这样可以把这些无用的话和照片分开，以免影响其他页面。这其实并不是信纸，而是我今天早上在市集上找到的一本版画小书中的页面。然而，就它现在的用途来看似乎是令人满意的。

　　现在的中国和以前已经不一样了，但是对我来说，依旧是中国。从踏上这片土地的那刻起，我身上的东方人一面就萌发了。即使是那些我担心已经忘记了的语言，似乎也自然而然地就脱口而出（有点吹牛，不多说了）。

在黄海上的恶劣天气耽误了我们的行程之后，看到陆地是令人开心的事情。我们晚到了 10 个小时。但更糟糕的是我们不得不在离港口 8 英里外换坐一艘小拖船到港口。这使得我们天黑之后才进港，通关很困难。当我们最后终于到达时，海关官员拿着蓝色粉笔检查我们的每一件行李，但不必打开任何东西。运气太好了，21 个人检查了我们的护照之后我们能够赶上去天津的火车。我们必须去见教会中管理财务的会计——麦肯齐先生。一切都很顺利。

在天津时，我们听说平定州的库范格先生在北平，正计划尽快回到山西。我尽可能快地赶往北平，让他知道我们在这里。虽然我们希望能一起去，但是计划不总是那么完美，这次就不算好。我的父亲和我后天走，而库范格先生需休养，要再停留一周。

到目前为止，我的大部分时间都用于计划旅行细节。现在我的口袋里有一张华北日军参谋长发的军事通行证和给日军高层的两封介绍信。这应该能让我们在日军保护下的旅行很顺利。之后，我们还要从八路军（红军）和国民政府那里得到通行证。旅程可能会非常有趣而舒适，除了在石家庄的 5 天，我们不得不留下粪便样本给日本人做霍乱检查。我担心我会感到厌烦，但规定就是规定。

有一个消息让我很高兴，至少有一段时间，我将和我的父亲一起被安置在辽州。但是，库范格先生说我们将非常孤单，收不到信也寄不了信，除非有私人信差。我告诉你，如果你收到从辽州寄出的信，它应该经历了很多种运输方式。不过别担心，我可能每个月都去趟平定州，那里可以收信和寄信。[平定州位于铁路线附近，已被日军占领，而辽州仍处于激烈争夺中。] 但当你写信的时候，请能让任何人都看得懂。我的意思是不要使用太多的俚语或方言，也不要使用特殊的标记，因为当日本人看不懂的时候，他们就会产生怀疑。他们经常拿着信找其他传教士翻译。顺便说一下，我没有收到你说的你寄到日本的那封信。

夜间　事实上今天已经是星期五了，我还在北平。父亲今早已经启程，而我要等到星期日或星期一再走。库范格太太不太舒服，因此我要等着带上她。父亲先去安排我们从平定州到辽州的交通。牲口很难找，而我们需要 2 头骡子和 8 头驴。［因为有被攻击的危险，］我们不能沿着大路走，路上大概要花 4 天。我搞到一辆还不错的自行车。这是一辆英国产的巴顿·亨伯（Barton Humber）牌自行车，除了镀铬把手和轮子外，其他都是黑色的。我花了 3 个小时才买下这辆车，因为不得不讨价还价。卖家要价 155 元，我最终花了 125 元买下了。他还给我加了个小发电机和车头灯。听起来是不是很贵？但考虑到日本货币多么不值钱，实际上并没有那么贵。我随身带了一个小照相机，这几天我会拍几张新家的照片一并寄给你。

由于这将是很长一段时间内最后一封不经审查的信件，所以我要说明几点：首先，在接下来的信件中，如果它们能够送达，我将会相当多地谈及鸟类。读信时，请把乌鸦替换为日本人，冠蓝鸦的意思是土匪，麻雀指的是八［路］军士兵。当提到种子的时候，就是在说钱。鸟儿（纯粹的）指的是人们。明白了吗？看看你能不能理解这段话：我带着 4000 袋种子送给辽州附近可怜的鸟儿，这些鸟儿今年因为经过的乌鸦数量异常多而遭受了很多痛苦。我希望冠蓝鸦不会发现种子，否则它们可能会打扰我，直到我给它们一些种子才会罢休。

日本人当然在压迫着这些穷人，但我们都坚信这样不会太久。他们花了大量的钱，也失去了大量的士兵。他们甚至在北平也感到恐惧。中国人经常来到这座城市附近，进入山西的那一年，他们就损失了 5 万多人。日军数以千计的新部队从日本来到中国北方和南方。这里的报道称有 100 万日军在汉口附近与蒋介石的军队作战，尽管报道取得战果，但日军自 8 月 1 日以来就没有前进。中国人是真的在为家园和亲人而战，而日本兵对这两者都不重视。库范格先生拿来的报告是很可怕的。日本兵甚至会进入教会的难民营找女人。许多人被折磨致死——饿死、烧死，等等。日军这样的做法最终会将自己击败。

我发现最难办的一件事是防止和抑制愤恨增长，尽管现在对日本人笑一笑都很困难。我当然很高兴来这里前我在日本停留了一下，那让我认识到并不是所有的日本人都和他们的士兵一样。

星期六晚上 我们还没有动身，也不知道什么时候才能出发。父亲从保定寄来了一封电报，说他在那儿耽搁了。铁路官员说明天没有火车。明天就是 9 月 18 日，是远东战争开始 7 周年。对中国人来说那是耻辱日，而对日本人来说则是庆贺日。中国八路军或许以扒掉很多铁轨的方式来"庆祝"。

猜猜我昨夜做了什么？我带梅尔·肯尼迪（Mel Kennedy）出去吃了晚饭，然后看了《白雪公主》。和我们在曼彻斯特看的一样，日本人没有禁放这个电影。我多么希望你也在，你一定会喜欢那些食物和画面。

不要太辛苦，医学校并不是你生活的全部——我希望。

无论如何，我始终如一。

索万喜

索万喜在辽县开始写日记，他当时 21 岁。在辽县附近，八路军（共产党）129 师是主要的中国军队。辽州向西，在武乡、沁州一带，薄一波的决死队在抗击日军，山西省军第二师则活跃在辽州以北的地区。

——王晋保

1938 年 10 月 15 日

教会决定利用教堂钟声作为空袭警报。这座城市似乎存在普遍的不安。我带着县长［地方官］来到教堂一起研究可行性。他想拉一根绳子到衙门［政府办公室］，因为那里有不间断的监视哨。我担心这样长的绳子对于钟锤来说太重，不可能让钟锤摆动，但县长坚持要试一试，我没办法反对。

我建议我们试验敲钟时应该把人们集合起来进行应对空袭的练习。他们已经在城墙下挖了几个洞，但每个人都应当知道应该进哪一个洞。县长喜欢这个主意，几天后会试一试。

在医院门廊给难民分发现金

　　　　　　　　　　　　　　索万喜日记（1938—1940）

福斯特先生［中国内陆会］收到了平定州的回信。他们希望展开合作，但在王普霖［欧内斯特牧师］回来之前不能给出答复。［福斯特希望国际红十字会能够利用辽州医院的设施来治疗中国士兵。1938 年 10 月 28 日，王普霖回来了，并给了必要的答复。12 月，王玉岗（Wang Yugang）医生成为医院职员，住院部重新启用了。1939 年，汉口的布朗医生带来了红十字会的资金，扩大了对士兵和平民的医疗服务。］

1938 年 10 月 16 日

为来自五里堠的贫困妇女提供早餐。拍了几张照片。福斯特今早启程前往潞安，如果我也能一同前往就好了。

教堂今天举行了一次盛大的招待会，我不得不用中文做了一段发言。

我发现售卖香烟是违法的，因为日本人想通过烟草来控制中国人。

1938 年 10 月 17 日

今早去了马家拐村（辽州向南 14 里）。村里有 36 户人家，大概 320 人。穷人们设法将几栋被毁的建筑的材料凑在一起建了一个庇护所用来过冬。在一些地方，多达 10 人生活在不超过 10 英尺 × 15 英尺的临时小屋里。然而他们中的大多数人都在山的一侧挖了窑洞。有一个老人身边只剩下他的两个儿媳。他的一个儿子被杀了，另一个儿子被带走为军队服务。他的 3 头驴被杀了，那是他仅有的维持生计的牲口。现在他病了，必须由两个儿媳来照顾。跟我们讲他的故事的时候，他忍不住擦了好几次眼泪。

这座城市里曾经最好的房子或许变成了最糟糕的模样。男主人在房子烧毁时被杀死了，他的妻子和 3 个孩子继续生活在他们家的残骸中。我很惊讶地发现他们没有什么抱怨。

1938 年 10 月 18 日

以为是朋友的人占了我们的便宜，我们多花了 10 元钱买伦敦梅耶尔伯爵牌的外套。如果没人感觉难受或觉得丢脸，那就没什么事。

我看到了在河南村被烧毁的房子，和两个寡妇聊了聊。

我去看了一个患战争疲劳症的男孩。他 19 岁，已经参加八路军近一年了。他杀的日本人用两只手都数不过来。在最近一次的战斗中，他和他的战友们分开了，他被拿着刺刀的敌军包围了，不得不杀出一条路。经历了这些之后谁不崩溃呢？他不想被卷进战争中，而是想帮着父亲种地。看起来他为杀了人而难过。希望他会被上天原谅。

1938 年 10 月 23 日　桐峪

我们在辽州最富有的人家里度过了一夜，这是非常愉快的一个夜晚。男主人甚至给我准备了一张床。他姓韩[①]（ Han ）。他的一个兄弟在政府当差，另一个兄弟在天津经营一家大商铺，还有一个兄弟在这边种地（主要是核桃）。前半夜，我和十几个村里的知识分子聊天，大家忘记了我是个外国人。我对当今中国人的思想有了一些有趣的看法。

---

① 应指韩子佩。2008年出版的《桐峪村志》第87页载：全面抗战爆发前，村上有以韩子佩为首的八大商号，经营杂货、山货、药材，资本相当雄厚。——编者注

昨天我去了一所新式学校[①]。战争期间，学校很难维持。人们在不利的条件下，他们做什么事情都是很引人注目的。桐峪学校在山里的一座古庙[②]中，校长把大部分神像搬出去了，用纸板把剩下的神像和教室隔开。庙里的每个建筑、每个角落都被充分利用。例如，古庙里的钟被挂在一棵松树上当作校钟，旧石碑被用来贴告示，庙里的坟地被平整后作为操场，庙里田地用来供养学校。学校共有180名学生，包括小学和中学的学生，有大约20名女生在其他地方上课。他们教育当地文盲有一套独特的方法。在每个通道和学校前都有学生拿着梭镖和刀站岗。他们有一个小黑板，上面每天写两个新的汉字。他们会叫住每个路过的人看看他们是否认识那两个字。如果有人不认识，那人就会被留下直到认识为止。我看着他们教一个老农民认"汉奸"两个字，笑了个够。

有一位母亲在爬山，小孩跟着向上走。

听说有水井被投毒了。

1938 年 10 月 24 日

麻田才是真正的乐土。[小镇的中文名表示它被叫作"芝麻的田地"。]

1938 年 10 月 25 日

日军来的时候还在家里的可怜女人。

1938 年 10 月 26 日

沿河去泽城：河北沟——蜂蜜。

---

① 即第三民族革命学校，简称三民校。
② 关帝庙，村人称西老爷庙。现在是临参会旧址陈列馆。

1938 年 10 月 27 日

黄漳——核桃。路上和警卫一起玩。

1938 年 10 月 28 日

回到辽县。王普霖到了。

1938 年 10 月 29 日

前往和顺。

1938 年 10 月 30 日　弓家沟

准备好信件和通行证后，我又一次北上了，因为各种麻烦和计划的不确定性而感到有些厌烦。在路上遇到了一个来自四川的男孩。他的口音有些特别，但我们交流没有问题。他今年 18 岁，已经参加八路军两年了。他参加过 8 次战斗，杀死的敌人一只手数不过来。他说我应该去四川，那是个美丽的地方。我费了好大力气才让他明白传教士并非赞成帝国主义。他们的观念太根深蒂固，很难让他们相信相反的东西。

弓家沟没有牲口。寄信给和顺县。希望一切顺利。

1938 年 10 月 31 日　万圣节

早些时候我还觉着完全是开玩笑，但现在我想加入中国军队。我想这是帮助弱者的精神。我昨天听到广东沦陷的消息十分震惊，但今晚汉口被占领的消息传来时，这激起了我的愤怒。看到日军占领一个地方之后所做的事情，一想到他们现在正在做什么，而且他们还扬扬得意，人们怎能不愤怒？我能感受到有人愿意为正义而牺牲生命的情绪。这种情绪似乎是人固有的。

当我想到那些被付之一炬的城市和那些逃命的难民，我简直想要收拾行囊南下和他们一起受苦。虽然我不认为我是下一个，但我想我会那么做。我不愿意去想象在被占领的地方生活。上帝保佑。

1938 年 11 月 22 日

离开辽州，前往榆社。遇到一位老人，他一天从驴子上摔下来两次。他哀叹自己没有自行车。骑自行车就不会摔那么多次，这就是他的想法。

1938 年 11 月 23 日

早上，在 1 英里的范围内我看到了 81 只野鸡。要是我能用什么来换一支枪该有多好。更有趣的是我骑车旅行时，有一头驴子跟在我身边。我一点也不着急。我骑车走在前面，不时停下来研究感兴趣的事：寺庙，清澈的山溪，了解中国过去日子的老人，刚从前线回来的士兵，等等。

1938 年 11 月 24 日

我花了一天时间调查穷人家庭。很多榆社人会撒谎。我们不知道该如何决定给谁救济。

我和老杨（这一地区的政府救济专员）聊了一个多小时。他是一个旧学堂的学究，是个极其活跃的老人。他给我们讲了他来榆社路上掉进河里的故事，我们都捧腹大笑。榆社的地方官也很特别，他特意带我们参观了这个小镇。

这个小医务室是我几年来待过的最冷的地方。没有火，还十分潮湿。我已经把所有的衣服都穿上了，但还是冻得发抖。

昨晚我去了一家中药店。他们在做治胃疼的药。他们给了我一颗，我尝了一下，味道很好，像硬水果糖一样，我吃了两颗。我半夜醒了，胃疼得厉害。

1938 年 11 月 25 日　去沁州的路上

今天早上听说有恐龙^①，于是我去找。碰巧听到有人说离我们大约 10 英里的地方有人发现了一个石质龙头。我问了他们龙头的情况，从他们的描述中我认为那应该是一种史前哺乳动物的化石。他们告诉我去潭村找一个姓周（Chow）的人。其他骑着驴的人继续前进，我骑着自行车去了潭村。

当然，我认为那里的龙头是恐龙头化石。周还有一些其他化石、一些牙齿和一对很有可能是乳齿象的象牙。他准备把这些磨碎当药用，所以我就按药价买下了那些牙齿和象牙，同时请求他留着那个龙头等我有时间来研究一下。周随后告诉我另外一个地方有一颗像驴一样大的龙头。我的兴趣被充分激发起来，又走了 10 英里去看那个岩石。很容易认出那是乳齿象的头，而这个头在同一个地方的附近被发现，估计这个象牙就长在这个头上。等我有时间了我会在周围山头上再找找，看看有没有其他东西。

听说从榆社到故城只有 70 里，但肯定有 90 里。我赶在了驴子前面，大约天黑的时候到达了。现在至少 9 点了，其他人才刚刚到达。这是艰难的一天。

1938 年 11 月 26 日

今早我们很早就启程了。我们听说通往沁州的路况都很好，

---

① 榆社县有大量古生物化石，但不是恐龙化石。——编者注

天黑前我们应该可以轻松到达。但实际附近路况十分糟糕。在没有山或者泥淖的地方，道路被切断以至于基本无法通行。中午时分，我们到了一个地方，在那里能够清楚地听到日军大炮的轰隆声。老乡说大概20英里外在打仗。

沁州现在很安静，但人们一定害怕被占领，因为他们正在拆除城门。在晚饭前我在城门前参加了一个大型会议。他们在解释为什么要拆毁城门。宣传正在发挥作用。看到这些事还是挺有意思的。我们住的地方条件很差。看上去好像日本人昨天刚来过而不是两个月前来过。我比牲口到得早，便开始收拾起来。我发现了一个旧炉子，以前是在鸡舍中的，但是没有炉管。门卫说教堂废墟（教堂被日本人烧掉了）中可能有一些炉管。我们找到了足够多炉管，可以把大部分烟从房间里抽出来。我用纸把所有破碎的窗户都糊起来后，这个地方开始暖和了。等其他成员（现在加上了周，因为我们在故城带上了他）到了之后，我们修理了一些木板床，吃了晚饭后不久就上床睡觉了。我们的晚祷是夜里不要受冻。

1938 年 11 月 27 日

房子现在充实了起来，墙上还挂上了装饰物——一幅我们传教区域的地图、王普霖太太在巴特尔克里克的文凭[①]、一面美国国旗和一个格言卡片。这地方现在也很干净。我们开了一个会，决定在生活中互相合作。周被选为经济管理员及主厨。我们每个人都投资了 2 元钱。

---

① 伊丽莎白·王普霖是一名注册护士，有密歇根州巴特尔克里克市疗养院的注册执照，她曾在芝加哥产科医院学习过。

1938 年 11 月 28 日　　在南沟（决死队总部）

我到这里来见薄先生［薄一波］，他是决死队指挥官及第五区长官。他不在，我晚上和他的秘书刘（美许）先生待在一起。刘先生是个真正的天才。今天下午我听他讲了 3 个小时对世界事务的分析。听起来就像科迪尔教授[①]讲演一样（非常棒）。我会尽最大的努力结交这个朋友。他有点矮。

> 给海伦·哈夫纳的第二封信。这封信写于 1939 年 1 月 27 日，于 2 月 15 日再次通过外交邮袋从美国大使馆寄出，信中主要叙述了索万喜 1938 年底的活动。在信中，索万喜假想海伦神秘地出现在天津，现在正和他一起去北平的火车上。
>
> ——王晋保

……现在我们在去北平的火车上，希望火车能尽快从（天津中心）火车站出发前往北平。早上吃完早餐，我们从麦肯齐先生（友爱会的会计）那里出发。日本人封锁了从（公共）租界到城市其他地区的所有街道。你知道为什么吗？仅仅是为了惩罚租界不配合他们建立另一个中国的尝试。外国人不懂他们的目标，也拒绝接受他们的观点。实际上，我们给他们制造了很多麻烦。为了避开长长的黄包车队伍和等着过国际大桥的人流，同时为了避开我们不想接受的检查，我们选择乘出租车。为什么呢？因为我们有两样东西不想让日本人看到。危险吗？不一定，但谁也说不准。

[①]　安德鲁·科迪尔（Andrew Cordier）是索万喜在曼彻斯特学院的老师，也是索万喜的朋友；后来成为吴丹手下的联合国助理秘书长，获得过诺贝尔和平奖提名；最终他成为哥伦比亚大学的校长。

我们上面的黑色大手提箱里有10瓶1磅瓶装的乙醚，准备用于麻醉我们的辽州医院的伤兵。现在医院里有100多名伤员等着做手术，半径20英里内还有1400多名伤员。除了乙醚，我身上还带着另一样会让你吃惊的东西……我带了1万元现金……都是中国的货币，因此在中国的这些地方多少有些违法。这些钱在山西很好用。现在，你不觉得我在这种情况下很沉着吗？……

马上就要9点了。不好意思，我的意思是马上就要10点了（日本时间）。中日之间新合作的一部分是让中国人使用日本时间。如果中国人拒绝合作，他们足够幸运的话只是失去他们的计时器。我从北平下车的时候，看到一块慢了一个小时的表被一个卫兵砸碎在人行道上。我的血压上升到了200，好在几分钟后就降下来了。那块表的主人比我要冷静多了。在他的脸上根本看不到任何表情。他们可以容忍，但他们不会忘记。不管是几点，火车很快就要开走了，所以让我们看看车站吧。

你一定会惊讶为什么这个车站看起来如此现代。世界上最好的服务曾经出现在这条铁路上。当然，那是在1880年的蓝色快车时代了。到北平前我们就会发现，现在没什么值得吹嘘的了。

火车开动了。不知道我们能不能继续聊天。但是我们必须把最后几个月补上，我要往回走，希望你能跟上。路上有些东西你也应该看看。左边的建筑物是在日军占领期间被烧毁的。但整体来说，天津并没有被毁坏太多。

这是个关于圣诞节假期的故事，你想听吗？我本来不打算告诉你，但我想到去年夏天我答应过的事。那真的是我度过的最有趣、最不舒服的假期了。

我原本计划是在平定州或北平过圣诞节。但是因为工作太多，我觉得元旦之前我都没办法离开辽州了。圣诞节前我要旅行一次，要带些现金去武乡并在那里分发。13日早上我骑车离开了辽州，准备21日回来。那天夜里下了雪，所以我准备2天走完50英里的旅程。不过到中午的时候，我已经走了将近一半路了，所以我决定加快速度以便在晚上赶到。我确实赶到了。接下来的几天我都在那里调查当地的村庄。有几个村子几乎被夷为平地，其中一个村子只剩下两个人。你会发现这难以令人相信，所以我就不和你说其他人遭遇了什么，只能说他们都被日军杀死了。看到这样的事情之前我一直都不相信。

18日，县政府官员邀请我参加了一场宴会。我不得不像汤姆·塔克（Tom Tucker）一样，为这场晚宴进行一次演讲。饭后我们去看了八路军表演的一场戏。他们表演得非常好，其中有一名女演员尤其让我感兴趣，她是我见过的最优秀的女演员。后来我见到了她，了解到战争开始前她曾经在上海的舞台表演。有一次在幕间休息的时候，观众们要求"美国朋友"讲两句。前一周看到的事情让我不是很想表达我的想法，但最后地方官还是让我上台了。

那天晚上我基本没怎么休息。我又胃痛了，晚上吃的东西都吐了。我住在城外的一座寺庙里，长话短说，我一直在那里待到圣诞节早上。我的胃不见好转，不是很疼，但还是吃不下东西。想着随时有可能会好起来，我决定等到我能骑车回辽州。但是到了平安夜，我变得十分虚弱，我觉得我最好还是回到辽州医院。官员们准备了一副担架，找了4个人来抬，1个人陪同护送。我们圣诞节早上出发，希望3天后到达辽州。我们如期回去了。我开心地爬上了自己的床，在家花了几乎整整一个晚上的时间才暖和过来。路上冷得可怕，我们到达辽州的那天是那一年中最冷的一天［零下20（华氏）度］。

当时，我感觉自己不得不被人用担架抬回来有点可笑。我试图想象自己是一个坐轿子的古罗马人。我不止一次想到如果我的大学同学在路上遇到我会说些什么。除了没有警报器外，这真是一辆"救护车"，幸好少了警报器。这趟回来似乎有些好处。到家前一天我已经能够吃点东西了。到家后大概一个星期，除了瘦了将近30磅外，我感觉恢复如初了，我不想再经历一次了。但是由于医生说我身体并没有变得更糟，所以我为这次的经历感到高兴。每次想到因为胃疼而在担架上躺了3天我都忍不住发笑。我向你保证，大家都过了一个愉快的圣诞节。

我太专注于说"我的病"了，路过的好多东西都忘了提醒你注意了。你可能注意到了所有火车站都有防御工事，这让你了解到日本人感觉多么安全。我们经过的大部分平原地区每年都会有洪水，没有什么地方高出海平面太多。

结束疾病、医院等话题前，我必须要和你说一下我做的一次手术。有一天早上我在沁州，一个男子带着他的12岁的孩子来找我，看看我能不能帮忙。那个可怜的男孩后背上长了一个巨大的脓疮。我的意见是应该开刀，但是我告诉他我不能做。他便带着男孩回家了，然而第二天早上又来了。他刚去找了一个中医，那个人说要立即做手术。我不知道该说什么，还是拒绝了由我来做手术。但第三天一早，那个男人又带着孩子来了，男孩十分痛苦地过了一个可怕的晚上。我的中国救济工作助手劝我做这次手术，说不管发生什么，由我来做比较好。他们的逻辑和那位父亲的恳求最终占了上风。我告诉那位父亲，我会准备好所有器具并提供指导，但是要由他来操作。他同意了。

手术台设在窗户前，就是在几张高高的长凳上铺了一块板子而已。我用镊子夹住我的一片剃须刀刀片，在火上烤了烤，等它白热化后，将它放在酒精中冷却，然后再把酒精烧掉。

我们把手在近乎沸腾的水里浸了浸，然后用肥皂洗干净。我还准备了无菌纱布和绷带，还有一个排水盘用来接流出来的脓水。

勇敢的男孩被抬到板子上，有3个人负责按住他。然后我在脓疮的周围全部涂抹上碘酒。那位父亲的双手也同样消毒了。

手术的准备一切就绪，我将刀放到那位父亲手中。我向他解释了必须要切得足够深、足够长以便脓全部排出后，我指了应该开刀的位置和方向。此时，我觉得一切都进行得很顺利。然后，正当我准备下令开刀时，那位父亲转过身来，我知道我的计划失败了。他面色苍白，浑身发抖。"请你帮我做这个手术吧。"他哀求地说。

既然手术必须要做，最好继续下去。于是我擦了擦手，把刀重新消毒。但就在我要开刀的时候，我失去了勇气。在房间里转了两三圈后，我战战兢兢地壮起胆子继续做手术。第一个切口大概1.5英寸长、0.5英寸深，但什么也没有发生。需要再深切才行，脓疮看起来那么接近表皮，但实际上却有那么深。我们弄出来至少1品脱^①的脓液，发生的其他事情我就不说了。

除了看橄榄球比赛外，我从没听过像那个男孩在那几分钟内发出那么多的叫喊声。我很同情他，但开始手术后我完全没有注意到。后来助手告诉我，男孩从一开始就诅咒、辱骂我和我的祖宗，还骂了我一万年后的子孙。不过第二天，他深深地感谢我帮助他解除了那么巨大的痛苦。

我们把流脓的口子切开了5天之后，将伤口缝合了。我最后一次见到那个男孩的时候他病好了，很开心。我在沁州的名声就

①　1品脱约等于0.57升。

这样确立起来了。从那之后，我就被称为索万喜医生。

但做完手术的那一瞬间我希望我没有做过这个手术。我一整天都在担心，当天晚上也睡得很少，一直在想所有可能发生的事。我十分怀疑我能不能再做一次。除了包扎几处伤口外，这就是我医疗能力的极限。

几分钟之后。

我向窗外看。1、2、3、4、5、6、7、8，8节失事的火车车厢。中国人通过这种方式来让日本人不得安宁。我从山西出来的时候，差一个小时就坐上这列失事的火车。刚好在我们之前的一列货运火车脱轨了。我们不得不等了半个晚上。好在他们不破坏中国人乘坐的客运火车。我们就是坐的这趟火车。

北平

已经写到第13页了，但我几乎还没开始告诉你我想透露给你的事。我担心如果信太重了，大使馆可能不愿意。

你收到我从沁州寄出的信了吗？那些信要通过中国邮政经香港送达。我感觉那封信可能没有寄到，如果寄到了，消息也一定过时了。那是我能从沁州寄信的唯一办法。自那之后，我对飞机的态度大有改观，每次听到飞机的声音我都感觉很奇妙。

海伦，有件很重要的事我希望你能明白。我希望我的信不会使你有我们一直处于危险之中的印象，实际情况根本不是那样。我们提到的有些事情可能听起来十分危险，但当你真正面对它们的时候，除了有些不确定性外没什么事。有一天，我和大使馆的一个随员聊天。他问我怎么敢穿越火线到前线工作。听起来很糟糕，但你在这儿就会发现没有什么战线或者前线。这并非是你在故事中读到的那种战争，虽然破坏力同样可怕。

每当我到了危险的地方，我总会和中国军队保持联系，他们会告诉我日本人的位置，所以我基本不会遇到日本人。中国官员会尽心竭力地帮助我们。每次从日军占领的地方进入中国军队控制的地区，我都会感到解脱。

这些我自己和我的房间的照片不是太自然，自拍不是很好操作。请注意我的酒窝没了，我应该说曾经没有了，剃了胡子之后就又出来了。……

爱你，

索万喜

节选自提交给教会委员会的一份关于救济方法的报告。可能写于 1939 年 2 月，因为文中提到中日战争 20 个月。

——王晋保

我们认为与地方当局合作是明智的，他们往往比我们这些仅仅是过客的人更了解他们自己的情况。我们先去见一下县里的地方官，请他对城市和村里老人提供一些建议及介绍。我们请求那些老人召集社区的一些最重要的居民开一个简短的会议，以便列出最需要帮助的人员名单。我们派到那里的调查人员拿着名单去拜访每一个家庭，目的是从名单上选出我们能帮助的一小部分人。拜访也是为了确定每个家庭需要什么。

当确定某个人或某个家庭可从我们的救济储备得到帮助后，他们会收到两份收据中的一份，收据加盖村庄印章后，他们可以得到调查员确定的他们所需的财物。这样我们可以追踪到我们帮助过的人，收据也说明他们收到了什么、收到了多少。

在分发日，所有接受救济的人都聚集在某个中心地区。我们会告诉他们为什么会选中他们接受救济，以及根据什么选择。我们也会尽可能地鼓励他们。我们收到的回报就是他们的感激之情。

到目前为止，我们大部分的救济物品都是小米，这是山西人的主食。这种谷物累计发放了大概 500 吨。在秋季和冬季，我们还提供了用于制作冬装的布料和棉花。如果家庭里有女人，我们就不会提供现成的衣服，而是让他们自己做最需要的东西。

必须从外部获得的东西是十分稀缺的，其中之一就是布料。但幸运的是这个地区棉花很多。南部 3 个县的大多数妇女都能织出一种相当粗糙的棉布。然而，他们几乎无法购买棉花，以至于织机大部分时间都是闲置的。我们利用了这个机会，不仅给有需要的妇女提供了工作，还帮助加大了棉布的供应。目前，约有 400 名妇女参加了这个织布项目。

要把这些妇女聚集在一个中心地区按照工厂模式生产布料是不可能的。这也不是我们的目标。我们工作所处的状况使得家庭手工业成为必需。首先，这些妇女不可能离开家，她们的首要职责是家务。我们只是想让她们利用业余时间赚些钱。如果我们找到一个需要工作并会织布的妇女，如果她能把棉花织成布，我们会依据她的时间给她 3 斤、6 斤或 9 斤棉花，其中 2/3 的布她可以自己留用，另外 1/3 的布要在规定的时间内给我们。如果这个妇女织布令我们满意，我们就用自己那部分卖布的钱给她再买些棉花。否则，我们赚到的钱会用来帮助其他人。由于这个提议对大部分妇女来说太有吸引力，申请多到我们处理不过来。还有很多想参加但是没有能力参加的妇女，因为她们的设备都被日军毁了。我们计划为这些妇女提供一些可以公用的设备。

我们还在试验一个小型循环贷款基金。该基金的目的是向那些能够用这笔钱谋生的人提供 5~15 元的小额贷款。很大一部分钱给了那些把贷款用于购买棉花的人，他们把棉花从种植地运回来。卖掉棉花后，他们可以偿还部分贷款，然后还有足够的钱再去买更多的棉花。所有这些贷款都要在一年内还清。获得贷款的这些人的诚信由他们所在的村子担保。

我用几个我在调查过程中遇到的有代表性的案例来结束这个话题，其他更可怕的案例就不写了。

刚好在圣诞节前夕，在武乡附近，我到了一个完全被烧毁的小村庄。当时的情况令人十分绝望，村里只有两个人。有一个小孤儿靠放羊来维持一日两餐，还有一个老人在看管村庄的废墟。其他所有村民都被杀了。那个老人在我们的冬粮救济名单上，小男孩穿着我们提供的衣服。有 6 个村庄遭遇了同样的厄运。

就在辽州南边，一对父母带着 3 个小孩，他们本来拥有土地，还住在一个相当好的房子里。日军来的时候，母亲和孩子们逃到了山里，父亲留下来看家。他们回来的时候，看到的是完全被毁的房屋和被杀的父亲。我们大部分的救济都给了寡妇和孤儿。

在辽州东南部，我们在一处被烧毁的房子里发现了一位老妇人，她正在为丈夫补一件破烂的衣服。他们的家被彻底摧毁了，几乎没有一个可以挡风避雨的角落。他们刚开始搭建一个用玉米秸秆和泥做屋顶的小屋。我们在访问的时候，她的丈夫不在家。后来他回来了，但在这段时间里他什么话也没说。后来我才发现，自从悲剧发生的那天起，他就一直没有说过话。

他们曾经听说日本兵不会伤害他们。虽然大多数邻居都逃到了山上，但是这个家庭还是留了下来。当日军经过时，3 名日本兵走进他们的院子，索要食物和水。老妇人立刻把最好的东西拿给他们吃，但是日本兵不喜欢粗粮，把碗扔到了地上，然后他们开始在房子里寻找更好的东西。当他们找到一批储存起来以备将来使用的谷子时，就拖了出来，用来喂他们的马。喂好马后，日本兵放火烧了其余的谷子。家里的儿子无法忍受，他跪下乞求日本兵不要毁掉他们的存粮。但刺刀让他安静下来。这位老母亲被派去找一些鸡。但她一离开日军的视野就立刻跑到山里。日军走后，她急忙赶回原来的家。她的丈夫受伤了，儿子死了，儿媳妇失踪了。虽然她丈夫受的伤已经恢复，但他们已经没有什么可以用来生活的东西了。

在我们的辽州学校里有两个战争孤儿，他们是来自河北省的两兄弟。他们的父亲被杀了，母亲因为惊吓也去世了。这两个男孩被八路军收留后带到了辽州。弟弟太小了，过不了艰苦的生活，于是他们离开了军队，开始以乞讨为生。我在辽州南边 10 英里的地方找到了他们。他们几乎快被饿死了，我把他们带回了家。后来我找到了他们的祖父，春天过后，祖父就会带他们回家。

我们做得再多都无法消除这些创伤。

第二章　第二次驰援

1939 年 3 月 11 日（星期六）

今天，聂[①]、田[②]、李、刘[③]和我，我们 5 个壮劳力出发去前线。我们 5 人正好可以组成最小的游击单位。当然，我们是一支和平团队，不是军事单位。我们要去的前线是一个有城墙的县城（县政府所在地），在辽州北部 30 英里。大概一个月以前，日军从平定州向南推进，占领了这座县城。我们的目的不是将日本人驱逐出城，虽然如果他们离开的话我们会极为高兴。我们希望能够给躲在山里的农民提供一点救济。

在最前面的 15 英里，也就是我们今天走的这段路上，我们有一头温驯的驴帮我们驮着 5 卷被褥。我们并没有带太多东西，因为有时候我们不得不背着自己的东西。日军的活动决定了我们的活动。如果日军待在城里，我们就根据自己的意愿自由行动。但如果日军前进，我们就撤退，他们撤退，我们就前进。我们必须

---

① 聂，即聂至豪（1904—1961），祖籍河北，美国人在辽县的时候，他家在东关。他是育贤学校培养的第一个大学生，新中国成立后全家定居上海。他在索万喜驰援过程中跟随时间最长。

② 田，即田雄才。

③ 刘，即刘春荣，育贤学校小学毕业后到汾阳教学学校读了初中，这时是北京潞河中学高中生。他是1940年"友爱会惨案"遇害13人之一。

1939年8月8日在辽县附近的临时山区指挥部。左起：
聂至豪、索万喜、刘春荣、李先生

随时准备前进或者撤退。我担心队伍里有人希望留在家里，刘和田看起来不像平时那样无忧无虑。明天他们得表个态，如果他们在这里真的很害怕，我必须让他们回家。懦弱的人对这种工作毫无帮助。我不打算冒任何不必要的风险，但我们不知道会遇到什么。

今晚我去了趟当地的八路军指挥部。我想确切地知道我们在前线会面临些什么，还有哪里能找到最多的难民。八路军听到我们是来帮助难民时十分高兴，并说大约有3万无家可归的人躲藏在县城周围的山区。他们中的大多数人从城里或周围的村庄逃跑的时候什么都没带。指挥部说今天一切平静。明天我们要开始在和顺南边的山里工作。今晚我们在一个小旅馆里过夜。除了我们还有3位客人，所以我们8个人必须挤一张大通铺。河头村（HanTo）士兵太多，以至于我们不得不挤着住。食物也很难获得。我们午餐吃了干玉米饼和小米汤，晚上吃了烤玉米面和小米汤。这或许预告了接下来的两周我们的食谱。我们每个人带了一小袋烤玉米面以供不时之需。这是从我们的游击队朋友那里学到的。

1939 年 3 月 12 日（星期日）

我们的临时本部设在和顺向南 7 英里的一个小村庄喂马村。我们很幸运地找到了合适的住处。村子里有几个难民，大多数当地人都没有回来。午饭后，我和大家说了一下我下午的计划。我准备去西仁村的山上看一看县城，如果县城看起来足够平静，我还想看一下难民的情况。我听说有不少难民在山上，还有一些人回到了西仁村。我告诉他们可以和我一起去。正如我所预料的，田和刘太累了，不能一起去。他们决定留下来休息。我们没有说一句使他们害怕的话，虽然他们"累"的原因实在是太明显。

我们发现西仁村被游击队占领了，他们有电话可以联系到河头村的本部，也可以联系到辽州。村子北边半英里处的山顶是一个极好的瞭望点。和顺城在下面 3 英里处的山谷里。从这个瞭望点，游击队可以看到日军的一举一动。因为我带了望远镜，所以我们看得相当清楚。城墙被拆了，简直就是一个土堆。这是几个月前当地居民按照八路军要求做的。没有了城墙，日军就不那么容易守住这座城。如果城墙倒掉，发动攻击的游击队进入城里就容易得多。日军没有重建城墙，但他们拉起了带刺的铁丝网，以保护自己。

我们只看了大概 15 分钟，日军山炮就开火了。我有点不安，但和我们一起的游击队员告诉我们，不用为日本人打的任何东西担心。果然，所有的炮击都或者近了 1/4 英里或者打偏了。我们用望远镜找到了山炮，看着他们开炮。一名游击队员告诉我，日军大概每天都开炮，有 4 次相当严重的轰炸。不过，在日军进城后的 5 个星期里，他们用山炮和加农炮只炸死了一个老人。那是 2 月 25 日发生在紫罗，那天晚上我从平定州回来在那里停了一下。一名游击队员还告诉我，大约 3 天前的晚上，他们对西郊发动了一次袭击。就在他们准备发动袭击的时候，有一名战士咳嗽了一下。日本守卫听到咳嗽便开始射击，他们因此没能执行计划。不过他们在撤退到山里前扔了几颗手榴弹。关于这次袭击，有趣的是接下来发生的事情。当天晚上剩余时间及第二天大部分时间，日军加农炮一直发出咆哮，他们打了 200 多发炮弹，但根本没造成破坏。告诉我们这件事的游击队员还说："等日军的弹药打完

救济扶贫小队在喂马村吃小米午餐。这个村庄很小，这顿饭是八路军游击队提供的。左起：李棣华、索万喜、刘春荣、田雄才、连、聂至豪

了，我们就会赢得战争。”

看够了日本人之后，我们在村子里转了一圈看看村子的情况。我惊讶地发现很少有房屋被烧毁，被火烧毁的不到6间。但日军肯定彻底洗劫了村子，几乎所有门窗都不见了。我猜门窗是被用作生火的木柴了。盘子、锅、铁壶和大水坛都被砸烂，碎片散落在地上。家具、衣物和其他家用物品都被烧毁、砸碎，以致无法使用。仅留下的一些谷子也都无法使用。许多人家的地面和砖炕都被挖开。日军在寻找藏起来的东西，我想他们找到了不少。

当日军经过这个村子时，除了一位老人，其他所有的农民都逃到了东边的大山里。这位老人病了，不能下床。一些年轻人想带着他一起走，但由于日军离得不远，老人让他们先自保，不要为了一个很快会死的老人而冒危险。等日军走后，几个人回来看看这位老人怎么样了，结果他被极为野蛮地砍了头。做这件事的人可能称之为“安乐死”，但我不这样认为。

现在有几个人回到了村里。他们在为春种整理土地，他们知道，如果这个春天不把种子播种到地里，下一个冬天就没什么可吃的了。我们回喂马之前给他们发放了救济。我们不可能弄到种子、犁和其他农具给这些距离日军如此之近的农民，所以我们给了他们一点现金，这样他们可以从其他地方购买他们需要的东西。

当然，我们把下午在山里的事情告诉了刘和田。他们的好奇心被充分地激发出来，主动说明天愿意一起去。他们今天没去也许觉得丢了面子。

1939 年 3 月 13 日（星期一）

今早大笑了一场。我们嘲笑刘和田不敢往前走，不敢把头伸出山脊。没过多久，他们就走到了前面。我们其余几个人停下了脚步想看看会发生什么。他们刚到能看到城里的山顶，日军的加农炮就开始发射炮弹。他们甚至都没有停下来看看日军炮击的是什么，就转身拼命往山下跑。他们跑到我们身边的时候被我们拦下了，我们让他们在这等着，直到我们看清楚日军射击的是什么。当我们发现日军正在向北而不是向南射击的时候，我们叫他们上来看看。他们亲眼看到后，变得大胆起来，想要更近一点看，但是我们还有工作要做。我们不再进一步窥视日军，而是分成两组寻找难民。我们去了 6 个小村子，找到了 200 多名难民。他们离城市太近了，根本不安全，但是他们不愿意走远。首先，他们希望日军能很快离开，他们就可以回到自己的土地上。其次，即便他们确实想走，也没什么地方可以去了。

我惊讶地发现这些难民基本没带什么东西，他们大多数人的食物已经快吃完了。他们带的东西都背在背上，基本上都是不够的。他们能够有个毯子在晚上把自己裹起来就算幸运了。有些难民和亲戚住在一起，或者借用一间房。这些人都是幸运的。许多人都不得不在山坡上挖个小山洞躲藏。我们的任务很重。我希望我们能建一个难民营，不仅安全，而且还可以在那里照顾急需帮助的难民。但现在的情况是我们不知道日军会在何时何地发动攻击，能在难民的所在地帮助他们就已经很不错了，也希望所有这些痛苦制造者能尽快离开。

晚饭又是烤玉米面和小米汤。

1939 年 3 月 14 日（星期二）

昨晚炕（砖床）太热了，我得不停翻身以免身体一边比另一边烫得更厉害。这是艰苦的生活：整天都在走路，吃烤玉米面，然后在热得发烫的砖上睡觉。至少我们不会受冻。

河头本部的一个通信员警告我们不要在喂马待太久，附近似乎有很多日本间谍。如果没有别的东西了，他们可能会对我们的救济金下手。日本人对我们的工作并不友善，他们希望农民们回去对他们卑躬屈膝。我们帮助他们越久，他们就留在外面越久。我们也不会鼓励他们回去，我们和他们一样都知道他们会被迫攻击自己的同胞或者被杀害，他们的妻女会被烧杀劫掠的日本兵强暴。

我们来到了细窑，这是一个在和顺东南7英里处的村庄。这里日军还没有来过，相当隐蔽，所以我们也相对安全。

今天我们不用去找难民了。他们听说我们在这里就来找我们了。今天来的人太多了，差点发生骚乱。但谁也不能责怪他们，他们实在是太饿了，但这也意味着我们为维持秩序则必须非常严厉。当我们不得不严厉对待他们时，总会让我感觉不好。

1939 年 3 月 15—16 日（星期三和星期四）

昨天我们从细窑到了三泉，因为我们听说大部分难民都在这里。我们现在在和顺的东面，我们正在难民中间。这个 70 户的村子里有 400 多名难民，这还没算上距我们几英里之内的山上的难民。在这里水和食物都是很大的难题。我今天去看了看水井（村里唯一的一口井）。至少有 52 个人带着水桶在等着从井里打水，井水已经接近干涸，每次打满一桶后，他们要用 10 分钟等水流出来。我们派了些运东西的人去东边一个没有被入侵的地方。我希望他们能买些食物带回来。

我的 4 位同事用两天时间来调查和分发救济。我的时间用于救济和看望病人和伤员。我随身带着一套相当完整的急救用品，在细窑救治了几个人。这里的人在我到来之前听说了这件事。很快就有 26 位病人托人来问我能不能去给他们看病。然而我不是医生。

大多数病人患上了这样或那样的湿疹，我第一天就把带来的所有药膏给了他们。昨天我去看了一个 10 岁的小女孩，她恐怕没什么希望了。她是从城里来的难民。日军来的前一晚，她从城里逃了出来。她一定是扭伤了脚踝，因为她说第二天脚踝肿了起来，疼得没法走路。他们遇到了一个中国医生，他给她的脚踝扎了针，现在她的脚踝严重感染了。我担心这是链球菌感染，因为整条腿都肿了起来。脚踝处有一个很大的裂口，脓液不断渗出。我第一次看到她时，她的脚处于一摊脓水之中。我花了一个小时给她清理、包扎伤口。但我担心为时已晚，尤其是我并没有链球菌杀剂和磺胺。她是一个可爱的小女孩，有着亮晶晶的黑眼睛，是我曾经见过的最勇敢的人。她一定疼得厉害，但我为她清理伤口的时候，整个过程中她没有开过口。但我能看到泪水顺着她的脸颊滚落下来。在我做完后，她用微弱的声音向我道谢，我几乎听不清她说了什么。后来她的母亲告诉我，她已经两天没有睡觉和吃东西了。我会想办法把她送到医院［在辽州］。

另一个病人也是个小女孩①，她的背部严重感染。一段时间之前她被烫伤了，被用很脏的纸包上伤口，但没有使伤口变干，结果就感染了。用氯乙烷麻醉后，我在她背上切开了几个地方，并进行了清理。我从 3 个伤口抽出了 1 品脱多的脓液。她说她已经好转了。

还有 3 例枪伤，我都进行了处理，但子弹还在两个人的骨头里。我希望他们能够去辽州的教会医院。

这两天，我们登记了 200 多户家庭，给他们发放了救济。这意味着我们已经帮助了超过 1000 户的家庭。在我们发放救济时，

---

① 2019 年，和顺县喂马乡副乡长杜文广说，背上生病的是他的母亲，叫李小籽，是美国人给治好的。——编者注

田在让人群保持安静和秩序方面干得很不错。他让他们唱歌。

1939 年 3 月 17 日（星期五）

前往合山①的路上，我又看了看和顺，这次是从西边。今天城里更骚乱了。看起来来了更多日军。晚上的时候我们得知今早有 2000 名日军从平定州过来了。这意味着日军对和顺和李阳的驻防大幅加强了。我想知道这次日军有什么计划。

我在一个小村庄里给一个被狗咬伤的男人看病，他的右腿被咬得很厉害。小腿上有 2 处很深的伤口，脚踝和脚上有 3 处咬伤。事情大概发生在 4 天前，腿部已经感染了。我帮他清理了所有伤口。氯乙烷再次派上了用场，这是一个相当痛苦的过程。然后，我把他的腿浸泡在浓度相当高的高锰酸钾溶液中，之后用硼酸粉填充伤口。如果不是疯狗，这样就能治好他了。

和顺县的第一位区长将本部设在了合山，这个地方也挤满了难民。今天下午我们照料了村子里和附近地方的一些难民。明天我们会分成两组，分别向北、向西去调查村里和山里的情况。

许多难民的故事都很悲惨。我已经统计到有 36 人死在日本人手中，57 人在逃亡路上因受冻而死。大多数是孕妇、新生儿和小孩。还有 50 多件强奸事件。这些都是从直系亲属那里得知的。这不是夸大其词，这几天我听到的一些故事很像谚语中的暴行故事。有足够的证据来佐证这些暴行。

1939 年 3 月 18 日（星期六）

昨天晚上，我们听说日本人已经宣布要占领和顺县东部的几

---

① 英文编者误认为是"黑山"，实际上，这个村庄的名字是"合山"，与颜色无关。——译者注

个城镇，据猜测合山是其中之一。日本人似乎在李阳召集了农民开会，并宣布了上述事宜。一个八路军侦察员参加了会议，昨天深夜把这个消息带了回来。大约午夜时分，加农炮开始轰击。在合山的许多农民带了几件东西逃到山里去了。田急着想跟着他们一起。我告诉他如果想去就去吧，但我要一直待到早上。日本人肯定不会在天黑后进入大山里。如果日军明天早上确实来了，那我们就有足够的时间避开他们。就我个人而言，我觉得日军这样宣告出来是为了掩盖其他行动。日军肯定不会暴露他们的行动。今天早上什么也没有发生，傍晚的时候我们听说日军已经离开了李阳和蔡岭，可能是回平定州了。如果日军也离开和顺就太好了。

我们今天继续调查，但是地方官员坚持要派警卫和我们一起。我们不想与警卫在一起，但是没有理由拒绝。去瓦房村的路上，聂和我必须翻越一座相当高的山峰。在山顶，蔡岭和李阳都可以看到。我们看到几辆日军卡车正向北行驶。可能是李阳的驻防部队正在回平定州。我们一整天忙得没有时间吃午饭，直到晚上10点半才吃上晚饭。烤玉米面和小米汤吃起来都相当不错。

1939 年 3 月 19 日（星期日）

昨天晚上射击增多了。今天早上我们发现昨晚游击队出动了，他们成功地抢走 50 多根电线杆。当日本人发现他们的电线被切断时，他们就开始用大炮轰击。他们晚上不敢出城。今天我们离开了东北部地区，前往县的西部。

刘又害怕了。他落在我们后面大概 1 英里，几发炮弹在离他半英里的地方爆炸了。不久他就赶上了我们。

我停下来看望我救治过的一名被狗咬伤的病人。他好多了，看起来感染几乎清除干净了，肿胀也已经消减了。我又对其进行了一次治疗以确保没有问题。我还去看了那两个小女孩。表皮被链球菌感染的那个小女孩身体很虚弱，另一个看起来好一些。我给后者重新处理了一下。晚餐吃了三碗大麦粉面条。应当地基督徒的要求，田在晚饭后给我们做了一次布道。整个村子的人都来了。

1939 年 3 月 20 日（星期一）

我们彻底离开了东边。途中经过了过去我曾开心打猎的猎场，而这次想要吓唬一头野猪我只需要叫喊几声。但如果我带着猎枪，我们也许能够打到一两头野猪。今晚我们的本部是南沟村。距离和顺 8 英里。经过西仁村的时候我们又看了一下县城。今天似乎什么都没发生。

下午和晚上我们都在调查、分发救济。这个县西部的难民似乎比东部的还要多。我们还没走多远，钱就快发完了。

今天有 13 个人从县的北边过来，他们家已经没有食物了。听说我们在发放救济，他们已经追赶我们两天了。他们说他们两天就吃了一顿饭，而且还是他们乞讨的东西。他们说还有更多没能过来的像他们一样的人。我们先让他们吃了顿饱饭，然后让他们带着足够吃一个月的粮食回去（他们只能带这么多）。

我们听说今天日军到这里以北 7 英里的一个村子里做了一次有点令人惊奇的旅行。我不知道他们的目标是什么，但是用不了多久我们就会知道。

1939 年 3 月 21 日（星期二）

我惊讶地发现和顺邮局就在县城西南部山里的这个地方，更让人惊讶的是沦陷期间它一直继续常规的业务，没有一天休息。当然，邮局主要是为沦陷期间躲在山里的县政府官员服务。李家掌这个小村庄大概是曾经有过邮局的最小的地方了。整个村子里只有 5 户人家。当然，难民来了之后人口大大增加。

县西部的难民肯定都知道我们在这里。我们一直被周围山区来的人围着，他们来寻求我们的帮助。他们中的很多人真的很绝望，但是我们的钱在我们没走多远的时候就快用完了。我们今天早上吃了一顿馒头。天哪，和这几天吃的其他食物比，这实在是太好吃了。

1939 年 3 月 22 日（星期三）

我们本来希望今天早上到另一个村庄去，但是当我们起床的时候，院子里有 300 多人在等着我们。我们救济了其中最需要帮助的一些人，然后准备离开。我们剩下的东西不够再帮助这么多人了。钱和物资都用完了。聂、田和刘启程回去，而我和李向北走，去调查和顺西部和北部的情况。

我们一直走到从城里向西流的那条河旁边，看到前方河床上十分骚乱。大概有 400 人向我们走来，我不知道还有多少人从附近山里涌向干涸的河床。我们的第一反应是日军正在杀来，但我们用望远镜看到是农民。我们猜测他们是在逃避日军。直到我们遇到了前面几个人，我们才知道他们是在找来给他们食物的外国人。我尽可能地向他们解释我们现在什么也没有了，这次来是想知道他们需要什么。我们稍后会再回来帮助那些饥饿的人。这个说法并没有让他们满意，他们听说我们已经帮助了一些人，不能理解为什么这次我们带的东西已经用完了。他们的情绪并没有失控，他们只是恳求帮助。但是随着人越来越多，我开始有点不安。只需要一两个人鼓动，事态就会失控。饥饿的人有时候会做出平常不会做的事，尤其是当处于人群中的时候。

我告诉李我们最好撤退。我们转身假装不经意地走开，似乎什么异常的事都没有发生。直到走了大约 1/4 英里之后我们才回头看了一下，那些人仍然跟着我们。李建议说走山路甩开他们。我将要听从这个建议的时候，突然想到这么多人在离和顺只有 6 英里远的开阔河床上实在是太危险了。如果日本人听到风声，他们很有可能会开着卡车赶来，在那种情况下可能会是一场大屠杀，我决定再回去和他们说一下。他们没办法理解现在的救济情况，但我想如果告诉他们日军可能在河床上找到他们，他们能够理解"危险"这个词。

我让他们尽快离开，回到山上躲藏的地方。在解释了现在面临的危险，并承诺不久我们会回来之后，一些人开始往回走。但是很多人还是留下来，仍然恳求帮助。如果不是当时有一名村官到了现场，我们就会被困住。我们向他解释了现在的情况，在他向农民们解释的时候我们偷偷溜走了。

今晚我们确定无疑地踏上了回家的路。我们决定按照日军的路线从西部进入辽州。

1939 年 3 月 23 日（星期四）

上午我们拜访县长，商量和顺县未来的救济计划。最大的问题似乎是如何把粮食运进县里。从地方官员那里我们没有得到答复，他们太忙了。我需要见一下战区的长官，以便得到一些帮助将粮食从更充裕的地方运过来。我不是说当地政府毫不关心难民问题，他们也提供了很大的帮助，只是他们没有时间或没有权力来处理粮食运输问题。

我希望把粮食运到离难民足够近的一些地方，然后难民们可以拿着我们发的钱自己去买粮食。我们带着粮食过去分发实在是不现实。日军似乎急于洗劫、烧毁一切东西。

今天下午，我遇到了一个非常有趣的人，有幸和他一起走了大约 5 英里。他是一名八路军侦察员，受过良好教育，是我见过的品行最好的中国人。他刚刚完成了对整个和顺县的一次彻底的侦察。他向我们详细介绍了日军的最新行动。日军似乎急于让人们回到城里来，他们向愿意回来的人提供了金钱和其他各种东西。一座空城对他们来说毫无用处。李阳的农民听信了日本人的话就回去了。他们每人得到了 5 元钱、一些谷物、一小袋盐、一些糖和糖果。甚至有些妇女也回来了。但不到一周，日本人就违背了承诺，开始压迫男人、强暴妇女。没过多久，李阳就又空无一人了。现在所有人都不敢回到被占领的地方。现在日军开始出去抓农民，然后强迫他们回来。

在城西 5 英里的一个村子，日军在农民还不知道怎么回事之前就包围了整个村子。一些汉奸被派到村子里告诉村民他们已经被包围了，试图逃跑的人会被当场射杀。然后，日军慢慢逼近了村子。他们举行了一场会议，会后村民们必须登记。当日军回和顺的时候，有些人被一起带走了，其他人被告知第二天来领军事通行证。如果他们不来，他们的村子就会被烧毁，他们就会被杀掉。被用这种方法抓到的人，除了进城照日军吩咐的去做，没有其他办法。幸运的是大多数妇女、儿童和年轻人已经离开了村子，只有老人被抓了（我到这样的一个村子里走访过，确定这件事是真的）。〔这些人需要留在村里完成春种，不然接下来的冬天就没东西吃了。〕

今天穿越一座山时，我看到了我认为非常不寻常的雪。南坡上有一块似乎被雪覆盖的地方，但其他地方都没有雪。我们到那里的时候发现原来是鸡的羽毛。这个地方真正地被羽毛覆盖住了，从远处看上去就像雪一样。碰巧在附近休息的一个老农民给我们解释了一下。事情非常简单：日军在山腰边停下来吃晚饭，他们抓了沿途所有的鸡，在这里把鸡杀了。我从来没有在一个地方见过这么多羽毛，甚至我在寄宿学校意外撕开羽毛床时也没有见过这么多。

1939 年 3 月 24 日（星期五）

回到（辽州）家里了，快累死了。昨晚牙疼得厉害。今早醒来发现我左边的脸颊肿得差不多是平时的 2 倍，现在已经明显减小了。医生告诉我，不过是长了颗智齿而已。

我想我们去和顺的探险基本结束了。我现在知道什么是游击战术了，我们这次发放救济的时候就不得不用这个战术。

能够回来在弹簧床上休息一下，吃顿有肉、有土豆、有肉汁的美餐实在是太幸福了。但我着急回去完成我的工作，那些农民

1939 年 3 月 28 日，护士科尔达·韦茨和索万喜开始了他们大约 80 英里的到平定的行程。左边是索万喜、伊丽莎白·王普霖和她的两个儿子，右边是安娜·侯其荪。另两名中国人身份不明

需要我们能够给他们一些帮助。

我听说科尔达·韦茨回美国前想去趟平定州。她一个人肯定不行，所以过几天我们会一起上路。

刚刚计算出我们这次走了多远，最后两周我走了 150 英里。如果我这样保持下去，回学院后我就可以打橄榄球了。

索万喜陪科尔达前往平定州期间，日记在这里中断了一下。这里是写给友爱会总会委员会助理秘书长斯宾塞·明尼克（H. Spenser Minnich）先生的报告。

——王晋保

山西辽州

1939 年 4 月 6 日

亲爱的明尼克先生：

我们最终得到承诺，获得了和外界的可靠通信服务。当地的邮局告诉我们可以接收所有外国的航空邮件。每周都会有信差把信送到西安，从那里信件会通过飞机送往缅甸或法属印度支那，然后再被发至欧洲或美国。最好的一点是承诺这些信不会落入日本人手里，因此我们可以自由地想写就写，想写什么就写什么了。我不确定信件寄到你那里需要多长时间，但我们至少要尝试一下这项新服务。

最近 4 周十分忙碌。除了其他的事外，我不得不走了大约 350 英里的路。如果我们有办法走得更快一点，那么我们能够做的事情将多得多。我们步行一天不超过 30 英里。这和在美国每天能走三四百英里完全不同。每次在乡间行走的时候，我都希望有好的道路和汽车。

我昨天刚从平定州回来。科尔达·韦茨着急回家，但又不敢一个人前往平定州。由于沿路城市都被日军占领了，所以这并不是一次愉快的旅行。我们离开北面距离此处15英里的公路绕道而行。我们不知道什么时候会在路上遇上日军。所幸我们一路没有遇到什么事情，科尔达因为骑驴而感到很累。

在平定州的时候，我和当地的人有一次很好的会见。我很高兴有机会听到伊肯伯里（Ikenberry）关于美国的言论。我希望在不久的将来他能够到这条路上看看自由中国的情况。这里和平定州的情况大不相同，就像到了外国似的。我们必须看到事情的两面性，以了解真实发生的情况。

如果你还没有听说第二次占领的事，那么你可以从科尔达那里得到第一手消息。我当时碰巧不在，所以没有经历那一段事情。但自从我回来之后，我走访了几个最糟糕的地方，在日军走后做了善后工作。日军只在辽州待了2天，他们似乎是被中国军队在南方的集结吓跑了。但在离开的路上，日军在和顺（辽州北边30英里的城市）留下了相当多的驻军，他们给那个县的农民造成了相当大的苦难。我花了2个星期（3月11日至24日）在和顺周围的难民中做游击救济。我之所以称为游击救济是因为我们必须使用游击战术来分发救济物资。要在日本人和他们的帮手知道你在哪里、你在做什么之前发放救济物资，然后离开。如果必须偷偷地做救济，这看起来似乎不是真正中立的救济，但情况就是这样。当日军占领一个城市时，所有居民都逃到周围的山中。当地居民很少返回，因此城里基本只有驻守日军。

距离和顺2~10英里的山上藏了3万多名难民，他们离开了城里和周边村里的家，挤到山上的小房子和小村子里，其中许多人找不到避难所，只能住进在山侧挖的山洞里。我发现有60多户人家的几个村庄里住了400~600名难民。对于许多人来说，缺乏食物和水是很严重的问题。因为冰雹和早霜，去年的粮食收成非常差。因此，当他们逃避日军时，很多人都没有食物。其他有一点食物的人也不能维持几周，现在他们已经吃完了。少数人比较幸运，有亲朋好友住在山里，在亲朋好友的粮食吃完前可以依靠他们来生活。另外一些人则依赖于政府和其他组织分发的救济度日。但这明显不够，而且分配得也不好。我们发现，难民们不得不一天吃一顿饭，而且这一顿饭是由糠加上一点玉米或小米煮成的粥。

离开了家园故土，所以他们没有办法自救。当我们知道回去后他们会面临什么，我们也不鼓励他们回去。政府发表声明说，如果他们愿意可以回城（原本的计划是不让他们返城）。少数人回去了，得到了日本人的承诺，还有给他们的奖励。他们得到的承诺是日军会离开他们的家，对财物的任何破坏都会得到赔偿，每人会得到5元现金和足够维持1个月的粮食。他们的女人不会被骚扰。如果这些人想工作，会给他们一份每天赚50分的工作。另外，他们还会收到来自日本的小礼物。这些礼物是包括小袋的糖、盐和糖果。

在这些承诺中，只有发放来自日本的礼物兑现了。日军没有离开农民的房子，造成的损失也没有赔偿，只有很少的时候给了粮食和钱。男人被强迫去修建汽车路、伺候士兵和充当间谍。两周之内，每个回去的妇女都至少被强暴过一次。一旦有机会，这些人中的大多数都会逃到山里，只要日本人在，他们就不愿意回去。

作为最后手段，日军每隔几天就会出去抓人到城里。我还没有和被捕者聊过，但是听说他们得到了一定的礼遇。日本人花了好久才明白，让中国人配合的办法是以礼相待。

我们在和顺地区工作的两个星期中，一共分发了2500元的粮食和现金。我本希望绝大多数救济以粮食的形式分发，但实际情况不允许。把粮食运到每个地方是不可能的。即使我们能够把粮食运到分发点，也存在还没分发就丢失的风险。政府在分发少量谷物时遇到了种种麻烦。日本人曾多次尝试想获取他们的物资。我们的救济不是给日军的，因此我们不得不分发现金。这样做可以快得多、安全性更大。现金可以随身携带，我们的机动性就很强了。我们从未在一个地方待过一天以上，也从未在同一个村庄住过两晚以上。我们也非常小心，不让任何人知道我们要去哪里。上周在去平定州的路上，我和一位老人聊了聊，我们在和顺分发救济时他在场。

他说日本人派汉奸出去打听我们在分发什么，力图阻止我们的工作。我们没办法证实他说的话，但是很有可能是真的。至少我们不能冒任何风险。

这次在和顺发放救济是我处理过的最困难的工作。但似乎任务越困难，就越能从中获得满足感。中国人不是没有表达感激的能力。这就是我们要求的鼓励和回报，至少我是急于尽快回去的。

我很高兴地向大家汇报，我们在南方3个县的救济工作进展特别顺利。我们已经拿回了第一批布料。总的说来，这项工作干得不错，这个地区的妇女都渴望继续下去。如果我们能得到更多的棉花，并有办法监督更多的工作，就有可能让几千名妇女参加工作。

我们能够生产多少布料，需求就有多少。我们原计划卖出收到的一些布料，然后再用这些钱来买更多的棉花。但是因为和顺被日军占领，所以我们决定把一些布料送到那里。在和顺，难民很少或者无法得到布料。这样我们就可以一箭双雕——一些人有了工作，一些人有了衣物。

你 12 月 21 日的来信中提到让我们预估一下明年的需求。平定州给出了一个估计，让我们也同样估计一下，但我不知道该怎么说，我们的工作几乎完全取决于战事进展。我们不知道 1~2 周内我们的工作会受到怎样的影响。现在日军已经占领了北面距离这里 30 英里的城市，情况比几个月前更加不确定了。如果日军占领辽州，而且我们认为占领辽州就是他们的目标，那么我们在辽州的工作将不得不暂停。我说的工作指的是教会和救济的工作。首先，除了日军、他们的女人和一些党羽外，城里没有人。其次，我们至少有几个月没办法和农民们交流。那时任何形式的工作甚至都会面临极大的危险。就我而言，我已经决定，如果日军占领了我们的城市，我会离开这里。我的工作是针对农民的，这种情况下农民们会藏到山里。我会和他们一起走。我已经在东部大山里建立了一个紧急救济总部。物资和其他一些必需品已经被藏在了附近，所以如果我在山里工作的时候偶然和城市联系中断，也会有食物和衣服。如果日军来的时候我刚好在家，我也很容易带走几件东西。在和顺的经历让我确信，在这一藏身地可以工作一段时间。我把这些方案和教会人员仔细讨论过，看起来是可行的。开展工作的一个问题是获得资金。当然，我可以随身带一些，但如果用完，就要制订别的计划了。我们对情况做了最坏的准备，但我希望那种情况永远不会出现。

如果日军来了，那么在山里可以做的救济工作将变得有限。但如果日军不管，我们的工作就会逐步扩大。到目前为止，我们的工作进展得相当缓慢，因为我们的计划和组织尚未完成。如果在给谁、如何发放上谨慎一些，那么发放的速度甚至更慢。目前，一个月里我们一共发放了价值大约 4000 墨西哥元的东西。春天和初夏期间，这个数字很可能会增加到 6000 墨西哥元，或者大约是 1000 美元。夏天的几个月里，当人们能够从他们的田里获得一些东西后，我们的救济会减少。但是如果战争持续到下一个冬天，我预料需求会比去年更大。如果我们待在自己的地区，6000~8000 墨西哥元就够了。但我希望我们可以设法到附近一些县里去，那里遭受着和这里一样或者更重的苦难。我尤其想到的是西南方向通往黄河的铁路沿线的几个县。几个月来，那里发生了激烈的战斗，农民们遭受了可怕的痛苦。如果我们能到这几个地方分发救济，那么秋冬两季我们很容易就能用完大约 1 万墨西哥元。

山西战事愈演愈烈。日本人还盯着西安。但是，日军身后的群山中到处都是游击队，把过多的军队部署在遥远的西部对日军来说不安全。现在正在进行一场激烈的扫荡山西游击队的战役。日军最近进犯辽州及占领和顺都是这次战役的一部分。日军有能力进犯，但是他们消灭的游击队员少于他们失去的士兵。离开这里后，他们向北前往五台。在过去的一个月里，游击队两次把日军赶回去，两次都使日军的人员和装备遭受重大损失。他们（中国人）在平定州告诉我们，从平定州出发的士兵只回来了不到一半。目前，又有 3 万日军朝那个方向开进。在山西西南部，游击队与 10 万日军形成对峙。最近日军在那个地区使用毒气显示出他们是多么绝望。

山西的游击队现在在朱德［共产党将军］领导下实现了统一指挥。我们已经可以看到这样做带来的变化。现在，他们的行动背后有着确定的计划。上周，部队进行了改编和调动。更好的装备正在取代他们曾经使用的老破装备。根据我的观察，我在这里的几个月中，中国军队在这一地区的军力翻了 1 倍以上。我希望日本能及时意识到自己的错误。也许几年之内就得在日本进行救济工作了。

过去的两周里，日军轰炸了我们南面的所有城市。有几个地方被轰炸了好几次。辽州是唯一幸免的城市，但我们时刻都面临轰炸。每天城里都会变空。我们看到人们早上8点离开。他们中午过一会儿后开始返回（日军通常在上午空袭）。我不知道我们教会财产是否安全。最近已经有4个美国传教站被炸了。王普霖一家去沁州住了几周。他们打算举办复活节会议。我跟他们去了一两天，在当地发放救济物资。我计划从那里回到和顺。如果事情顺利，5月我将进行更多的游击救济。[1938年2月，王普霖的家被日军炸毁了。在边远的村庄度过了1938年的春天后，他们搬到了辽州。1939年又回到沁州过复活节。]

我的父亲刚从武乡东部回来。他在那里举行了一系列会议，并在被烧毁的那个地区分发粮食。他说会议和救济工作都比预期的更好。那里的人现在很开放。

工作让我忙起来是件好事，否则我会感到孤独。我希望即将到来的秋冬能再有个年轻人来和我一起工作。如果他们留在"自由中国"，而不是经常去占领区，是不会有什么麻烦的。最大的问题是第一次过来，有些人通过法属印度支那进入，这样他们就不必经过被占领区。

我希望这封信能及时送到。如果航空邮件服务令人满意，我们会定期给你发送工作信息。

有机会请代我向埃尔金和其他地方的人问好。

真挚的朋友，
索万喜

用铅笔写在4月6日给明尼克先生的信背面。

——王晋保

沁州

1939 年 4 月 13 日

　　请原谅我在信的背面写东西，但是从辽州一路下来，我有些经历想告诉你。之前我提过轰炸，我在榆社的时候碰到了。我们［李陈舟[①]（音译）和我］离城市不远的时候，14 架大型轰炸机在上方轰鸣，投下了炸弹。这是这座城市在一周内第 6 次被轰炸了。

　　那天晚上我去榆社城里四处看看。这个地方被彻底摧毁了。之前就被烧毁、轰炸过，加上这一次轰炸已经不剩什么了。房屋倒塌在街道上，残骸四处都是。居民们白天逃到山里了。许多人已经搬走了。第二天我一个人坐在山上。我们等了一整天，但日军没有来我们这里。我们能够听到各地的爆炸声，看得见飞机。我担心飞机那天早上飞往辽州了。

　　昨天我们离开榆社向西南出发。刚走没多久，榆社就再次被轰炸了。我不理解日军这样做的动机，这个地方 10 英里之内都没有士兵。在云簇（距离榆社 30 里），我们停下来去村子长老那里盖个章（通行证上的印记）。我们在那盖章的时候，他接到电话说日军成功突破了榆社西北方向的关口，把在子洪口的防御了日军几个星期的中国军队从背后围了起来。我们可以清楚地听到加农炮的轰隆声。它们保持着稳定的……

　　飞机要来了，我得走了……

　　（20 分钟后）

　　谢天谢地他们这次飞过去了。

　　……轰鸣声一整天都没停。和我们一起的赶驴人吓坏了，他

---

　　① 很可能是"李成章"，即李文焕，"友爱会惨案"遇害者之一。

扔下东西，和驴子一起跑了。我们花了 1 个小时才找到两个人来搬运我们的被褥。在日军还没把我们到辽州的道路切断之前，赶快离开似乎是明智的。我们没有和他们一起离开，因为我想我应该去沁州看看我能不能帮助王普霖一家找个房子。如果他们和他们的两个小男孩被困，那对他们来说会很困难。

我们原计划昨晚去沁州，但是骑自行车没法在山里走那么远。我们到达武乡和段村时天已经黑了。两个地方除了几名警察之外，没有其他人。所有的房屋、旅馆和商店都上了锁。人们都留在了山里。这两个地方也都被炸得很严重。

我们被困在这里，没有食物，没有水，没有遮风挡雨的地方，连铺盖也没有。我们在一个部分被毁的房屋里找到了一个冷炕，我们太累了，蜷缩着睡着了。晚上 10 点，我们被行进的军队吵醒了。他们一整晚都在行军。军官进来和我们聊了一会儿，他们是中国政府军，但没有说他们要去哪里。

早上 4 点我们起床了，冻得僵硬，胃里也因为晚上太冷而不舒服。好在我们在城外遇到了一个卖饼干的老人。我们吃了几块，然后就前往沁州。

沿路有数百名难民组成的队伍。他们正在逃往山中，这时候逃亡是有利的。这是一个悲惨的场景：年长的妇女因为缠足蹒跚而行，男人们带着几件行李，或许有婴儿在篮子中被挂在担子头上。他们没办法带太多东西，也许只有几件被褥、几斤面粉、一点小米和一个用来做饭的锅。这是他们生活的所有东西，他们不知道靠着这些东西能生活多久。

用中国话说，我碰了钉子。我不知道现在该怎么帮助他们。交通已经瘫痪了。即使有钱也买不到东西。到处都是无助和恐慌的气氛。

我是来分发救济物资的，如果说在某时某地需要救济，这里就是。但是，由于工作没做完，一旦我能联系上王普霖一家，我就必须尽快赶回辽州。我们似乎束手无策了，希望你能就我们该如何应对这样的情况给我一些建议。

我现在在沁州邮局。我们刚离开城市之后又有一次空袭。这次只有两架飞机。邮递员告诉我，王普霖一家在离这不远的一个村子里。

请原谅我匆忙之中的潦草。

索万喜

山西辽州

1939 年 5 月 20 日

亲爱的明尼克先生：

我们周末举办了一系列会议，所以我回到了辽州参加会议，并休息一下。库范格从平定州过来作为演讲嘉宾。今天下午有大约 100 人接受了洗礼。从某种意义上说，在日军离我们不到 30 英里远的时候，我们能够有序地进行这一系列的会议是很了不起的。

上一封信里，我在用打字机打过字的纸张后面用铅笔草草写了几行。我仍然没有找到王普霖一家，但找了他们几乎一整天后当天傍晚遇到了他们。他们知道了日军前进的消息，但是不确定日军在哪里。我带来的关于日军在石盘和故城一带行动的信息解决了这个问题。我们决定第二天一早启程回辽州。当时看起来，如果我们再晚一天，可能就没法通行了。他们预计日军直接向武乡进军，这就会挡住我们的路。事实上，日军最远只到了故城。

从沁州到武乡，王普霖家有两个两轮车。但由于两轮车不能从武乡出来，所以就有必要改变交通方式。幸运的是我骑了一辆自行车，可以走在前面做必要的安排，以及看看道路是否能通行。现在不可能雇到牲口。我找了两个小时，最后不得不去地方官那里看看他能不能给我们几头牲口。但他们已经把所有动物都交给了军队，军队正在把大量的弹药运出危险地带。我们等了大约半个小时，他们找来了一个有 3 头驴的人。但这是什么驴啊？一头跛脚的，另外两头老到能"领退休金"了。王普霖说我们至少需要雇 5 头驴子，但是实在是没有了。下一步是要找几个能够带几件东西的人，这个就比较容易了。

下午，王普霖太太和她的两个男孩在更换交通工具时遇到了相当大的困难，但不只有他们遇到了问题。那天下午我们遇到了成百上千的农民和他们的驮着炸药的驴。每头驴都被装载到了极限。我看到有些人背了接近 150 磅的东西。我试着带了其中一件

从沁州到武乡的大车。这张照片中，王普霖夫妇站在推车后面，王晋保（左）和王晋德（右）坐在推车上

走一小段路，想看看有多重。走了100码后，我累坏了。那天天气十分炎热，道路两旁没有吃饭、喝水的地方。所有的旅馆都关门了。那天晚上，在帮王普霖一家安顿好之后，我把村里的老者和其他几个人叫来，我们准备了几大锅小米汤，把这些东西放在路边一整夜，供几百人吃喝。来吃的大多是运送弹药的人，但也有相当多在我们离开危险区时逃离的难民。一开始我在夜间指挥了一阵，后来就让村里的人来管了。

第二天中午，我们又得更换牲口了。这次比较幸运，我遇到了一个6年前认识的人，他有个朋友在自己的村里认识一个人，那个人在不远的山里藏了5头好驴。驴的主人担心士兵会征用他的驴来运送弹药，所以把驴藏在了山里。我们告诉他如果他用驴送我们去辽州，士兵们就不会找他了。他大概花了一个半小时才把驴拉出来。从那里到辽州的一路上都很顺利。但当我们到达的时候，却发现城里基本空了，大多数人被某些虚假情报吓跑了。

那之后，王普霖和我去了趟故城和石盘地区，这是武乡县西部的一个地区。我们在日军离开后不到一周到了那里。大多数当地居民还没回到家里，所以我们看到的情况正如日军离开时的那样。石盘的情况非常可悲，但也有一点好笑（这个词可能不应该用在这个情况下，但是告诉我们这些事的几个人几乎都忍不住笑了）。一天早上，飞机飞到村顶上空开始轰炸。当然所有人白天都去了附近的山里，他们没有听到一点日军要来他们这里的消息。实际上他们感觉他们的偏僻村庄相当安全，但当他们晚上回去的时候，他们看到村里全是日本兵。农民们当然不敢进去，于是他们又回到了山上，等着这些不速之客离开。可悲的是日军离开后，人们发现什么也不剩了。1/3的房屋被烧了，没被烧的家里，衣服、被褥、食物、生活用具等都被带走或毁坏了。

索万喜日记（1938—1940）

故城被烧得更严重，日军入侵前投放的炸弹造成了极大的破坏。但我怀疑其他东西的损失是否一样严重。教会在那里使用的房屋被彻底毁了。像中国人说的，被烧得很干净。

"故城"这个名字和这座城市这次发生的事情联系起来很有意思，它的意思是"过去的城市"①。在当前城市的位置上，曾经有一个大得多的城市。那个城市在1000多年前被摧毁了，可能是在三国时期。似乎没有人确切地知道这座城市是如何被毁的，记载似乎已丢失。但是据推测，它是被敌人烧掉的。这座古城只剩下用于保护它的两堵城墙的一部分。现在，在同一地点有了第二个城市废墟。一位老人以一种相当戏谑的语气告诉我，当这座城市再次重建后，他们将不得不称其为"故故城"或"第二个故城"。

我们对该地区进行了相当彻底的调查，并已大量分发救济物资。一部分直接帮助人们获得衣物和食物；另一部分则是以我们的织布工作项目的形式救济。因为我们能得到足够的棉花，所以我们已经为几百个家庭登记了这种工作救济。我们还研究了为一些不得不离开其危险家园的难民创办一个工作项目的可能性。我们考虑在故城附近建一个小型的灌溉堤坝，我不知道这是否有可能实现。

离开故城后，我去沁州让当地的委员会开始工作。当他们顺利开展工作后，我见了武乡附近我的一些工人，帮他们完成了对该地区的第二次调查。

在武乡附近，我遇到了一位非常有趣的老人。几十年前，他是一名学者兼教师。但是因为战争，他几乎失去了一切。我调查一座小村庄时，在一个小山洞里遇到了这位老人，他的家已经被

---

① 曾经的县城所在地。

烧毁了，他当时正坐在一个火烤的泥床上读经。在分发救济物资过程中，他得到了足够吃一个月的小米。但是当我们解释了救济的缘由之后，他问了我们几个问题。他说他有点耳背，没听清楚我们说的话。首先，他想知道为什么他领到了小米。他什么都没做，白拿东西似乎是不对的。然后，他想知道小米是从哪里来的。我们告诉他，是美国的教会朋友们捐赠的，这样我们就可以帮助那些在战争中受苦受难的人。

他说："我该怎么感谢他们呢？我该怎么感谢你呢？"我告诉他，我们不需要他的感谢，但是他应该感谢上帝。他回答说："但当我吃小米的时候，我至少会记得我是美国朋友的客人。"他接着说，除了一把小米之外，他早餐时用完了所有的东西。当那把小米用完后，如果我们没来，他就得乞讨或挨饿了。他一遍又一遍地感谢我们，希望我能写信给美国朋友代他表达感谢。我承诺我下次写信的时候会帮他转达的。

不久前，我给我在曼彻斯特的室友爱德·凯勒（Ed Keller）写了一封信。我邀请他毕业后来中国看我。在最近的一次邮递中我收到一封信，在信中他似乎相当乐意接受我的邀请。他正在等看看能否拿到芝加哥大学的奖学金。我邀请他是因为我想有些年轻人陪伴，也是因为我认为这对他会是一次珍贵的体验。他不懂中文，所以我知道教会几乎不会考虑派他来。但是如果他在护照等方面需要任何帮助，希望你能帮助他。如果他决定来，我会让他和我一起在这个地区工作。我有两个会说一点英语的中国助手，所以我相信他能够应付。那样的话，明年我们就可以一起回国了。我希望我能够去中国西部看看新的"自由中国"的建设。关于这一点，你可以阅读我附上的给卡尔普（Culp）的信。

这几天，几乎每个人都在说一个词，这个词在农民心中引起的恐惧和日军进攻一样多，那就是"饥荒"，今年我们害怕饥荒。今天是 5 月 20 日，至今没下过雨。干热的风继续从西方吹来，河流和水井开始干涸。在过去的一周里，我去过好几个地方，那里实际上是缺乏饮用水的。在我们南部的县，他们报告说几乎没有水了。前天从武乡来的一个人把他的儿子从学校接出来了。他说他没有能力让他的孩子上学了，因为他的小麦被毁掉了。他还说，在一些地方，树叶都干枯了。如果下周能下雨，辽县就能渡过难关。也就是说，他们将能够收获一些豆类作物和小米。如果你想到日军来过这个地区，破坏或拿走了他们能得到的所有粮食储备时，你就会意识到这种情况的严重性。现在似乎可以确定部分作物歉收，这已经够糟糕的了。但是，如果饥荒完全爆发，我们就束手无策了。日军已经控制了铁路，所以没有任何东西可以从外面带进来。

如果你读完了这封信，请把它转寄给我妈妈好吗？

你最真挚的，

索万喜

第三章　1939年第三次驰援

1939 年 6 月 30 日（星期五）

今天我开始了去和顺县的第 3 次游击救济。高海拔加上下雨，天气凉爽宜人。聂和刘在这座巨大的"东方山脉"上走得很艰难。山口大约有 7000 英尺高。原本以为这些可怜的驴能走稳，但它们跟我们一样走得跌跌撞撞。我走在前面，去山顶上的宝塔（宝塔的废墟）顺便做一点调查。这座宝塔我耳闻目睹了很多年，因为从我们辽州家里的前廊可以看到宝塔的全景。但我从来没有上来看过。现在除了一堆拆解了的石头和砖头之外没有什么东西了。

刚好在宝塔下面的山的东面发现了一处可爱的小地方，这是建在悬崖上的一座小庙。到寺庙只有一条路，那就是沿着悬崖上的栈道走几百码。对我的一个应急总部来说，这是一个极好的地方。庙里有清凉的泉水。日本人永远找不到这个地方。假设他们找到了，他们也不敢走过栈道。

今天我把望远镜弄丢了，我或许把它放在了我们停下来喝水的那些山泉的边上了，记不清在哪里了。我已经告诉区长和几名村长留心着我的望远镜。

我们今天走了大约 20 英里，住在一家旅馆里。整个晚上雨下得很大，看来我们碰上雨季了。

今天飞机飞过 4 次。辽州可能被轰炸了，但还没有得到证实。有一点是肯定的，那就是日军又开始行动了。

1939 年 7 月 1 日（星期六）

没有找到丢失的望远镜，它可能永远丢失了，真倒霉。我没有带枪，很大程度上我依赖于我的望远镜来远离日军和麻烦。

我们在和顺县边界对面的一个小村庄停了下来。县长已通知村里所有的长老为我们放哨，并对我们百般款待。

另外，我们要被留在这里，等待一个官方的欢迎委员会护送我们通过县境，并帮助我们进行调查。我们拒绝了，但我们无法推辞与各个村组织一起参加招待会。他们还办了一场盛宴，我希望我知道一些礼貌的方法来拒绝这些欢迎会。在他们自己都没有足够食物的情况下，让他们给我弄来美味佳肴，我觉得不合适。晚上仪式还没结束就开始下雨了，所以我们留下来过夜。房间非常漂亮——墙壁粉刷过，有纱窗。这里的人们向游击队学习了一些东西。[索万喜在这里大写"游击队"的首字母，所以我认为他指的是八路军，而不是他们的游击救济小队。]

今天只走了 15 英里。日军还没到过这个地方，所以人们的情况都相当良好。当然，游击队的征派很多，难民数量也相当多。我们的工作还在更北边的地方。

1939 年 7 月 2 日（星期日）

今天谣言传得很快。我们离和顺很近，能够得到侦察报告。我和昨晚在城里参加一个大型日本宣传会议的侦察员谈过。那里的驻军已增加到几千人，进攻辽州几乎是肯定的。让我有点担心的是这次会议几乎完全是一场反美、反英、反俄、反法的集会。

我能想到的刚刚在和顺召开这种会议的唯一原因是他们想挑唆民众反对在辽州的传教士。今晚我已经给辽州的传教士写信，告诉他们这种可能性。

我不能决定是回辽州还是靠碰运气来达到这次旅行的目的。我不是一个容易退缩的人，所以除非情况恶化，否则我可能会坚持下去。我这么固执，可能会惹上麻烦。

今天雨下得更大。只走了 5 英里。早上 10 点左右被雨困在一个小村庄里。半小时后，有些人在找索大夫。我猜测那两次旅行确实为自己积累了一些声望。今天有 32 位患者，我实操了好多次。有 3 个产科患者，我不得不推掉。

1939 年 7 月 3 日（星期一）

今天晚上我们在松烟镇，离和顺县只有 40 里路，这里是第二路军的总部。这个地区难民很多，我的工作就从这里开始。

这里的欢迎已经达到极限了，我必须做些什么。我在村子的南边受到了所有在校学生的欢迎，肯定有 150 人以上。他们举着横幅和口号，如"欢迎我们的外国朋友""向来帮助我们的朋友致敬"等。当我们走过的时候，这些孩子们在路边列队为我们欢唱。当我停下来的时候，他们挥舞着拳头喊着口号。在我走到村子之前，这种欢迎持续了 20 分钟。全部的守备部队用更多的口号和歌曲来欢迎我。这一次我被邀请发表演讲。

很明显，他们看到我没有架子而感到惊讶。他们以为我会像国民党将军一样骑着马，带着武装护卫。而实际上，我步履蹒跚地走在我的驴子旁边，甚至没有携带一支手枪护身。我利用这种时机来解释我想做的事情。农民和游击队很容易就理解了，但是第二路军的士兵却不太明白。石（友三）将军甚至在我住的房子前设了一个礼兵。我无论走到哪里，这些卫兵都会向我立正并敬礼，这让我相当尴尬。第一个看到我的人会喊"立正"，当我走到他们面前时，他就喊一声"敬礼"。我不想回礼，但我没办法忽视他们。[作为和平主义教派的一员，索万喜曾被教导回避军队礼仪。]我记得当我不得不向日本卫兵鞠躬而他们却无视我时的感受。我对我的良心做了让步，向他们行半礼和挥手致意。我也特意与他们友好相处，试图说服他们我不想要警卫。但他们要执行命令。

　　欢迎的另一部分是贴满全村的五颜六色的欢迎海报。在我的住处前还有一个大招牌，上面写着"美国救济主任索万喜先生行辕"。我看得出，这一切的宣扬会让事情变得复杂。我真希望我从

松烟镇。在索万喜住处负责守卫的士兵

来没有写信给县长告诉他我要去县里调查难民情况。如果日本间谍在附近，他们会想知道在离他们不到 15 英里的山里到底有什么样的人。我不感到惊讶，但这听起来像对他们的挑衅。我的问题是如何避免这种情况。

我又一次面临的一个问题是有数以百计的难民来到这里向我求助。有些人走了 60 英里，已经等了几天了。告诉他们先回去等着我去找他们是极为困难的。但是，这是防止骚乱、防止被日本飞机轰炸和机枪扫射的集中人群的唯一办法，也是让我们的工作有组织地进行的唯一办法。

今天治疗了 20 多个患者，累死了！

1939 年 7 月 4 日（星期二）

今天下午工作就差不多结束了。我的总部被炸了，事实上，那是我住的房间。幸运的是我当时正在离家 3 英里的地方走访北部山区的一些难民。看来我不得不按照我的原则在离日军这么近的时候绝不在一个村子里待超过一个晚上。当然，没有办法知道轰炸是不是特意针对我。当地指挥官认为这只是日军发动进攻的偶然事件。

我已经搬到离村子半英里远的一家路边小客栈里去了。今天下午的突袭中有两人受伤，我照顾着他们。一个 15 岁左右的小伙子，胳膊上掉了一大块肉，治疗这个并不难。另一个受害者是一名年约 40 岁的妇女，她胸部有一处严重的伤口。我已经和她丈夫准备好了明天把她送到辽州医院去，但可能没什么用。[她可能没去医院。辽州于 7 月 4 日落入日军手中。]

当地局势相当紧张。有传言说日军已经离开了和顺，辽州方向有激烈的战斗。一整天远处都有隆隆的炮声。当地人当然害怕日军今晚要攻击松烟镇。我对此表示怀疑，但我仍准备在接到通知后随时离开。

1939 年 7 月 5 日（星期三，王汴）

有传言说辽州被日军占领了，我简直不明白怎么可能这么快。当然，我们在这个闭塞的地区得不到任何消息。

我也被告知松烟镇今天被炸得很严重。我们两次看到轰炸机朝那个方向飞过。也许日军打算从这里打出去。我能想到很多的事情都比在和顺被拦下更令人愉快。

王汴的难民很多。今晚还有人从和顺附近过来，据他们所说，日军紧跟着他们。我们让所有的难民在这里登记，我和我的两个助手整晚都在做这个工作。这里的地方组织很好，村里的老者把他们的人聚在一起，对大多数人都有完整的登记。通过和顺县政府，也许可以省去更多困难。一旦我们完成了比较准确的调查，我们就可以确定如何最好地帮助这些人。这看起来越来越不像一个短期情况，必须制订一种长期的自助计划。工作合作社是我现在觉得最现实的办法。

1939 年 7 月 6 日（星期四，青城）

关于辽州的传闻不断，我去了当地的八路军（华北主要是共产党游击队）电话局，想知道到底发生了什么事。这次步行往返大约 5 英里，我得到了不幸的消息。在前天，也就是 7 月 4 日，辽州被日军占领了。看来我也是个难民了，我得看看我能为自己提供什么救济。

这里也有数百名难民。7 名工作人员花了整个下午和晚上才登记完。我们身边差点儿发生了骚乱，大约 170 名难民听说我们要来这里时从合山过来要东西吃。我们建了一个厨房给他们吃的，然后把他们送回他们来的地方。我答应他们明天去那边调查登记。他们的处境很糟糕。我还记得第一次游击救济时我在那里遇到的困难。那里离日军太近了，而难民们又不愿意搬到我们能更好地帮助他们的地方去。他们很乐观，认为日军很快就会被赶出和顺。

1939 年 7 月 7 日（星期五，合山）

这是 7 月的第七天。对中国人来说，七七事变标志着中日战争的全面爆发。中国人打了两年仗，每个人心中的问题都是"战争还要持续多久"。我不明白这个地方怎么能承受那么多，人们的忍受力真的了不起。今天下午，在村子后面开了一个大型难民会议，县长来了。当然，我无法置身事外。我借这个机会向 2000 多名难民解释我们试图为他们所做的一切。我刚讲完话，县长站在讲台上，3 架日本侦察机出现在我们的视野中。我从没见过人群疏散得那么快，我和他们一起疏散。飞机在田野和村庄周围扫射了一阵，没有一个人受伤，在这种情况下还是很了不起的。

由于轰炸，我们的调查和登记工作被迫转移到了山谷上面 1 英里处的一个小村庄。有些人一无所有。现在很明显，我将不得不赶回辽州，看看被占领之后那里的局势如何，我们决定在这里的时候帮助一些难民。我们不能确定什么时候会回来或者是否还能回来。我们留下了 800 元给最困难的人买食物。有了钱，他们可以从外面购买食物带回来。这笔钱似乎不多，但在中国，就粮食而言，这笔钱相当可观。

"双重战火间"，索万喜父亲写给他的信。

——王晋保

山西辽州

1939 年 7 月 24 日

亲爱的索万喜：

我刚听说你现在正在山上度假，最近我刚去过那里。这些天我们一直在想你和我们在那里的所有朋友，希望你们都平安无事。

我们 7 月 4 日的庆祝活动相当平静地结束了。我不在家，但听到了一些杂音，你可能也听到了。仅仅一周之后，日军"胜利进入"辽州，而美国国旗还挂在我们房子的大门口，这证明了我们的爱国精神。

我们的新邻居［日军］在他们到达后不久就来拜访了，其实我们已经在城里看到他们几次了。到目前为止，我们大院还没有遇到什么麻烦。事实上，他们承诺保护我们。他们非常希望中国人回到自己的家园，并利用能想到的一切办法来赢得中国人的信任，吸引他们回来。日军甚至告诉我们，如果我们或任何中国人需要食物、盐、布等，只要说出来，他们就会提供一切所需的东西。

附近村子里有很多人回到自己的家里，拿到了他们的通行证。然而，我认为，如果有人回来，回来的人也不多。由于他们的一些房屋已经被占用了，而另一些房屋没有门、窗户、家具等，所以我认为短期内不会有很多人回到他们的住所。我问其中一位官员："如果他们回来了，他们住在哪里呢？"他说："哦，等他们回来了我们就搬出去，或者支付房租。"你能相信他们会这么做吗？我们的一个中国基督教教徒的家在火神庙，几天前从山上回来，去拿通行证，日军告诉他，如果家被占用的人在"胜利进入"后3 天内没有回家，他们的家就不会有了。不幸的是这个基督教教徒的家被占用了 3 天多。

有几个人拿到了通行证，这样他们就可以出去照看他们在村里的庄稼等。我们的每个厨师都有通行证，以便去附近的村庄和菜园买鸡蛋、蔬菜等供我们食用。我们先去市里问一名官员，我们的教会通行证对我们大院里的中国人是否有用。他说现在每一个进入市里、在田里工作或在占领区的中国人，无论是不是基督教教徒都需要有通行证，不然就会有危险。我们告诉他，如果有人把良民证带出城很远，是很危险的。他承认可能会有危险，但他坚持说，中国人在占领区没有通行证就不能通行或工作。他说，我们外国人当然不需要任何东西。

今天，我、厄内斯特（王普霖）和老何（LaoHo）［王普霖的厨师］去了城西的菜园。但是我们走到沙河的时候得知菜园园丁还没有回来，所以我们就没有再往前走了。那里有一个人告诉我们，庭喜（T'ingHsi）的弟弟拿到了日本人颁发的通行证，等他回到裴家沟时就被人带走了。他们对他做了什么似乎没人知道。庭喜要我明天跟他一起去沙河做进一步调查。我可能会和他一起去，但我觉得我们什么也做不了。可怜的中国人！他们夹在双重战火中间。

刚才这里有个人说，我们的新邻居已经向村庄发出消息：所有的城里人必须在 5 天内返回，否则他们的士兵就会出去"打"这些村庄。我不知道这是真的还是假的，但如果附近的村庄没有发生这样的事情，我也不会感到惊讶。

我刚刚得知上党票［当地中国军队的货币］在这里不能用，如果有人被发现带有这种钱就会受到惩罚或者被杀死。我们有100 多元山西货币，其中一些是卖布得来的上党票。我们会把这些钱送到你那里用于救济工作。你也要尽快把这些钱处理了，不论是你还是你的助手，如果你的助手回来，都不要把这种钱进城。我听说山西票〔被占领前的货币〕还能用，但几天后在这里将逐渐贬值，所以不管新邻居们在哪里，你也应该把这种钱用掉。

这次我就不给你寄钱和公文包了。如果这次信差顺利送到，而你还需要那些东西，我们就找人送给你，除非你自己回来拿。我不认为日军这边会有任何危险，但我不太确定中方那边会有什么危险。我们已经告诉了日军你可能会来，但是我们还没有告诉他们你和中国基督教教徒在哪里。如果你想让我们把你的东西送出去或者你自己进来，就告诉信差我们要哪一天去找你，要么去后龙村，要么去蛤蟆滩。他可以告诉你在哪里等他最安全。

我们没有命令中国基督教教徒回来，我们不知道怎样安排才好。如果他们来了会有困难，待在这里也可能会有困难。我们的一个难题是我们没有小米和面了，街上什么也买不到。蔬菜可以去城南河对岸的菜园子买，但是很贵。我们的邻居自己到田里取东西。如果中国基督教教徒决定来，为了可以维持相当长一段时间，他们得带些小米或任何需要用的东西。必要时我们可能会从日军那里拿些东西，但我认为如果我们能自己得到东西，那么我们不应当依赖他们。煤炭是另一个难题，我们的院子里没有多少煤炭了，现在也没有办法弄到。我们的工人在这里也无事可做。如果我的传教士们能找到其他地方，如石匣村、千亩、桐峪或者辽州东部的其他地方，那么他们的境况可能会比来城里更好，还能在乡村做些传教工作。无论他们在哪里，我都会为他们的房租支付合理的钱，并尽量想办法向他们支付薪水。除了田以外，我已经给他们结清了到 7 月底的全部工资。田的工资我付到了 6 月底。我已经预支给杨天培（Yang TienPei）7 月的 10 美元工资，确切地说，是王普霖预支的，我还欠杨5美元的7月工资。[所以他们的月薪为15美元。]我想我有一段时间不能到乡村去，所以如果你有钱，而且他们要待在外面，你可以给他们预支两三个月的薪水。

获得资金成为难题。我手头上的传教站资金不到4000美元，我也不能在这里的银行开支票。我不认为能开支票，除非我使用他们的不值钱的货币，而我不想这么做。如果不把钱给你用于救济工作，我的钱可以维持传教站几个月。如果你继续救济工作，我们得想办法从外面获取资金。如果我给你开几张支票，你能不能拿到桐峪、蟠龙或者其他地方兑现？上次在蟠龙，那里的商店只接受250美元的支票。他们不能够像之前一样去顺德府买东西，即便他们能买，也几乎不可能放到他们的商店里。我觉得这种情况会变得更糟。我不知道衙门[日军占领前的县政府]在哪里，不知道衙门的人能不能兑现支票。我不想和他们或者[中国]军队走得太近。因为如果被这一边发现了，他们可能会找我们的麻烦。我认为你也需要注意这些红线。如果道路通了，我们或许可以从平定州那边得到资金。我们的邻居说他们准备修复道路，通过汽车往返运送信件和乘客，但我在一段时间内都不想坐他们的车。我认为他们很难防止道路不被破坏，我肯定不想和他们一样被堵在路上。

星期六晚上，我们在城里，尤其是在北墙看到了一次真正的庆祝活动。我从未经历过这样的时刻。我们去地下室待了好一会儿。不知道你有没有听到外面的烟火声。在宝塔后面的山上发生了小冲突，从我们房子后面的城墙方向发出了大约有50次大爆炸。[东城墙。某个夏日下午，我记得我从房子里往外看，看到一些骑兵和步兵正沿着山坡上离城市大约1英里的一条路上过来。

他们刚离开那条路，一些炮弹就击中了他们原来所在的地方。我不知道这是不是索牧师在这里描述的那场战斗。］所以你看我们正处于紧张之中。星期日下午，城北建起了一道围栏，城里所有制高点都建起了堡垒。

王普霖一家想向你问问沁州和武乡的情况。他们想派包福美（Pao Fu-Mei）去那边传播福音，如果情况允许她到达那里的话。如果你们还不知道当地情况，你能不能让聂或其他人给陈志国（Chan Chih-Kuo）和赵立（Chao Ly）写信问问。我们在这里完全不知道外面的情况。他们还想请你让写信的那个人告诉石盘镇的秦杰（Chin Chieh），在石盘附近的一个小村庄里腿上受了枪伤来到我们医院的那个人情况恶化了，贝蒂（Betty）认为他活不了多久。

［这封信中间丢了一部分。］

如果那附近仍然有邮局，你可以在那里投递。我随信附上了1元钱，是维尔玛给我让你买邮票的。如果他们有邮票，她希望有较大面额的邮票贴在寄往美国的信件上。如果你有钱买，或许你最好买5元或10元的那种邮票，让我们的信使送过来。

我们在这边过得不错，希望你那边也是。你种的小番茄开始成熟了，希望今年夏天你能回来吃。我们的菜园现在看起来很好。如果你要进城，千万要小心。我前面提到把后龙村作为见你的地方，但我听说现在走那条路可能很危险。人们都说车的上铺更安全一些。

爱你的，

父亲

（没有日期）

索万喜：

我在信中提及我们没有小米和煤炭了，我的意思是说我们没有小米能用来救济了。我们的仆人和院子里的几个人有足够吃两三个月的，但有些人有的不多，如果有很多这样的人从那里回来，就会给我们造成困难。这个信差说我们可以在东部买一些小米，但是怎样把小米带到城里来是个问题。然而，我在想，如果可能的话，我们应该节制一点饮食。我们地窖里的煤还够我们家庭使用两三个月。安娜［·侯其苏］和维尔玛［·欧博］的煤够用一个月左右，还有几个人的煤也够用一个月左右。医院和学校的煤不多，如果有很多人回到大院住就会出现短缺问题了。［煤是用来做饭的。］现在不要劝人回来，只要告诉他们现在的情况就好，让他们自己决定。如果那里有些穷人，如王素兴（Wang Su-Hsing）和其他住在城里的人，我真的认为他们最好能在山里找到一个山洞，种一些荞麦、糯小米和菜梗，那样他们今年冬天就有东西吃了。也许我们可以帮助他们，在那边商量一下这件事情吧。

（星期二早上）

亲爱的索万喜：

如果那边有我们的人需要帮助，就帮帮他们。如果需要，我可以给你寄 1000 元用于救济。

如果你不准备回家，让这位信差带封信回来，告诉我们你在外面看到的情况以及你未来的计划。

先让信差待在你那边，等你都准备好了再让他带回来，但不要让他待太长的时间。如果你决定回来，单独和他聊聊，了解一下他在这里和沿路看到的情况，看看他认为你在路上安全程度怎样。

你要明白，如果这里有麻烦，他可能没办法再去车上铺或者你和他约定的地方与你会面，所以如果他没有按约定时间与你见面，不要失望。

爱你的，

父亲

另外，告诉王天辉（Wang Tien Hui）我没办法现在送他回家。如果你回来，而且他愿意和你一起，并在这里等等以便想办法回家，我会尽我所能帮助他的。或者他是不是有安全的办法从你那边回家？你和他聊聊，如果不安全的话别让他走，因为我得对他的安全负责。

我希望来自武安的女学生的父母已经到来，并把女孩子带回家了。

如果局势继续这样，今年秋天和明年学校可能没多少课了。

（星期二早上）

亲爱的索万喜：

别忘了把我们在邮局的信一起交给信差，这也是我们派他过去的一个原因。

注意不要和那边的人说关于钱和我们这边有人有通行证的事情。你可以和聂还有那里的一些领导说，但不要公开谈论我信中所写的内容。

我们度过了一个平静的夜晚，希望你也是。

爱你的，

父亲

[索万喜的回信]

1939 年 7 月 26 日，星期三

辽州的朋友们：

信差顺利来到。听说你们都安然无恙，我非常开心，有一天我用望远镜看了一下，似乎一切如常。安娜和维尔玛在他们的门廊上，父亲和王普霖都在院子里。事实上，我差点就去找你们了，但是从塔上传来的几声枪响让我退缩了。

我是星期日（16 日）到这里 [千亩] 的，路上耽搁了七八天。这场雨使野外生活成了一个大问题，但在某些方面也帮了大忙。我们这里所有人都过得和预计的一样好，我们都像蜜蜂一样忙碌。我们要做的是迄今为止我所遇到的最难的工作，粮食几乎买不到，人们靠野草、树叶和浆果为生。大庙里现在住着 160 人，今天早上我们在那里分发了 7 袋小米。到目前为止，我们得到的粮食是在桐峪买的。那些粮食已经用完了，所以我明天或者后天要带着大约 30 头牲口出发去武乡。

我们现在有两所学校在运作，入学情况似乎很好。他们还每天晚上举行祈祷会，周日举行礼拜活动。

3 个女校学生和 1 个来自安娜学校的妇女昨天动身回家。这里的每个人都认为最好送她们去，他们很想去。我非常仔细地询问了去她们家的路。一切都弄清楚后，我派人把她们护送走了。她们现在应该已经到家了。

管理这个难民传教站确实是个大问题，几乎总是有人带来各种问题让我去解决。当然，最紧迫的是食物和住所。但是，还有许多其他的问题需要花费大量的时间解决。

我还没有决定未来怎么行动，我最多只能在这里待两个星期。

索万喜日记（1938—1940）

这里的工作完成后我原本想去平定州，但自从收到你们的来信后，我决定回辽州。当然，我得先在这里把工作做完，这是我的责任。我还将试图为不愿回去的中国工作人员做一些临时安排和工作计划，我希望各个部门都能提出建议。但如果无法进一步沟通的话，我们将按照最佳判断行事，之后再做出解释。现在主流意见是分散这里的人。首先，食物是一个大问题，这个地方已经非常拥挤了。爸爸，根据你们的计划，我们会让牧师前往目前比较平静的几个地方。安娜，我们认为也应该把你的员工安排出去。你觉得让周宝琛（Chou PoaChen）加入传教士中怎么样？他现在负责监督女工，也帮助传教工作。不管我们派谁去，我都会预支两个月的薪水。你觉得是否有必要设立一个咨询委员会来与所有工人保持联系，同时看看大家都在做什么呢？

至于我们这个传教区南部的工作，我现在还无法与他们取得联系。现在他们已经两个多星期没联系沁州邮局了，据说那里的情况比这里糟糕得多。1万日军占领了那里，所以你们可以猜到发生了什么。

恐怕我知道的消息并不比你们多，我想你们知道这次入侵规模相当大，辽州不过是个"小节目"。据说有10万日军通过9条不同线路参加了这次行动。这个地区的每个县城，除了黎城，都被入侵了。但现在日军只占据了辽州、沁州和长治3个地方（长治仍处在激烈争夺中）。有3支日军部队没走多远就中止前进了。从河南来的2支部队被河流阻挡，向辽州进发的一队到了离麻田20里的地方，另一队到达离黎城30里的地方。从河北向辽州进发的第三批人在到达山西边境之前就被赶了回去。

你们提到让我给你们找些粮食，我会四处找找，但我担心很难找到，粮食这东西不好弄。

我希望信差能在大约一周内回来，到时我们可以就我回去的事制订明确的计划。如果他能来，让他把我的剪刀、剃刀和帽子带来，剪刀和剃刀在我的公文包里，帽子可能在我的房间里。目前，请不要将我的钱或救济金送来，因为不够安全。

邮局还在这边，我会把你们的信寄出，尽管邮局的服务现在不太规律。我到这儿之后只收到一封给维尔玛的信，我把它一起寄回去了。我还附上了价值5元的邮票，其中1元的是给维尔玛的，其他的谁需要就用吧。

让信差带一面美国国旗给我，我们回辽州或者平定州时可能会派上用场。此外，我需要我的胶底鞋，我已经穿坏了3双中国鞋。

向吉恩和乔问好。

索万喜

索万喜很喜欢孩子，和他们玩得很好。他回来的时候，拿出带有橡皮筋马达的模型飞机和我们一起玩。我们会躺在草地上，他拿着飞机在我们上方飞过。战争年代，日军飞机扫射着从教会大院上空飞过，这是那个年代很好的游戏疗法。

——王晋保

［索万喜给查尔斯·D. 邦萨克（Charles D. Bonsack）的信］

山西千亩

1939 年 7 月 27 日

亲爱的邦萨克先生：

我从我们的新传教站——千亩给你写信，说说最近发生的一些事情，以及我们如何设法应付不断变化的情况。我注意到昨天收到的包裹里有给你的一封信，我还附上我父亲写的一封信，这样你就能对老传教站发生的事情有一些了解。

大约一个月前，我动身前往和顺县东部，帮助生活在该地山区里的难民。7月6日，我听说辽州于4日被占领了。我还没离开和顺就开始下雨了，因此耽搁了几天。如果没有下雨，我就可以回到辽州，因为日军从这座城市撤出大约需要一个星期。事实上，日军第二次占领辽州的当天我就在离家不远的地方。路上听说的事让我很担心家里的人，所以我急着回去看看情况如何。我走到离辽州不到3英里的地方时差一点撞上了从山上下来的一队日军。他们开火了，所以我撤退了。

这里的情况不太好。3枚炮弹在离村子不远的地方爆炸了。看起来日军打算向这边进发。一小时后，当地警方报告说日军在西面的几座山上架起了大炮，他们预计日军会朝这边进发。我刚刚见了大约50个访客，其中大多数是中国的基督教教徒，他们来问我如果敌人来了该怎么办。他们不想自己做决定，我正在尽一切可能帮助他们，但我不能承担如果日军来了会做什么的责任，他们必须自己决定是逃离还是留下。

1939 年 7 月 28 日

今天的局势相当平静。昨天发生了一场恶战，从离战场大约3英里远的一座山峰上，我通过望远镜看到了部分战斗。敌人放火烧毁了一个村庄和一座寺庙后撤走了。昨晚一直忙于给从战区逃离的难民们安排吃住，看到难民们，感觉很可怜。昨天下了一整天的雨，每个人都湿透了。女人们步履蹒跚地走过泥泞的山路，她们中许多人甚至还紧紧抱着婴儿以便给婴儿保暖。男人们带着被褥和粮食，小孩子们拿着杂物。我昨晚多次听说有老人和婴儿被留下，因为没法带他们走。许多男人今天回去看看家里和留下的人怎么样了。

继续说昨天被炮火打断的事情。在我回辽州失败后，我去了城外7英里远的一个小村庄蒲州。我还是希望日军会撤退，那样我就能进城了。接下来连续下了5天的雨（这是我在中国的这个地区见过的最大的雨之一）。日军没有离开辽州，我也没法去千亩，我曾经在千亩为这样的紧急情况准备了一个山地总部。幸运的是我不会因为没有事情可做而想家，因为村子里也住满了难民。

第一个晴天，我登上了辽州附近的一座高山，看看辽州的情况，满足一下我急于知道家人是否安全的心情。通过望远镜，我可以看到美国国旗还飘扬着。我还看到安娜和维尔玛在前廊上，王普霖先生和其夫人及我的父亲在院子里。在宝塔附近架设大炮和机关枪的日军一定看到我了，因为他们向我的方向开了几枪。还好我比大多数当地人更了解这些大山，所以我顺利地离开了。同一天，我游过了河，来到了千亩。[在洪水中游泳既不容易也不安全。除了水之外，大石头在被水流冲下时也会碾压、撞击。事实上，我甚至还记得那场风暴，我们不得不待在房子里。] 很高兴看到城里的朋友们在这里安全地住下来。从我第一晚接待的访客人数来看，我想他们也很高兴我来这里了。几乎每个人都有一些需要帮助解决的涉及食物、住房或疾病的紧急问题。幸运的是去年冬天我们在这里储存了一些小米，还租了几栋房子，所以食物和住房的问题并不至于十分绝望。因为吃饭的人太多，储存的粮食只勉强持续了1个星期。由于在这里基本买不到粮食，所以粮食问题在过去和现在都特别严峻。不知道有多少难民在吃野菜、稻草叶、树皮、谷糠、浆果等，要么是因为买不到食物，要么是因为他们既没有粮食也没有钱。我已经去县的东部买了一次粮食，我们把粮食从那里运回来靠的是难民劳工，但这些粮食也吃完了。桐峪地区的军队已经吃掉了大部分的粮食，所以我们没法从那里再买到粮食。明天我将带着四五十头驴离开这里，前往洪水村（武乡县的一个村庄，离这里大约 20 英里）。几天前，我派了一位传教士和一位救济人员到武乡去收集小麦、小米和玉米，有什么算什么。今天下午我听说他们收集了大约 50 头驴的载运量［大约 5 吨］。整个地区都处于戒严之中，所以我必须和牲口一起走。我不确定我能否让牲口通过，但我们要试一试。

与此同时，我们有一个委员会来负责住房问题。这些山村的房子里都挤满了人。在我住的地方有 11 个房间，里面住着大约 60 人。这对一个家庭来说怎么样呢？在一座寺院里（指龙窑寺，又称雷音寺）现在有 165 个难民，凡是山洞或悬岩下干燥的地方就一定有难民。为了帮助最拥挤的地方，我们让一些难民劳工来修复一些废弃的山区房屋，这样难民就可以住在那里。我们还计划将一些难民转移到离城市更远的其他地方，但他们不愿去，因为他们仍然希望能够尽快返回家园。

我们也在运作一个合作社。目前，它只经营烤玉米面、面粉和小米。这是给那些有一点钱的难民提供的。这是他们在该地区唯一能买到主粮的地方。需求是如此之大，以至于我们还没把小米运到这里就都卖完了，玉米面还没烤熟就卖没了。辽州圣经学校的周校长负责管理这个合作社。

以上就是我们帮助难民、满足他们的物质需求所做的工作。除此之外，我们还为孩子们开办了两所学校。这两所学校基本都按照假日圣经学校的秩序运转，现在大约有 50 个学生。圣经学校的妇女们负责教书。新闻和安全局的工作也很繁忙。通过我的几个渠道，我可以得到相当可靠的消息。我们通过该局向难民和当地居民传递消息，这是我找到的能够防止在这种情况下产生会引起恐惧和骚乱的谣言的最好方法。该局的安全处负责告知农民和难民在战争情况下保护自己的最佳办法，我希望这能防止将来出现恐慌。我已经就防空、防火和防毒问题举办了两次公开会议。这次战役中使用毒气彻底吓坏了人们。

在精神层面，我们也积极开展活动。千亩由3座小山村组成，彼此相距不到1英里。我们每天晚上都会举行祈祷会，地点从一个村庄到另一个村庄，当然周日我们会举行礼拜仪式。传教士都忙于我们的救济行动，但我们正在鼓励基督教徒探访和安慰其他难民，这对他们来说是一个表达他们信仰的绝佳机会。

只要这里有一名医生和一些药物，这个传教点就很完备了。大多数医务人员都还在城里，我们这里只有一名受过训练的护士和我带的医疗箱。我每天都要被叫去看5~10次患者，但大多数患者我都无能为力。

未来还是非常不确定的。根据我父亲的来信，日军改变了他们的策略，用一切手段把中国人吸引回城里，但逃到这一地区的大多数人都拒绝返回。首先，日军的行为并不总是与他们所说的一致，他们来的前两次的行为破坏了他们的名声，而且从我这次在外面看到的情况来看，我也会远离日军。尽管他们大部分人将在山中再待一段时间，尽管我也想和他们一起留下来，但我也必须尽快回到辽州或者平定州。首先，我随身带的3000墨西哥元快要用完了。其次，我不能再保持这种状态太长时间，尤其是食用主要由小米和烤玉米面构成的难民餐，我对这种食物消化不良。但我走之前希望工作能够组织起来，这样我走之后部分工作仍能继续进行。也许有人能时不时地看看事情怎么样了。

我还担心如果战争像现在这样持续下去，我在这个地区的工作就很难进行。在这种情况下，我或者转移到其他地区或者改变工作内容，这取决于教会人员的建议。

我很遗憾不能给你寄一些在千亩工作的照片。我肯定家人会对这些很感兴趣。我把照片冲洗好之前就只能靠这些文字来满足兴趣了。

请原谅我这封信写得太匆忙，有些断断续续。写信的条件很不理想。中国邮局也一直存在，所以我们与外部还有一些联系。我希望他们能把这封信送给你。

下次再写信。

最真挚的朋友，
索万喜

山西辽州

1939 年 8 月 10 日

亲爱的母亲和亚伯达（Alberta）：

我刚刚结束了 6 个星期的难民生活回到家。这是我迄今为止经历过的最忙碌、最令人兴奋的 6 个星期，这段时间的活动我一定要找个时间换种方式写下来。现在我只能说我安全在家，也许我不应该说"安全在家"，谁也不知道明天会发生什么。

看到爸爸和王普霖先生坐在蛤蟆滩（离这里 5 里地的一个村子）对面的山坡上，真是太好了。我此前先派了一个信差去通知他们在那里等我。我很高兴看到吉恩和乔跑下山到河床上迎接我，也很开心今天中午能够和传教站的人一起吃一顿丰盛的晚餐。弹簧床比我最近 6 个星期睡的砖头、木板和地面要舒服得多。

这是段艰难但有意义的生活，比我为我的中国朋友提供切实的服务之前的任何时候，我都更加感受到了这一点。几天前我从避暑的地方寄了一封信，我在里面提到了这6个星期的一些活动。那封信到达你们手中需要相当长的时间。

你可能已经听说了不少我们的英国朋友在中国所遇到的事情。到目前为止，我们还没有遇到同样的情况。事实上，他们［日军］对美国人相当客气，但他们也警告过我们，如果我们不按他们说的做，我们将面临同样的下场。亚伯达，为了庆祝你的生日，我带了一个大西瓜到龙泉。那是我几天前在武乡买的。我们（我和西瓜）在冰冷的泉水里好好洗了个澡，然后我把它吃了。在吃了5个星期的烤玉米面和小米汤之后，这算是改善伙食了。

下次再写。

爱你们的，

索万喜

下面这一段摘自《悉尼先驱晨报》（1939 年 11 月 24 日，星期五）："昨天从中国回来（悉尼）的一名传教士说，所有的英国传教士都被从中国的日占区赶走了。美国、挪威和瑞典的传教士被允准工作不受干扰，他们代替了英国传教士。英国传教士现在到日本势力范围之外的更为内陆地区就职。他还说，许多中国城市里都可以看到反英的标语。"这里的驱逐令可能就是索万喜信中所提及的。

——王晋保

［写给伊利诺伊州埃尔金教会委员会的一封信］

中国研究院

华北，北平

1939 年 9 月 10 日

亲爱的明尼克先生：

尽管速度要慢很多，但是我们有些信息还是要通过大使馆邮件来发送。你可能已经听说辽州已经落入日军手中了，这并不令人惊讶，但肯定和我们的希望背道而驰。下面是相关情况：

7 月 4 日，日军第三次入侵并占领了辽州。但是，他们又一次只是在那里过了一夜，然后就转移到榆社。这次几乎没有战斗。一周后，他们回来第四次占领了辽州，这次是从北部和西部两个方向过来的。城西 5 英里处的战斗持续了一天，但似乎没有挫败敌人的计划。这座城市又落入日军手中了，看来他们这次会努力保住它。他们把城墙修了一下，除了教会大院所在的地方以外，城市到处都有铁丝网（由于教会大院是第三方势力的财产，它应该是中立的，与铁丝网作用相同，但我们担心这以后会引起麻烦）。在周围山上的 6 个大碉堡用于保护日军的据点。碉堡分别位于宝塔、东河对面的娘娘庙、北边的火神庙、城西南山上的庙、西边山上的庙，以及（城南）五里堠西边的雨神庙。这些寺庙在日军占领前就被中国人摧毁了。碉堡建在寺庙旧址上。总之，日军给辽州穿上了一套令人生畏的"战服"，这显示出日本人在试图占据这里的时候并不安心。

占领之后不久，在日军完成防御工事之前的一个晚上，约有 200 名游击队员进入城中而打破了这里的平静。大半个晚上，这地方听起来就像一个爆炸的弹药堆。第二天早晨，浓烟散尽后，人们才发现双方都在街上留下了 8 具尸体。就整个骚乱的规模来说，死亡人数相当少。在附近的山区还有其他一些小战斗。在这种情况下，碉堡和城墙上的大炮经常发射。有两次，日军在我们房子后面的墙脚处架起了一门重型野战炮。朝东南方向开炮时，炮弹直接在我们大院上方和两栋民宅之间穿过。令人恐怖的爆炸和飞弹呼啸声令人十分不安。在有第一次经历后，我们询问日军能否把大炮移到其他地方去。他们没有移走大炮，但是从那以后只用过一次。

公路已经修好了，路上来往车辆很多，在和顺和辽州之间穿梭的军用卡车每周往返大约 3 次。看到日本的战争机器用美国汽车运输，我感到很难过，这与我们正在努力做的许多事情相矛盾。我父亲和我跟随其中一个车队从辽州到了平定州。他开着一辆卡车，我骑着帕克医生的摩托车跟在后面，这辆摩托车在辽州两年没用了。

这座城市两次被占领时平民基本都跑光了，但有少数人（包括儿童在内约 40 人）住在我们的院子里，其余的都是山里的难民。每年这个时候，庄稼需要人照看，粮食短缺，农民们开始返回自己的家园，尽管游击队尽力让他们离开家。周围村庄和郊区的居民已经先回来了（男人回来了，女人还留在山里）。那些家在城里的人没有家可回。没有被日本士兵占据的房屋大部分都被毁了，木制品都被拆了，被当作柴火烧了或者被用来修理士兵的住处。家用物品都被拖走了。位于南街的教会财产也是如此。

但总的来说，日军似乎表现良好。他们似乎发现了自己过去的行为徒劳无功，但日军仍然是够坏的。我们的一个基督教徒——木匠老李因为太靠近铁丝网而被殴打致死。

日本人和传教士之间的关系有些紧张。但我想这是自然的，因为我们已经在未被占领的领土上（特别是在红色区域）待了这么长时间。他们似乎怀疑我们窝藏间谍或抗日人士。他们声称，有人在院子里向山区的游击队发信号。有一次，他们包围了大院，在大门处架了一挺机枪，进去搜查。我们都觉得发信号这件事是杜撰的，用来给我们制造麻烦。我们有确凿的证据证明，他们曾试图贿赂我们自己家中的人离开我们或监视我们。有一个人拒绝了给他的 200 美元，但也许有人接受了。美国公理会的一名成员现在处境相当尴尬，因为他信任的一名助手后来被证明是日本间谍。恐怕我的处境也是一样的。

辽州被占领的时候，我碰巧在和顺县的东北部救济难民。那是个深山里相当偏僻的地方，我直到两天后才听说了辽州陷落的消息。听到和顺反美宣传的传闻后，我有点不安，所以决定赶紧回去调查。不停的大雨使河水暴涨，几天之内不能过河。后来传来消息说敌人已经离开，辽州又回到了中国人手中。所以，尽管大雨滂沱、河水泛滥，我还是决定继续前进，希望在情况发生变化之前赶回去。在离家 10 英里的地方，我听到了来自西部和北部的重炮轰击声。看起来日军又回来了，离这里不远。但我仍然寄希望于他们进军缓慢，我继续往辽州赶。傍晚 5 点钟，我离家不到 2 英里，但是还是晚了 1 个小时。一支从北边来的日军从山区来到蛤蟆滩（城东 5 里的一个沿河村庄），当他们开始下山的时候，我就在这个村庄的东边，他们的步枪发出啪啪声，机关枪发出咔嗒声。由于在城外，我只能回到山里去。于是，我在灌木丛里躲了半个小时，等到黄昏后，我回到了离城 7 英里的一个小山村。

幸运的是我在山上租了两个地方以应对这种紧急情况，在那里放了少量物资。但不幸的是我没有考虑到河的因素。这两个地方都在河南边，而我在河北边。过了 5 天，我才敢横渡，还差点儿失去了不会游泳的同伴。就在同一天，我来到离城里足够近的地方，看到城里的人没有问题我才放心。通过望远镜，我可以看到他们没有任何麻烦。接下来的3个星期，我用光了所有的钱来养活难民并管理传教站，传教站的大多数人都搬到山上去了。为弄到不能买到的食物，我去了桐峪和黎城一趟，去了武乡两趟。这是为难民弄到食物的唯一途径，尽管这违反了当地由于紧急状态而颁布的戒严令和禁止将食物从一个县运往另一个县的军令。

开展传教工作比救济工作还要难，你可能会奇怪为什么我们在这种情况下要这样做。首先，我们不知道还要在山里待多久，其次，我们觉得让尽可能多的人帮助别人更好，忙碌会让他们忘记自己的问题。我们创建了学校、一个福音项目以及几个社会、经济组织（一个安全局给人民提供战争的信息，一个新闻局防止谣言四起，一个合作社帮助那些有点钱但买不到食物的人）。

与此同时，我收到了城里的来信，获悉日本人不赞成我待在未被占领的领土。我决定等钱花完，传教站的工作组织好而可以继续运转之后就回到辽州。我这么做不是为了取悦日本人，而是为了防止对传教潜在的不利影响。经过仔细地计划，我穿越战线的旅行很简单。

回去几天后，日军指挥官召我去日军司令部。他问我，在山上这么长时间都做了些什么。我尽可能模糊地简要回答，回答完后，他从书架上拿下来一本大书，接着告诉了我过去6个月中我几乎所有的活动。听到这些被记录下来的事情让我很尴尬。我的工作使我与中国政府和军队建立了密切的联系。尽管我的行为是严格中立的，但他们自然会想为什么这样或那样，我很难给出让他满意的解释。谈话的结果是他温和但坚定地告诉我："你们在自由中国的救灾工作必须停止。……否则，就要小心了！看看我们对英国人所做的事情。当然，你们最好搬出去。我们知道你们对亚洲的新秩序没有正确的态度。"

得知这个间谍系统竟然如此高效让我惊讶不已。他们在平定跟踪我们，而且我到今天才发现他们已经跟踪我到这里来了。上了黑名单是个全新的体验。然而，大使馆告诉我，由于日本人对美国人态度的改变，目前没有人身危险。自从欧洲战争爆发以来，他们一直在竭尽全力取悦我们。日本人很清楚，我们可以通过禁运来阻止他们的战争。

贴在另一封信上的一个便条。

——王晋保

"你注意到他们［字迹模糊不清］避免使用名字。索万喜受到日本人严密监视并被怀疑。他写道，日军似乎无法理解一个年轻人为何只是为了传教和救济工作去中国。他们可能怀疑他是间谍。

"据我们所听到的，他们也在探查返回美国的其他传教士的工作和下落，以及他们在中国期间的行踪。"

大家都明白，因为要来回穿越战线，我们不能在未占领的地方开展救济工作。不管我们是否已在军事上保持中立，军队对这种行动持怀疑态度很自然。此外，我们在被占地区的工作可能会相当受限。在我们有传教站的地方，我们可以在个人基础上做点事情，但是开展有组织的项目几乎不可能。日本人不用真的拿枪指着你的脸让你滚蛋，他们有很多方法来干涉。他们发现顺从的中国暴徒是实施他们反外国、反教会（似乎正在发展中）计划的一个非常有用的帮手。

传教士集体还没有表态。我前往北平收集信息，如果可能，我会制订一份行动计划，在 10 月 5 日于平定州举行的教会会议上提交。我已经给教友派写信征求他们的意见，并采访了这里的一些人。目前似乎有 4 种选择：第一种选择是留在自己的区域，把工作限制在我们的 4 个传教点和几个周围的村庄。当然，不管我是否留下来，传教士们都会尽可能长时间进行这项工作。但是我征求建议的这些人普遍认为，因为我上了日本人的黑名单，我留在这里可能弊大于利。哈伯德先生（Mr. Hubbard）的经验是日本人会把气出在他的朋友和基督教教徒身上。哈伯德之前在保定的美国教会委员会，有过与我类似的经验。第二种选择是留在沿海，在有可能的时候提供帮助。第三种选择是与其他组织一起或我自己撤到战线后方的山西或秦岭（ChungLing），在那里可以再次开展救济项目。这似乎是我得到的主流建议，虽然问题很多也很大。第四种选择是放弃我计划的有组织的工作，返回美国。但我还没

索万喜骑着帕克医生的摩托车到了平定

准备好这样做，除非我在这里什么都做不了且事情变得特别棘手。

　　我希望能在会前得到你对这件事的建议，但恐怕不太可能。我们所采取的任何行动都只能缓慢进行，所以我希望能尽早收到你的来信。

　　这封信可能听起来很悲观或者感觉我们已经走到了尽头。我不是这个意思。我们面临的难题在增加，但在目前的情况下谁又不是这样呢？面对现在这样一团糟的世界，我觉得过分乐观恐怕是个错误。与这些问题相比，我们的问题微不足道。

　　我与日本人的私人联系不会太多，可能很快就会平息。他们怀疑我是很自然的，毕竟我在他们最可怕的敌人控制的地区待了这么长时间。

你最真挚的，

索万喜

第四章　准备第四次驰援

华北，北平

1939 年 11 月 1 日

亲爱的母亲和亚伯达：

　　离开北平之前，我必须再给你们写一封信。我 3 日要乘火车去上海。路易·惠特克可能会一起去。他是个年轻人，今年秋天一直在 P.A.S 学校［北平美国学校］教书。

　　［路易·尤金·惠特克，1915 年 8 月 15 日出生于加州伯克利。他出生时，他的父母住在加州天堂市的一个小教堂里，该教堂位于圣华金河谷上方的山麓。他们正在等待美国公理会委员会将他们派往中国的任命。他的父母于 1916 年 1 月 14 日乘船去了中国。他一直被家里人称为路易，法语发音的路易。他的名字是以他的母亲结婚前在夏威夷大学教书时崇敬的一位法国科学家的名字命名的。他的大部分早期教育是在山东临清进行的，他在一所由在传教站生活的孩子的父母们建立的学校中接受教育。后来，他被送到通州的华美学校上高中。他在美国读的大学，但像索万喜一样，他退学回中国了。］

他的父母是山东的传教士。他是个很好的人，看来我要和他成为伙伴了。在平定州的最后一次会议上，友爱会邀请他参加。他正设法找一个代课教师来接替教学工作，我们希望明天能找到。他很适合做这种工作，他自己也迫切想去。

我们要去上海见教友派的朋友，也许会和他们联合起来。之后，我们会回到北平或天津，然后去开封（河南省）。我们将从那里穿过战线去西安，然后到重庆去取从天津电汇过来的钱。我们想返回北方到位于黄河后方的一个基地。然后，如果可能，我们将步行进入山西南部，那里的战斗在去年夏天和秋天非常激烈。明年夏天我们出来的时候，可能要经过重庆、云南、海防、香港和上海。还不知道到时会怎么样，但是我们希望带一些资金到山西南部。我将从沿途不同地点给你们寄信，这样你就知道我们的进展了。

我在北平逗留的时间已经够长了，我特别想离开这儿。我们正在非常仔细地制订计划，所以应该不会有太多麻烦。我也做了彻底的身体检查，还请人给我补了牙。我的身体除了胃其他都很好，现在正在治疗阿米巴痢疾。我的体重又恢复不少。为了这次旅行再次收拾行装简直让我崩溃。我的其他东西大部分都在山里穿坏了或丢失了。保暖是最重要的，所以我做了皮靴和皮大衣。

请帮我保管这些底片。如果［教会］委员会想使用一些照片是没问题的，但不要让它们出现在其他出版物中。我可能会在一本书中使用它们。

1939 年 11 月 4 日（星期六） 在北平购物

购物对我来说绝对不是一种乐趣。我不太会砍价，或者说缺乏决断，光是选择这次旅行要用的大衣就折腾了好久。我的第一感觉是买一件风衣，加上黑色羔羊皮的内衬。找不到一件袖子足够大的风衣，但最后选了一件二手的橡胶雨衣。但今天我开始看半身羊皮大衣了，不知道要不要买。我看到一件相当不错的大衣，要价150元。我不是很想买，但临走时我出价50元。我在街上还没走到100码，店员就跑着追上我说："卖了，卖了。"花50元这件衣服就是我的了，但我不确定我想不想要，现在只能要了。

我订购的骆驼毛睡袋今天拿到了，很满意。我迫不及待地想在里面睡觉。

通州与北平美国学校的篮球比赛于今天举行。两场女篮比赛通州都赢了，但男篮比赛输了。[1935年毕业前，索万喜曾是通州高中篮球队的队员。]

1939年11月5日（星期日） 多亏了我的长鼻兽头骨照片

我们可能明天出发，前提是路易能让董事会在上午而不是下午开会。我们期待着！

我在房间找到一封来自新生代研究实验室和北平协和医学院（解剖学系）的P. 泰哈德·夏尔丹（P. Teilhard de Chardin）的信。"Fortenyn［拼写错误？］博士昨天给我看了你给他的照片，是一个来自山西榆社的长鼻兽（显然是剑齿象）的头骨化石。这个地区对于我们的研究特别有价值，如果你能够为我们抢救、保存尽可能多的当地人为药店收集的这种宝贵材料，我将非常感谢你和你的同事……实验室会支付一切费用。"

太棒了！我完全没想到我拍的那张照片会给我带来这样的机会。这可能是我在考古学、古生物学等学科的起点。

我立刻打电话给夏尔丹先生，但他不在，我已经写信给他，请他等我从上海回来后和我见面。

1939 年 11 月 6 日（星期一） 北平美国学校同意路易离开

我们本来计划今天出发去天津，但是学校委员会的会议定在了下午 5 点。可怜的路易一天都要待在学校。5 点整，我们在我的房间里［在北平语言学校］焦急地等待着电话。直到 6 点，电话一直没响。我们去休息室听了一会儿收音机，然后我们拿起了路易的坏照相机，想修好它。

直到 7 点，还是没有消息。我们洗了个澡后穿上衣服去吃晚饭，我们没吃太多。为了缓和现在的气氛，路易决定找一下肖先生（Mr. Shaw）。

是的，他们已经决定了。周三早上 8 点路易获准离开。

我们原本准备明天一早走，但现在只能再等一天了。为了庆祝一下，我们带着肖家的两个餐厅服务员去看画展。现在根据确定的计划，我们很快就要上路了。

1939 年 11 月 7 日（星期二，天津） 终于在去上海的路上了

今天上午我们所有的行李都打包好了。路易想中午就出发。我让一辆出租车在语言学校等着。中午 12 点 10 分，我们踏上了去车站和上海的路。我们出发的时间刚好，路易的军队通行证明天就到期了。

今天不是出发的好日子。天空下着阴冷的蒙蒙细雨。我们赶上了火车，但十分拥挤。我们只能坐在放在车厢尽头过道的行李上。

火车因为等一位军队的大人物而耽搁了几分钟，这位大人物是一个同车的乘客。任何人都不准登上月台，到处都有武装警卫。最后，一长串汽车开上月台。大人物坐的是一辆大帕卡德（Packard）车。

我们在天津附近看到了几个难民营，难民们住在泥屋里。对于居住在泥屋里来说，这是个坏天气。

麦肯齐不在天津，他今天早上去北平了。格兰姆斯（Grimes）给了我们要的钱。在麦肯齐那里遇到了一位叫多萝西·博伊德（Dorothy Boyd）的女孩。她是个不错的女孩，是来中国从事救济工作的加拿大护士。

1939 年 11 月 8 日（星期三，火车上） 经过河北和山东南下

我们把凉鞋给了博伊德小姐。她很喜欢这双鞋，所以我们应该把鞋给她，就像霍华德小姐（Miss Howard）出于同样的原因给我们一样。

麦肯齐在我们要离开时回来了。我们已经拿到了钱，就没什么需要他做的了。这次没有给他添麻烦。关卡很容易过，我猜我们不大可能招来日本卫兵搜身检查。当然，我们拥有山姆大叔的"小红书"，没有什么害怕的。在这些日子里，"美国"是一个有神奇魔力的词。

我们在一节人满为患的三等（中国人的三等）车厢多少有了点立足之地。而在我们前面有一节半满的三等车厢，看起来是给日本人准备的。

经过了河北省南部和山东省的一些水灾地区。[蒋介石领导下的国民政府破坏了黄河大堤以阻止日军前进。]这是一场可怕的灾难。现在仍然可以看到许多难民在高处干燥的地方居住。

1939 年 11 月 9 日（星期四，南京的一家小旅馆） 跨过长江前往南京

这一定是新的一天了。如果我们没有从中国三等车厢搬到

日本三等车厢，我们根本没法睡觉。搬了之后，我睡了大约一个小时。

今天早上经过了徐州［现在的拼写是 Xuzhou］，这是一座被毁的城市。我们注意到局势有点紧张。从徐州到浦口，我们看到的只有废墟。铁道附近的大多数村庄已经完全荒芜，大片肥沃的土地上长满了杂草。村民可能已经逃走或被杀死了。许多火车站都被炸出大洞，四处布满了弹片。黄昏时分，我们乘小渡船横渡长江。我们被几个不识字的或者只是喝醉了的通行证检查员拦在南京一边。我们假笑了好久，最后终于通过了。

我们被领到了一家小旅馆，很快就发现这家旅馆位于声名狼藉的地段上。事实上我也不太确定，但带我们来的人如果不是还有别的计划，又是什么呢？我们告诉他们，我们要自己睡。

1939 年 11 月 10 日（星期五，上海） 看到了上海战争的一些废墟

昨晚我上床睡觉的时候不确定会在哪里醒来。早上 5 点的时候比昨晚安静多了。

我们是第一群排队领增发快车票的人。没有人在检票口剪票，所以我们跟着一队日本士兵进去了，也没有人检查我们的行李。我们的座位很好，但士兵们很快就把我们赶走了。我猜这节车厢一定是给他们或者其他人留的。我们就换地方了。

快车径直朝前驶去。从南京到上海，每隔几百码就有士兵站岗，他们似乎觉得很安全。

我们经过了一些非常有趣的地区：数以百计的野鸡和鸭子被火车吓得飞了起来。这场景让我食指大动。

我们不得不在上海站等了半个小时。车上窗帘是拉上的，我

们看不见发生了什么事。一定是有什么大人物在火车上。

我们见到了教友派中心的霍奇金（Hodgkin）博士和西尔考克（Silcock）太太。我们与佩里（Perry）先生共进了晚餐。

1939 年 11 月 11 日（星期六，上海）

昨晚会议结束后直到今天晚上 12 点 45 分才回家。中国救济教会委员会的乔伊·霍默（Joy Homer）告诉了我们一些她在中国西部冒险的趣事。我们给教友派的提议也被讨论了。

我们把照片给霍华德太太了。把这些照片从北平一路带过来，很高兴处理掉了。霍华德太太身体不太好。

上海让我着迷。我不知道它是这样的一座城市。今早在外滩散步，这里很容易让人想起芝加哥湖滨（密歇根大道）。

路易和我今晚去外国人区见了西尔考克先生，相关安排似乎取得了进展。他喜欢我们提出的建议。

1939 年 11 月 12 日（星期日，上海） 和教友派的安排圆满完成

昨晚和今天看了一点上海的风景。上海的公共租界与世界上任何一个大城市几乎没有什么区别：繁忙的交通、摩天大楼、灯光（他们特别喜欢霓虹灯）、夜生活，以及任何大都市都有的激情和规则。

我们本来打算去教堂，但路易感觉身体不舒服。我只好整个上午都躺在床上，下午参加教友派的礼拜活动。

与佩里、西尔考克、霍奇金和李博士共进晚餐，然后开会。我们的建议得到了好评，因此，我们现在是"朋友"了。霍奇金认为路易的病可能是阑尾炎，明天能确定。

1939 年 11 月 13 日（星期一，上海） 路易切除了阑尾

路易今天早上起床时感觉很好，但吃了早餐又不舒服了。我们去医院验了血。验血结果并不令人担忧，但医生认为他最好在医院观察一两天。

下午 4 点，我带路易去了圣卢克医院。我自己觉得有点寂寞，整个晚上我都待在外国人区。吃了一顿美味的牛排晚餐后，我去南京剧院看了《芝诺比阿》（Zenobia）[1939 年奥利弗·哈代（Oliver Hardy）的喜剧]。在去剧院的路上，我非常近距离地遇到了一场枪击事件。4 名歹徒抢劫了广东饭店。在他们离开时，有一个碰巧路过的行人被子弹打中了背部。如果是晚几分钟，路过那里的就是我了。

晚上 11 点我回到了海军区，发现一张便条，上面写着："惠特克先生将于今晚 6 点半开刀。务必赶到那里！"我刚好错过了时间，但打电话后得知他情况很好。

1939 年 11 月 14 日（星期二，上海） 路易做了阑尾切除手术，"母子平安"

今天早上第一件事就是去见路易。可怜的人啊！他感到非常不舒服，对所有东西都感到恶心。他对于耽搁了我们的计划很懊恼，无论多长时间。

他切除了阑尾是一件好事。在一家好的医院，由一位好医生做阑尾切除手术，总比在山里让"江湖郎中"索万喜切除要好得多。

今天下午有了一份临时工作。西尔考克先生正忙着准备去南京，他有几件事情要办——去银行、货币兑换商、旅行社、轮船

公司等。我承担了这些工作，整个下午都很忙。

我开始办理一张回到北平的军事通行证，我去了趟美国领事馆，他们能够解决这件事。他们偶尔还是能帮上忙的。

1939 年 11 月 15 日（星期三，上海基督教青年会） 参观上海荒地

我从海军区搬到了外国人区西尔考克的房间，这个房间好得多。[西尔考克已经去南京 5 天了，他不在的时间索万喜使用了他的房间。]

路易今天感觉好了很多，他已经睡不着了，想要起床。

我今天错过了午饭，不过是值得的，再次与怡和公司的威尔逊先生见了面。我问他哪里可以修理照相机，他把我介绍给波伊森（Boyson）先生（上海工部局警务处的工厂检查员）。[上海工部局警察，即外国警察，多数是英国人。我记得他们是戴着大头巾的锡克人和英国警官。]波伊森知道一家很好的修理店，就提出上班路上带我去。我本来打算回去吃午饭，但当他提出带我一起去巡视时，我就没吃午饭。

他今天下午带我走的路线经过了荒地和几段临时租界路，这几段路由上海工部局警务处和拉陶警方（the LaTao police）共同监管。在这种双重监管下出现了许多麻烦，其中包括几个枪击事件。在几个地方，我们注意到他们执行任务时拔出手枪。最后我们参观了工艺所，结束了这趟巡视。看起来这可能只是另一个骗局。

1939 年 11 月 16 日（星期四，上海基督教青年会） 上海辩论社团

令人奇怪的是在一个以夜生活著称的城市里，主要的社会功能之一是由基督教青年会资助的，除了支持辩手在向观众阐述自己思想时的演示，并不资助其他现场表演。这是外国人区的辩论

社团。参加的人很多，甚至上海上层人士也参加，人们支持的热情也很高。

今晚的辩题是"解释：已婚妇女不应该接受有报酬的工作"。一名发言人阐述正方观点，另一名发言人阐述反方观点，之后问题进入一般性辩论。观众们反应强烈。有 13 个人参与了今晚的辩论。最后，2 位最初发言人总结了人们陈述的观点。

辩论正方获胜。

晚上，我和霍奇金一起吃了晚饭，他是个很有趣的、很健谈的人。

1939 年 11 月 17 日（星期五，上海基督教青年会） 上海海关、难民和一位可爱的秘书

我并非吹毛求疵，但我发现这里的繁文缛节超越了我的想象。我想通过海关拿到西尔考克先生的一小箱书。从上午 10 点开始，直到中午 12 点 15 分我才拿到。这听起来可能并不是长得可怕的时间。但在 2 小时 15 分钟里，我去了 15 个不同的海关部门。就像流水线一样：这里拿张纸，在那里填一下，用别针把它别在那边的纸上，去楼上盖个章，再下楼盖另一个章，然后再到楼上，最后拿到一张小纸条写着："检查无误，箱子放行。"我以后（在上海）宁愿走私也不愿再通过海关了。

陈小姐带我参观了上海的中国难民营，他们在这个难民营里照顾着 15430 人。但是陈小姐对我来说比难民营有趣多了，真的很可爱！她是教友派中心的秘书。

1939 年 11 月 18 日（星期六，上海基督教青年会） 上海赛马场

西尔考克周一才回来，还可以使用几天的免费房间。

上午我过得很有价值，是在国家基督教理事会发布的公告中登记犹太难民和儿童福利工作的内容。在浏览过程中，我偶然发现了一些相当令人震惊的信息，即在战争期间，几乎每周都有报告说教会的财产和工作遭受了损失。

下午我和霍奇金一起在赛马场喝茶。比赛场地的娱乐设施非常棒——不仅有赛马，还有高尔夫球、曲棍球、橄榄球和足球比赛都在同时进行。上海的很多国际人士都来了，尤其是在这样的周六下午。

下午的高潮是看到两个上海的大块头印度警察手拉手在赛马场散步。男子汉的娱乐。

今晚吃了一顿中餐。这是奇怪的安排，我觉得很不舒服，必须采取措施让我脱离常规社会活动。否则，我怕我会很痛苦。

1939 年 11 月 19 日（星期日，上海基督教青年会） 教友派会议

即使昨晚我自责了一阵，但今天还是犯了一个可怕的社交错误。我和佩里一家约好了一起吃午饭。告诉你吧，我没有露面。最尴尬的是在今晚的教友派会议上，他们问"为什么"。很明显我没有恰当的理由——糟糕的记性！

我开始觉得教友派会议很有用了。今天晚上，在 45 分钟的思考中，我发现我的一个严重问题是关于浪漫、爱情和婚礼的问题。在教友派的会议上想起这些还挺有趣的，这跟上海或那些我没见过的漂亮姑娘无关。我只是在展望未来，在我从偏远地区回来的时候，必须面对将会存在的问题和女孩。

我打算从今以后每周拿出一小时站在墙角进行自我反省。

晚餐时我和帕特森（Patterson）博士、霍奇金畅聊了考古学。

1939 年 11 月 20 日（星期一，上海基督教青年会） 广告牌和逛街

西尔考克从南京回来了，说他这趟旅行很圆满。路上几乎没有遇到不便或延迟。希望我们回北平的时候也能这样。

我不常逛街。但是今天下午，我在上海费力地逛了 3 个小时，走了 4~5 英里。但是我浪费的时间和精力并不是毫无目的的。我在找一件毛皮衬里的半身大衣，但没找到。不过，我买了一套长袖内衣，如果你想保暖，这真是仅次于毛皮大衣的最好选择。

上海的广告牌和美国的一样普遍。我被一处广告画面逗乐了，"利文斯顿和斯坦利（Livingston and Stanley）——世界上最伟大的新闻记者的不朽故事，1939 年最受欢迎的电影"（在这一点上，任何读过书的人都可以说出这些词。但令我惊讶和感到好笑的是"传教士"这个词并没有出现）。[这部电影一定是《斯坦利和利文斯顿》，斯宾塞·特蕾西（Spencer Tracy）（饰斯坦利）和塞德里克·哈德威克（Cedric Hardwicke）（饰利文斯顿）主演。电影的焦点是明星特蕾西 / 斯坦利，因此宣传中提到了新闻记者。]

显然，好莱坞担心"传教士"的字眼会影响票房。

1939 年 11 月 21 日（星期二，上海基督教青年会） 路易归来

路易回来了。刚好在医院待了一周零一天。能在这么短的时间内就出来到处走动真是个了不起的壮举。新的分离腹肌纤维技术与切断腹肌纤维比起来似乎是一个很大的进步。它使得手术几天后腹壁就强壮得足够支撑肠压。

在《中国研究》（The China Journal）上读到一篇关于中国历史和社会学的文章，有一个惊人的发现。位于山西东南部的长治山谷曾经是一个大湖床。这个湖的湖滨现在是太行山脉，传说中农业和医药的守护神——神农就是在湖滨传授"五谷"和"百草"的文明。

那个地区曾经是一个大湖湖床的事实有助于解释目前的一些地质现象，也解释了那里为什么有大量的化石遗留。我发现剑齿象头骨的地方可能就在那个湖床的边缘。

1939 年 11 月 22 日（星期三，上海基督教青年会） 上海的生活水平

昨晚在讨论上海的生活水平的时候，在上海工部局工作的 E.M. 欣德（E.M. Hinder）小姐和蔡（Tsai）先生提供了一些非常有趣和令人震惊的信息。

一是中国货币对主要产品（非外国产品）的购买力比战争开始之前的 1936 年已经下降 40%。

二是居住在公共租界的中国家庭平均每户 4.62 人，每年花费 454 美元，而每个家庭的平均收入仅为 328 美元。在这 454 美元中，53% 用于食物，8% 用于租金，7% 用于服装，6.5% 用于燃料，剩余的用于其他支出。

三是上海男工人的平均生活费为每月 11.5 美元，这被认为是最基本的生活水平。

四是虽然收入达到了 1936 年的 119%，但实际工资只有 42%。如果这种情况继续下去，中国人将逐渐陷入饥饿。

西尔考克先生今天坐船前往日本。

晚上我在一个英国俱乐部吃晚餐，这是我到上海后参加的最无聊的活动了。

1939 年 11 月 23 日（星期四，上海基督教青年会） 糟糕的一天，而这天是感恩节

麦肯齐没有消息让我有点惊慌。我的经济学知识告诉我，这会没有支票，没有钱。

你曾经因为天气而沮丧过吗？我有，就是今天！一整天都在下雨。我一步都没离开大楼。沮丧？是的。有点难过？是的！寂寞得想念某个人？没错！

计划被推迟了这么长时间，我开始怀疑我们是否能完成这些计划。我今天有点像个宿命论者，好像有什么东西在试图阻止我们走下去。但我固执得足以继续下去，并干出点结果。我只希望我的固执会导致最好的结果。

一天中很多时间都在玩游戏——国际象棋、乒乓球、台球，接着下中国象棋。这会帮助你度过病态的一天，避免成为"厌世者"。真奇怪，我今天竟然学会了这个词，意思是人类的仇恨者。我不是那样的人！希望如此。

1939 年 11 月 24 日（星期五，上海基督教青年会） 人

星期五在一周只有一次，但是这个星期就应该去掉这一天。今天就什么事都没有发生，它重要是因为证明了它是重要的日子。这个日子把一个人置于独处的环境中而且还得喜欢它，没有办法。

尽管外面下着毛毛雨，我和路易还是去法国城［法租界］转了转。没什么特别的打算，就是看看人。在上海，这非常有趣。在这里有这么多不同类型的人：一个盲人乞丐肩上扛着一个盲人婴儿，由一个小女孩领着；一个中国百万富翁；一个匪徒被警察逮住了；化了妆的女人从街上拽走她们的"猎物"，英国人，法国人，漂亮的办公室女孩，德国犹太人。我们是谁呢？只是上海国际友人中的两人。

1939 年 11 月 25 日（星期六，上海基督教青年会）《王宝钏》

和一群英国人、3 名德国犹太人（难民）一起到临时租界路上走走，是摆脱上海城市生活的令人愉快的消遣。路过一个被破坏了的大学校园，那里除了一堆碎水泥之外没剩下什么东西。原本是想消灭中国知识分子的活动，但实际上却刺激了一种精神，这种精神从破碎的墙上流出，在西方获得了甚至更重要的地位。在西方，中国及其知识分子的发展仍然"自由"。

我和霍奇金一起看了一部中国制作的电影《王宝钏》，故事讲述了一位大家闺秀嫁给她家的一个仆人的故事。她被家族除了名，然后和她的丈夫一起过着清贫的生活。丈夫迅速成为一名将军，但被他的两个连襟出卖给了敌人。他拒绝了抓他的人的女儿的追求，因此他被囚禁了 18 年。最后他终于逃脱了，回到了忠诚的妻子身边。妻子仍然在他们的老寒窑里等着他。他得到了皇帝的奖赏，他的妻子后来成了诰命夫人。

支票到啦！快信竟然寄了 8 天。

1939 年 11 月 26 日（星期日，上海基督教青年会） 和王小姐一起吃中式晚餐

因为买了一副 10 × 40 的望远镜，搅了安息日的休息，花了我们，准确点说是花了路易 100 元法币，但物有所值。

路易今晚出去约会了，我觉得他是和一个俄罗斯籍犹太人约会，这很可能会是他以后很长时间内的最后一次约会。我想我应该约会一次，但这次就放弃这种快乐了。

今晚和王小姐还有柯鲁克①（Crook）先生在一家很好的中餐馆共进晚餐。柯鲁克先生是这里某所学校的英语老师，王小姐是这所学校的学生。她希望明年到延安上学，想尽可能了解那里的情况，很遗憾我帮不了她。这顿饭好极了——一整只四川鸭、竹笋、芙蓉鸡、卷心菜、芹菜、卷心菜牛肉汤、咸菜、四川酒和大量南瓜籽。我们边吃边聊了3.5小时。[柯鲁克先生应该是在上海圣约翰大学教书的大卫·柯鲁克（David Crook）。他是一名共产党员，招收学生去延安。]

王小姐是一个聪明的女孩，也很有趣。她发誓战争期间都不看戏或电影了，她把省下的钱都要用于事业。

1939年11月27日（星期一，上海基督教青年会） 又被阻止了！明天不能走！

今天买东西走得有点远，我给自己买了一个迷你双筒望远镜，花了30元。这是个小巧的工具，相当老旧了，有些划痕。

有时候计划毫无用处。我们都收拾好了，准备出发。我们拿好车票、通行证，甚至都叫了一辆出租车送我们去车站。但是，医生又一次说："不行，还不行！"

最近这几天天气有点冷，上海受到相当大的影响。今天早上我在报纸上看到，在最近的12个小时里，有30人死于受冻。我在去车站的路上就看到了一个老乞丐，他可能不得不在人行道上过夜。这自然是悲惨的景象，但从他的悲惨生活中愉快解脱了。

①　柯鲁克（1910—2000），英国人、犹太人、共产党人、中国人民的朋友，自1948年起在北京外国语大学及其前身任教。他和伊莎白结婚，共同完成了《十里店（一）——中国一个村庄的革命》和《十里店（二）——中国一个村庄的群众运动》，两本书的英文版分别于1958年和1979年在伦敦和纽约出版，中文版于1982年由北京出版社出版。

他冷冰冰的脸上似乎露出了笑容，仿佛他意识到了死亡带给他的安全感。上海可能有很多人都希望能有同样的解脱。

1939 年 11 月 28 日（星期二，上海基督教青年会） 路易正式获准离开

路易今天正式获准离开了，所以除非战争打到上海，不然我们明天就要回北京了。

霍奇金派我们去联合制药公司拿一些急救用品。我们带了一封给维塔利（Vittaly）先生的介绍信，他是那种使世界变得更宜居的大人物之一。我们给了他一份我们所需东西的清单，他走到架子旁，开始拿东西。"这里有两瓶高锰酸钾片，在很多时候都有用。我把它们送给你们。你们一定要拿上一些这种碘烯。这里有两箱现成的绷带。这 200 片磺胺甲酰胺和奎宁我得收你们的钱，但你们可以拿上这两瓶泻药、阿司匹林等。"最后他送给了我们大约一半物资。"你们不需要感谢我。你们做的是我想做却不能做的事，这只是为了表示我对你们做的事情的兴趣。我希望你们不会用到这些东西。"我们也是这样想的，我希望有一天我们能把这个善意传递下去。

1939 年 11 月 29 日（星期三，南京，北门外的中国旅馆） 我们看了南京，还看了一部日本电影

今天早上发现上海安静得令人奇怪，但我猜是因为大家睡得太晚，以至于 6 点都还没醒。该死的出租车载着我们走了闸北（Chapei）附近。那些被战争蹂躏的地区，早上特别荒凉，看到的全是废墟。

在铁轨的左侧肯定曾经有一个大的残迹。警卫拉下百叶窗，

两个小时没让拉开。如果有人想偷看，他们会严厉制止。

从城外的旅馆径直走到市中心。街上几乎没人，商业似乎消失了。到过上海之后，再看这座城市就会觉得建筑相当分散。我很惊讶这里会有这么多现代建筑。当然，它们中许多都已经是废墟了。

花了大约一个小时在日本剧院看日本的一些战争照片。那些照片都是实景，有些让人看起来很不舒服。

我们晚上遇到俄罗斯犹太人尤里·塔斯（Uri Tass），我们从上海过来的时候他在我们的火车上。

节选自给哈夫纳小姐的一封信，12月3日写于北平。

——王晋保

在南京待了一天一夜。我们在城里走过，想要看看。这座城沉寂得可怕，除日本兵外基本没有人。刚建造的新政府大楼应该是被摧毁了，很可惜。战前美丽的大型建筑物现在只是被烧毁、炸毁的废墟。

在南京的另一个所谓的中国旅馆过了一夜。日军占领的一些城市现在情况很糟糕。

1939 年 11 月 30 日（星期四，在火车上，在苏州附近） 世界主义

天气很冷，但我们睡得很好，起得也晚，直到尤里用力敲门，我们才起床。我们 3 个人一起在街边小摊上买了早餐——烤红薯、芝麻饼干、油炸松饼和橘子。

早上 9 点我们渡过长江。我们在浦口下船时，一个苦力不小心把一个沉重的手提箱掉到了船的货舱里，砸在另一个可怜的苦

力的头上，下面的工人拒绝把箱子还回去。我因此肾上腺素上升，跳入船的货舱把手提箱拿给了主人。问题是肾上腺素消退得不够快，所以当我被一个检票员——这是一个日本人，他说我的票不对，并要求我再给 20 分钱——拦住时，我断然拒绝了。但几分钟后，我给了钱，弥补了刚刚的冲动行为。

我们乘坐的是二等舱，所以有不错的座位。同行的人很有趣，我们和一位意大利神父、一名匈牙利难民一起吃了晚餐，聊了很久。我们任意两人都懂的语言，第三个人都不懂。我可以用中文和神父交谈，但我和那个匈牙利人就要用英语。神父和匈牙利人要用我不懂的意大利语交谈。我们说的所有话都要翻译给某个人听。

1939 年 12 月 1 日（星期五，天津） 被艺伎款待

昨晚我们多花了 8.7 元买了头等舱的卧铺。这钱花得不值，因为我和一个离不开酒瓶子的日本人住在一间，他一晚上起来了 12 次，每次都弄出很大响声。

醒来的时候，我们正要离开济南。我们及时穿好衣服，去看火车穿过现在干涸的黄河。对开封上游堤坝的破坏使得所有的水转向流入洪泛平原，因此很少有水经过旧道入海。［事实上，黄河入海口移动了 500 英里，现在它又回到了原来的河床上。］

今天下午，我被 2 名日本艺伎邀请和她们坐在一起。尝试交谈的过程非常有意思，但没说太久。她们觉得我胳膊上的毛很有趣。

我还遇到了一名有趣的日本军事建筑师，他曾在美国和英国学习。他是个很好的伙伴，在 2 名艺伎的事上帮了我。

我们 5 点（中国时间）到达了天津。我们到的时候，麦肯齐那里正在举行一场大型茶话会。我们的胡子长了 3 天，感觉很尴

尬。博伊德姐妹已经到了。好极了！她们都是好孩子。

苏联拿下了芬兰！

今天收到了一堆信件，但是没有一封来自某人［海伦？］。

1939 年 12 月 2 日（星期六，北平，语言学校） 财务问题已解决

今天上午我见了麦肯齐先生，花了 1 小时的时间安排财务事项。我们每个人都有 200 元的美国旅行支票以备急用，其中 50 元是我们的私有财产。此外，我们将带上我个人的 1500 元供我们自己使用，还有相同数目的钱供旅行。其他资金将以黄金的形式汇至上海教友派中心。这个安排令人相当满意。

索万喜在他北平的房间里

12 点 35 分从天津出发的火车晚了几分钟，否则我们就很难赶上了。从麦肯齐那里到车站只要 40 分钟。幸运的是我们没有遇到什么困难就通过了关卡，就在火车快开的时候，我们刚好安顿好。我们和一个德国女孩、一个希腊东正教的主教挤在一个座位上。主教是一个长着大胡子的高大男人，脸部轮廓分明，比例匀称。

下午 3 点 30 分我们到达了北平，在语言学校找到了住房。今天有盛大的庆祝会。王克敏（Wang K. Ming），就职华北中国政府［傀儡政府］的首脑。为了这一时刻，他们修建了一个大厅和高大建筑，但是今天早上它被彻底烧毁。

1939 年 12 月 3 日（星期日，北平，语言学校） 苏联进入芬兰

今天我一整天都没出门，一直在桌前写信，一共写了 3 封。一封是给母亲和亚伯达的，一封是给海伦的，还有一封是给明尼克的。大使馆的邮件明天一早会发出。

今天听到了两条广播新闻。芬兰现在引人注目。苏联入侵芬兰是一个在一定程度上改变了国际形势的新因素，就像当时波兰被入侵一样。当然，我们不可能看到这一新事件的实际后果，但这引起了有趣的猜测。首先，它使美国公共舆论反对苏联，也有些反对德国。其次，这可能会导致德国分成两个阵营：一个是继续与苏联的协议，另一个是抛弃和苏联的协议。德国在波罗的海地区已或多或少占有优势，并且迄今为止感到这种优势很可靠。

1939 年 12 月 4 日（星期一，北平，语言学校） 满洲里付出了代价

列了一张购物清单开始采买。当你进入这一准备阶段的时候

会很有趣。你很确定几天内你就会离开，所以你开始核对清单。今天核对的主要是胶卷、皮帽、肥皂和筷子之类的东西。我们肯定有足够的时间来准备这次旅行，所以我们不应该忘记任何东西。

我今天买了一支新钢笔，但似乎不怎么好用，我明天要去换一下。

卡明斯（Cummings）博士刚从满洲里回来。他说那个地方的局势平稳。但是，政府对几乎所有工商业的垄断似乎已经达到使所有物品都短缺的程度。在那里几乎买不到布料、面粉、油甚至米之类的东西。价格改变也被禁止。外国商品已成为珍贵物品，非常稀缺。除非是日本产的，否则什么东西都不能进出该地区。

1939 年 12 月 5 日（星期二，北平，语言学校） 为旅行做准备

平静愉快的一天在打包行李中度过。在这种情况下，我总是惊慌失措，匆忙地跑来跑去，却什么也没做。

一天接着一天，我的思绪也遵循着同样的模式。昨天我在想我的背包里还能拿出些什么让它变轻。今天早上醒来，我又在想同样的事情。当你只有那么一点空间，又必须往里塞足够 6 个月用的东西时，这就是工作，尤其是当你不得不自己扛着背包想要包裹轻一些的时候。我看了十几遍我的清单，除了绝对必需品，什么都检查过了。恐怕有一天我甚至会发现一些必需品不见了。

根据我不多的旅行经验，我想说最重要的是轻装上阵。为了使旅行舒适，我设计了以下公式，而且强烈推荐：

一次长途旅行——你认为你需要的东西 ÷2；

多次短途旅行——你认为你需要的东西 ÷3。

其实你不带就过得不舒服的东西是很少的。

我和肯西（Kenseys）一起吃了晚餐。

1939 年 12 月 6 日（星期三，北平，语言学校）

前几天，日本人办的英文日报《纪事报》使用了哀悼中国老军阀之一吴佩孚大帅逝世的通栏大标题。他由于牙齿感染导致败血症而身亡，当时进行了手术但没有成功。今天我从相当可靠的来源听到了更多的消息。

在他突然去世的前两天，他接受了新政府顾问的拜访，并受邀去领导新政府的军事部门。他拒绝了，说只要在中国有日本士兵，他就不可能履职。"我宁愿进去那里。"他指着房间里的棺材说。

两天后，他得了牙疼，想让一位德国牙医来看看，但来的却是几名日本牙医。在动手术时，街道被日本宪兵封锁并看守着。手术从下腭下方和颈部区域切开，而可怜的吴大帅不久就死了。

日本人为失去老将军感到遗憾，甚至还为葬礼买了单。

1939 年 12 月 7 日（星期四，在火车上） 前往天津的开心旅程

今天一切都很好。我要和麦肯齐去天津为我们的旅行拿钱。我们最后决定中午和麦肯齐太太一起走，而不是晚上走。麦肯齐太太还有另一位和她一起的女士都忘了带护照，她们都是英国人。然而，她们分别假装成我的母亲和姨母，顺利通过了检查，比她们往常遇到的麻烦少多了。

不过，这件事最妙的地方是一封电报。我一进门，一个孩子就把电报递给了我，上面写着"告诉索万喜今天返回北平。麦肯齐"。已经过 4 点了，回北平的火车 6 点钟就要开了。我吃了点东西就向关卡走去。我遇到了一个可怜的中国人，他今天已经被拒绝 3 次了，我让他假扮我的贴身男仆一起通过了关卡，这帮他省

了 4~10 个小时的时间。

不知什么原因，火车下午 5 点 45 分就出发了，它开动的时候我还在买票。我冲过桥，登上了即将驶离月台终点的最后一节车厢。我现在在回北平的火车上。

第五章 前往西安

1939 年 12 月 8 日（星期五，离开北平，火车上）我们出发了

在北平的最后一天。我没想到我们还有那么多事要做，从起床到晚上在火车上安顿好，我们一直都在忙碌着。

我很想拍张旅行开始时的照片。我们有 4 辆黄包车，我们两人一人一辆，一辆是我们俩的行李，还有一辆是弗朗西丝·施洛瑟（Frances Schlosser）的行李。所有的黄包车，甚至我们坐的车，都堆满了东西。黄昏时分，我们穿过前门［北京天安门广场南面的大门。城墙和火车站已经不在那里了。］前往车站。大门和坑坑洼洼的城墙轮廓正好能从灰暗的天色下看到。灰尘与黑暗相呼应，让夜晚来得太早了。

在车站，我们见到了弗朗西丝，她带了 9 个包，现在我们知道她为什么想和我们一起走了。不过没关系，她在开封能帮助我们。因为弗朗西丝买不到卧铺，我把我的给了她。现在我站在过道上，希望列车员会同情我。至少我们离开了！万岁！我们要去奶奶家了！

1939 年 12 月 9 日（星期六，天主教堂，新乡） 今晚住在天主教堂

昨天晚上 11 点 30 分他们找到了一个卧铺给我，我猜是他们同情我要站着睡吧。今早我醒来的时候火车停在石家庄。弗朗西丝、路易、一名日本站长和我4个人再次聚集在同一个车厢。

轨道上有几辆撞坏了的火车。在一个地方，我们看到一个大车头，它的前面部分埋在地下。

我们天黑后才到达新乡。被迫等了20分钟进行行李检查，但他们并没有看太多。

去了天主教传教站，传教站似乎很乐意接纳我们。曾在日本到天津的船上的斯蒂尔（Stiel）先生也在那里。

在这一带，事情似乎并不平静。他们告诉我们，我们能够顺利通过这一带是很幸运的。

1939年12月10日（星期日，开封） 浸信会传教站吉利斯皮家

因为北平—汉口线在新乡南部被切断，我们必须在新乡换火车前往开封。我们走的是日军新铺设的一条军用铁路，它跨过黄河的旧河床。日军一年半前占领开封的时候，中国人把开封和郑州之间的黄河大坝摧毁了。他们原本只是想将部分河水改道，但后来失控了，［黄河］现在完全改道了。旧河床现在看起来就像一片沙漠。河道阻止了日军，自那之后，中日两军隔着黄河对峙。

今天上午5点30分，我们被闹钟叫醒了。神父们已经起来吃早餐了。我们顺利地上了火车，没有被检查。很快发现为什么从新乡到开封开了这么久。［两地仅相距80千米左右。］火车停下来又向后退了几次，不后退的时候我们只是在以每小时15英里的速度前进。

穿过干涸的黄河河床也是一种经历，就像穿越沙漠似的。从这个岸边到那个岸边花了20分钟。这条河的河床和周围的乡村一样高，或者更高。自大禹治水以来，为了防止洪灾，逐步建造了

一系列堤坝。但在战争中，堤坝被破坏，水已经漫延到周围的乡村而形成新的河床。不知道未来它能否被引回旧河道。

我们下午 3 点 45 分到达了开封。警卫对我们进行了严格盘问但没有对行李进行检查。不知道我们有没有被怀疑。我们住在浸信会传教站的吉利斯皮（Gillespie）夫妇家，他们有 3 个儿子——双胞胎弗兰克和詹姆斯，以及 5 岁的保罗。[这对双胞胎在 1946—1948 年在北平与吉恩和我同校。我经常想到他们，他们都是非常好的孩子。此时，索万喜和路易正从北平向西南进发。现在他们转向正西方向。黄河通常在开封以北流动，但由于堤坝被破坏，当时的干流在中牟县以南（索万喜当时写的是 Chung-mou），中牟县是开封以西 34 千米的一个城镇。]

1939 年 12 月 11 日（星期一，开封浸信会传教站） 我们决定尝试渡河

该怎么办呢？这是今天的大问题。是过河还是取道上海呢？我今天上午去见了维克纳（Vikner）先生。他说什么也做不了——没有通行证是过不了河的，而现在没人能拿到通行证。但是，明天就要去的尼胡斯先生［河南省桐柏县路德宗友爱会的阿瑟·尼胡斯（Arthur E. Nyhus）牧师］说我们可以试一试。他自己没有通行证，但他说他已经得到了一日通行的许可。他说我们或许不可能过去，但他打算试一试，所以我们想不妨也试一试。河流估计被中国人封锁了，只用于军事目的。即使是外国传教士，料想也不被允许通过。和尼胡斯先生在一起的一位中国人李先生说，这几乎不值得一试。

今天晚上劳顿（Laughton）先生说："你们肯定能够过去。"但他补充说："日本人又开始行动了，所以不知道路上会发生什么。"

今晚我们达成的决定是我们明天早上出发，该遇到的总会遇到，如果我们到时必须回来，那就返回来好了。

尼胡斯先生不久前有过一段痛苦的经历，他的家被炸了。他有两个小女儿，其中一个被炸出屋顶，当场死亡。另一个伤势严重，不过现在已经康复了。他的妻子也受了伤，昏迷了一天多。这对一个家庭来说难道不是很糟糕的经历吗？但我猜想世界上很多家庭现在都在经历这样的事情。

与斯兰彻（Slancher）太太、斯兰彻小姐在她们城里的家中共进午餐。开封天气相当阴沉。

1939 年 12 月 12 日（星期二，许岗，在无人区中） 经过无人区

我们 5 点半起了床，在中国内陆会的医院见到了李先生和尼胡斯先生。然而，他们直到 7 点半才准备出发。路易和我有一辆黄包车和一辆橡胶轮胎的板车。板车用来拉行李，我们俩坐人力车。除此之外，队伍里还有另外 6 辆板车。尼胡斯先生给另一边的人带了很多东西。这一天我们大部分时间都在无人区，无人区也当然名副其实。有个地区是在中日双方炮兵的射程之内，土匪接管了这一地区。所以不管从哪方面看，通过这里都是危险的。幸运的是今天很平静，我们听到的枪声最多有十几声。离开时没见过日本士兵，也没见过中国士兵。两军似乎隔着这段无人地带相互对峙着。这些部队的前哨中间隔着黄河，大约相距 15 英里。

我们在一个偏僻的小村庄里过夜。周围有很多土匪，所以我们不得不睡觉时都睁着一只眼。

1939 年 12 月 13 日（星期三，中牟县） 自由中国

我们现在在自由中国，但还没过河，也不知道我们什么时候

才能过去。不过我们还是过了一部分河的。我们有两次必须坐船经过黄河的支流。支流并不大，但是我们花了很多时间和金钱才通过。

上午的大部分时间中我们都在穿越因黄河决堤而洪水泛滥的土地。决堤的影响仍然无处不在——树木被冲走，一些村庄倒塌而成为废墟，许多沙质沉积物堆积下来。

很高兴在这里看到中国士兵，我们马上就能看到他们比日军更随和、更友好。这些士兵也有一些相当好的比利时和捷克制造的步枪。但他们已接到郑州总部的命令，不准任何外国人越过［河］。

中牟县遭受了洪灾、战争和土匪的蹂躏。它的状况很糟糕，但还没有像山西被烧毁的城市那样毁坏严重。

我们住在城外的一家客栈里，这地方不错。

1939 年 12 月 14 日（星期四，中牟县中国旅馆）　等待渡过黄河

这真是早睡晚起啊！我们昨晚 7 点钟就上床睡觉了，直到今天早上 8 点半才起床。除了睡觉什么也不能做。很暖和。

为了打发时间，我们步行到距离这里 5 里的黄河岸边看看。有相当多的难民正等着过河到对岸去。这条河没有我预想的那么大，甚至比不上俄亥俄河。当然，现在是它的枯水期。不过它确实是黄色的，水似乎完全被黄土和泥土染黄了。

堤坝被破坏时整个地区都被洪水淹了，去年夏天又被淹了。今天下午，我们绕着中牟县的城墙走了走。城市大约一半的地方仍在水下，主街是仅有的免于水淹的地方，而且已经被轰炸和炮击得不怎么像街道了。在城里看到很多野鸭。

人们把手推车装在小渡船上，准备在无人区渡过黄河的一个洪水支流

1939 年 12 月 15 日（星期五，中牟县中国旅馆） 上路一周了。还在等

河对面送来的便条告诉我们，李先生已经到郑州去解决通行证的事了。河对岸的军队拒绝为我们渡河负责。他们说这条河已经正式关闭了。李先生还加了一个小注释："耐心等待几天，我看看有什么办法。"我猜他知道美国人在不得不等待的时候是多么焦躁不安。

保长告诉我们至少要等到明天，他能告诉我们一些消息。我们一直缠着他，甚至威胁说要把我们的东西留给他，然后绕道走另一条路。所以，他急着要带我们过河，把我们打发走。

今晚我们吃了一顿美餐，有猪肉片、豆芽和豆腐汤，猪肉特别好吃。我们在一个黑暗的房间里吃饭，房间里到处都是床，通常有几个人在睡觉。房间里点着一盏小油灯，亮度约为蜡烛的一半。气氛不错。

1939 年 12 月 16 日（星期六，中牟县中国旅馆） 对我们开枪警告

距离圣诞节只有 7 天了，我们就像荒野中的小鸟一样，等待着，等待着，等待着什么时候出现转机。但是在中国不能着急。我本来希望圣诞节前能到西安，但是如果这种情况持续下去，圣诞节的时候我们将会在上海。

我们在洪泛平原上向南步行了一段到了黄河边一片开阔的地方。河的另一边高地上有一个小村庄。筑高的堤岸上有几处防御工事。我当时想如果外国军队驻扎在防御工事里，他们不会让我们站在那里看他们的防御工事。几分钟后，尼胡斯先生和我走过一个小土丘。路易停下来安慰自己。突然有人向我们开了一枪，子弹落在水面上，溅起了水花。我们转身很快回到了村子里。我猜中国人这几天很紧张。至少我们已经知道不能在中国的防御工事周围溜达了。

1939 年 12 月 17 日（星期日，中牟县中国旅馆）

尼胡斯先生非常愤怒，要求渡河。他不得不把所有的东西留下来作为担保，但他过河了。

与此同时，我们身后的河流（在开封和中牟县之间）已经被无限期关闭了。看起来我们被夹在了中间，没地方可去。但如果继续待在这里，我就要疯了。

尼胡斯刚才回来了，说我们明天过河。

1939 年 12 月 18 日（星期一，郑州） 过了黄河

在浸信会传教团汉弗瑞（Humphery）医生家。

不可能！你不能过河！但我们现在到了郑州。那艘载我们过黄河的船把李先生带了过来。他带来了一封来自胡佛（Hoover）小姐的信，信上说由于官员们不能承担责任，所以不可能让人过河。他的一封信说，尼胡斯可以过河是因为他做了某种承诺，但是他们还是不能让另外两个人过河。又停下了但时间不长，因为营长没有收到这些命令，并说没问题，我们就跳上了船。一旦到了另一边，他们就很难再违反法令把我们送回去了。我们一上岸就向那位军官道谢，并抄捷径前往郑州。我们能如此轻松地过了河纯属幸运。

我们从河边找了3头驴。我们两个人骑一头，另外两头驮着行李。然而我们却步行了70里路的大部分。

一路上，人们都忙着修筑新的堤坝，以防止明年夏天黄河再发洪灾淹没土地。

这是一个美丽的夜晚。我们到郑州时太阳刚好落山。西面的佛塔处有些淡淡的云彩，云彩被太阳照亮，构成了古老的郑州佛塔的背景。

1939 年 12 月 19 日（星期二，郑州，浸信会传教团） 在郑州

我们住在汉弗瑞医生家，他有一个我见过的最可爱的小女孩。她只有5岁，金发碧眼。可怜的小女孩没有人陪她玩。我早上请假了，跟她在一起度过了一段美好的时光。我们吹了一会儿口琴，然后玩了中国跳棋和眨眼游戏，最后是愉快的嬉闹。这给我带来的快乐和给她的一样多。

我们原计划明天出发去洛阳，但是卡车已经满员了，等待者名单上还有50人。郑州在战前一定很繁荣，地处陇海铁路与北平至汉口铁路的交会处，但现在它都快被夷平了。战争开始以来，它遭受了200多次空袭。在今年春天的一个星期里，有多达1000枚炸弹投到了这个城市里。27枚炸弹落在浸信会大院里。

浸信会医院为附近的伤员做了大量工作。有时候，空袭后会有数百人被带来。浸信会医院是重庆以东非沦陷区唯一有 X 光机的地方。

这几天这里有大量的军事活动。但是我不知道是日军想过河还是中国军队在准备进攻。我们今晚听说中国军队正在开封附近作战。

1939 年 12 月 20 日（星期三，郑州，浸信会传教团） 空袭警报

上午 10 点，路易和我正全神贯注地玩着中国跳棋，空袭警报响了。在靠近院子的高地上有一个瞭望台，在那里安装了警报器，警告人们注意正在靠近的飞机。敌机一越过黄河，消息就通过电话告知附近所有的城市并拉响警报。中国军队建立了一套保护平民和军队的非常有效的系统。整个城市像蜂巢似的布满了防空洞，每个可容纳 1~5 人。防空洞的深度足够让人们蹲下后，头部低于地面。通常有几块木板盖在上面，上面堆着泥土，以防止碎片和弹片掉落在防空洞里。

经过陇海火车站到了陇海花园，这里的花园曾经是个很好的地方，但现在都严重损毁了。火车站也损毁严重，它受到了严重的轰炸。我们看到许多难民沿着铁轨拾取爆炸中散落的煤块。我们拿到了明天的票。

1939 年 12 月 21 日（星期四，黑石关，中国窑洞客栈） 中国的卡车运输

坐车走一会儿，步行一会儿，停一会儿，修一会儿车。循环往复。

小伊芙琳今天早上不想看到我们离开，她让母亲早点叫醒她，

这样她可以和我们告别。但是当我们准备离开的时候，她受不了了。她的眼泪夺眶而出，跑回了卧室。可怜的小孩在这里没有多少玩伴。

我们下午 6 点 30 分到达公共汽车站时，一辆 1933 年的 1.5 吨重的雪佛兰正在启动，但我们直到 8 点才出发。当上车指令终于发出时，我几乎被吓到了。人群向卡车蜂拥而去，我还不知道发生了什么事，车就满员了，事实上超载了。路易离得比我近一些，好不容易有了一个立足之地。数了数发现，有 40 人在卡车里或部分在卡车里。很快没票的 10 个人被赶下了车。剩下 30 个人，我上去之后，变成 31 个人在卡车车厢里，再加上驾驶室里的 3 个人。最初的 5 英里，我只有立足之地。最后，车子里的装载开始摇晃起来，我坐在了另一个人的腿上。因为载重过大，我们不得不下车步行了 6 次。

卡车快要抛锚了，今天无法把我们送到洛阳。我们今天只走了 200 里，晚上在黑石关的一个窑洞里过了夜。1000 年前，洛阳是（中国的）首都时，黑石关是一个很有名的地方。穿过风景如画的黄土地，有一些地方侵蚀严重，有很深的峡谷。这条路常常穿过两个垂直的悬崖之间。这里有我在中国见过的最完整的梯田。

下面是对这段旅程更详细的一段记录，我觉着下面这一段应该是过了一段时间后写的。

——王晋保

1939 年 12 月 21 日（黑石关）

我可以很有把握地说，中国人很快就会把新东西用旧，但他们比世界上其他人都更擅长让旧东西使用更长时间。任何乘坐过中国公共汽车或卡车旅行的人都可以证实这一点。

路易和我今天早上坐上了一辆中国旧卡车，朝300里外的洛阳进发。那辆旧卡车严重超载，车厢里有31人。那只是一辆载重1.5吨的卡车。我们31个在车厢的人就像压榨机里的奶酪一样挤在一起。我开始的时候不太适应，但我真的想骂前面的那些人。我上车之后只有站着的地方。经过了5英里崎岖的道路，车上的人都安定下来，这才腾出足够的地方让每个人都能坐一坐。但我不介意站这么久。我的腿被车上的东西挤得太紧了，就算我想，我都不可能摔倒。

考虑到我们所走的路，载重太大了。我们6次下车自己走上陡峭的斜坡和小山。在爬了大约2英里的一座山之后，我都想退票了。但是，考虑到我们不得不几乎每小时停下来拧紧螺钉，调整几乎报废的轴承上的车轮，把某个快要脱落的部件捆好，我们

帮卡车上陡坡

能走 55 英里已经是个奇迹了。

让这次旅行更"愉快"的是 31 名乘客中有 6 人晕车。有几次，挤在中间的人无法及时到达车边，其他人只能认倒霉。还没到洛阳就天黑了，因为我们没有灯，车就停在了最近的黑石关村，我们在那里过夜。路易和我在不远的山上找到了一家旅馆。旅馆还不错，和你能想到的中国路边的旅馆差不多。那是黄土中的一个窑洞。有两个入口 6 个房间。我们的两张床在一个大房间用纸板隔开的小房间里。我们受到的接待是通常的旅馆模式：洗漱、登记、吃饭、铺床、睡觉。食物不错——米饭和鸡蛋混在一起（炒饭）、肉片和白菜汤。

前半夜受到一点打扰，让我有些烦躁，因为我太累了，只想睡觉。

索万喜坐在去洛阳的卡车

1939 年 12 月 22 日［星期五，洛阳，路德宗传教团林德贝克（Lindbeck）家］

尽管一开始有点吵，但昨晚睡得很好。那辆旧卡车早上 7 点等着我们。这里还有两个人要上车。我完全找不到 1 平方英寸的地方，所以我告诉管事的人，如果他找不到地方让我坐下，我宁愿走路。他知道那样会引起麻烦，就在驾驶室给了我一个座位，让那个奇怪的男孩到外面挡泥板上去。

我们经过了一片被侵蚀得很美丽的黄土地。大部分的山体被切割成深深的沟壑（几乎是峡谷）。几乎所有的道路都在峡谷底部。通过询问，我了解到这些道路曾经是在地面上，但经过数百年的使用，它们在一些地方已经被磨到地面 100 英尺以下了。大多数人住在低洼道路两旁的窑洞里。

经过坐车一会儿、步行一会儿、停一会儿、修一会儿车的卡车旅行，我们终于到了洛阳。

晚上 10 点到达了洛阳。本来半小时前就该到了，但卡车停下来加水时，我们几个人跑去看一座寺庙去了。这座寺庙很漂亮。这是一个皇帝为一匹驮人的白马建造的，在皇帝逃避敌人时，那匹白马曾带着他渡过一条河。庙里有两个美丽的瓮，一个是白玉做的直径约 1 英尺，另一个是青铜铸造的高约 15 英尺。［这里说的一定是白马寺，现在也是洛阳附近的旅游景点。］

今天下午我们想给护照办个签证。我们跑遍了所有地方，甚至跑出了城镇，才找到了办理的地方，但那里的人告诉我们明天再来，因为他们以前从来没有提供过这种服务，必须先看看相关规则和条例等。这和日本的繁文缛节一样糟糕。

1939 年 12 月 23 日（星期六，洛阳，路德宗传教团）

今天上午我们到区地方官办公室去拿签证。他说，外国人不应该出现在河南，因为这里是前线战区。我们不可能拿到签证，尤其是因为我们的护照没有说明我们的具体任务。路易和我的护照都把我们的职业写成学生，中国人认为我们是漫无目的的游客。我们谈了很久，最后把护照留给了他。他说他会设法帮我们搞定。

在回林德贝克家的路上，我们发现了一个防空洞的入口，我们下去看了看。防空洞中有台阶可以向下深入黄土中大约 60 英尺，从那里延伸出一系列的地道和小房间，最后通往距离第一个入口大约 100 码的另一个入口。除了两个入口，还有两个通风管道来保持通风。下面太黑了，但我们终于摸索着出来了。当我们到达地面时，我们注意到一大群人正朝我们冲过来。在我们探索地道时，警报响了起来。我们回去等了一个半小时，直到解除警报声响起才出来。另一个警报打断了我们的午饭。我们穿上外套，拿着盘子到了院子里，这样我们能听到飞机的声音，如果飞机来了，我们就可以冲到院子里的那个大地窖去。

晚上我们拿到了护照，没有什么麻烦。

1939 年 12 月 24 日（星期日，洛阳，路德宗传教团） 圣诞老人来看我们了

洛阳是一个非常有趣的城市，在这里转上几个月应该会很有趣。这个地区被认为是中华文明的摇篮。因此，它对历史学家和考古学家有着特殊的意义。自中国有历史以来，洛阳曾多次成为国家首都。

上面有灰尘的东西通常被认为是旧的。如果这是判断一个城

市的标准，那么就会认为洛阳非常古老。所有东西都覆盖着几英寸厚的灰尘。每年的这个时候，穿着牛津鞋走在大街上，鞋里不灌满尘土是不可能的。即使一辆手推车也会扬起很大一片尘土，让你以为是一辆汽车在路上飞驰。

吃过平安夜晚餐后，我们聚集在旧风琴旁唱圣诞颂歌。我们有5个人——林德贝克先生和太太、［某某］小姐、路易和我。然后林德贝克太太诵读了圣诞节的故事。节目的最后一项内容是分发礼物，每人一个。我们每个人都从林德贝克家得到了一只鞋拔子。

1939 年 12 月 25 日（星期一，洛阳，路德宗传教团） 洛阳的快乐圣诞节

早上 6 点，各位圣诞节快乐！对我来说，和去年相比，今年是一个快乐的圣诞节。一年以前的今天，差不多就是这个时候，我躺在担架上离开武乡。那时刚下完一场大雪，天气寒冷（大约零下 16 华氏度）。3 天后我到家的时候都要冻僵了。

今天上午我刚刚做完路德宗的清晨圣诞礼拜后回来。斯堪的纳维亚路德教会的做法是在太阳升起之前的清晨举行圣诞礼拜。这是一次非常好的礼拜。发言人是一名中国军官——炮兵上尉，他看起来是个很好的人。

下午 4 点。我们想散散步，但是警察坚持要跟着我们。他们说是要保护我们，但我觉着他们是对我好奇。无论如何，这破坏了我们在城里溜达的乐趣。

一位中国女士拿来了一个很大的钙化蛋，它被发现漂浮在郑州附近的黄河上。一个家伙以为是有人溺水，就游水去追。蛋的状况良好，沿着轴线长度约为 8 英寸，周长约为 20 英寸。好大一

个蛋。可能属于一种类似鸵鸟的大型史前鸟类。

我们买票费了很大劲，现在我们在火车上了。

1939 年 12 月 26 日（星期二，潼关县） 火车不能过的地方，我们就骑驴

昨晚的旅程很舒适。我没有料到在中国战线后方，我们还能睡到卧铺。

在同一间车厢里有一名受伤的军官，他的左手和腿几乎被炸飞了，一侧脸颊也惨不忍睹。他不停地说："10 天前，我还是一个强壮的人，现在再看看我。"

我们过得很开心，直到空袭警报响起。火车不得不在野外停下来，直到警报解除为止。几乎每个人都下了火车，疏散在周围的田野里。

沿着黄河南岸走了好一会儿，地形很有趣，又经过了日军从山西那边用炮火炸毁的几座大桥。日军用了 3000 多发炮弹炸毁了一座桥，用 500 多发炮弹炸毁了另一座。

日军已经到了山西西南角地区，在潼关的黄河对岸待了两年。日军从未能踏足黄河南岸，但是从他们在山西的位置，他们可以很容易地轰炸潼关和从那里经过的陇海铁路。日军用铁路来试炮，所以火车不可能在路上行驶。因此，从洛阳到西安的路上，我们得从潼关以东 20 里下火车，走路或骑驴绕城而过，然后坐另一面 25 里以内的从西安来的火车（火车停的这两个地方都在日军重炮射程 1 英里以外）。大多数人骑驴去，但路易和我想步行，我们找了一个可怜的小牲口来驮着我们的全部行李。路上的运输工具、牲口和行人的数量非常庞大。我们非常惊讶，因为我们听说这条路是沿着河岸的，有些地方离河对岸的日军防御工事只有 1 英里

远。但是，中国的地形又一次使人们在如此接近敌人的情况下也可以安全旅行。

由于潼关一带山很多，黄河穿过黄土丘陵形成一条峡谷。旧路虽然靠近河岸，但在山侧，而且比地平面低很多，所以完全在日军的视线以外。有几个地方的道路和河流之间的堤防已被冲走。但在这些地方，他们在路面下开辟了狭窄的小路。有警卫守在那里，以确保每个人都走下面的那条路。

潼关的东门和北门完全在日军的视野中，因此都是关闭的，我们只好绕到南门。这听起来很容易，只是绕到墙的南端，绕着城走一小段路。但是走这2英里至少要花4个小时。如此困难有3个原因：①交通量。②道路的坡度，一些地方达到60°。③尘土，我见过的最糟糕的尘土，太可怕了！

实际上，有成千上万的驴、骡子、马和人试图通过山上的一条道路。刚好在山顶上的一段狭窄山路上堵车了，在分岔路口两边的道路上堵了大约半英里。我们排队等了至少半个小时。然后，我爬上河岸，绕过拥堵的地方，看看麻烦是什么。就在山顶最狭窄的地方，两头骡子大篷车相遇了，车上的货物太笨重，在窄路上不能交叉通行。他们停下来争论，因为双方都不愿意回到路上更宽的地方以便对方能过去。没过多久，牲口和人就在它们身后堵上了，导致他们改变主意后也几乎不可能回头了。拥挤状况越来越糟，中间一些可怜的牲口都不能四脚着地。我所在的河岸上方有几名军人，向下面的车夫吼叫着，以便把路清干净而让他们通过。

只有一件事可做，那就是在事情变得更糟之前把它化解。作为一个外国人，穿得有点像军人，我多少能有效地表现出一种权威的气质。我声嘶力竭的叫喊很快就引起了他们的注意。但我的忠告对他们毫无影响。我的肾上腺素上升了一点，我滑下河岸，因为脚没法着地，我跨过驴，走到了麻烦产生的地方。他们看到我是认真的，所以当我告诉其中一个大篷车的领头要掉头时，他尝试做了。但是，他做不到，后面堵得太紧了。我摇摇晃晃地走到路上，一路上告诉每一个驴夫把牲口在路边排好队。最开始有几个人不听，直到我威胁说要没收所有不排队的牲口。很快，队伍开始往回退，于是我又走回去，牵着领头骡子的头把它转过来，牵着它沿着路的另一边走下去，走到路上一个骡子可以通行的更宽阔的地方。然后我领着第一辆大篷车穿过分岔口回来。到这时，他们已经明白两队人应该各自走自己的一边。事情开始有了好转，但他们还是试图多挤挤。接下来的一个小时，我站在分岔路口指挥交通。我不喜欢吹牛，但在那段时间里一切都很顺利。

后来，我在路上赶上了一些驴夫，他们说从来没有这么快地拐过这个弯子。他们说，通常只有在发生了严重的伤亡之后才会得以解决，如驴被推下悬崖，或者腿被挤断。我们今天经历的一定每天都在发生。

下午 2 点，我们在潼关西边 25 里的地方上了到西安的火车。

第六章 西安插曲

1939 年 12 月 27 日（星期三，西安） 客栈

下午 3 点，我们到达了西安。路上发动机坏了一次，而且我们因为几次空袭警报而不得不停下来。我们今天早上被告知昨天有 102 架飞机袭击了兰州。我想这是为什么我们昨晚谨慎行动的好理由，尽管当时我很不安，很想让他们快点动起来。

今天早上 9 点 20 分响起了空袭警报。听说了昨天兰州被空袭的事情后，我们没花多长时间就从床上起来，迅速穿好衣服。

客栈曾经是个不错的地方。但从目前的情况来看，相当糟糕。这是一家中国人开的欧式宾馆。这里的住宿条件真的不错，有电灯，每个房间有浴室、弹簧床，还有干净的床单。但是现在能吃到的食物都是中式的，不包括通常的三餐，服务也不热情。这就是说，你得建议或者要求，他们才会去做。但总的来说，这个宾馆对一个内陆城市来说已经相当了不起了，尤其是在战争时期。

下午，我们去了伦敦教会医院，见到了克劳（Clau？）医生、斯托克（Stock）医生和厄普丘奇（Upchurch）先生。随后，我们见到了阎［阎锡山］的代表，跟他表达了我们想见长官的请求。明天我们准备搬到伯格斯特龙旅馆。

索万喜日记（1938—1940）

1939 年 12 月 28 日（星期四，西安，伯格斯特龙家）

CIM［中国内陆会］和 SAM［北美瑞挪会（Scandinavian Alliance Mission）]。

西安，也叫长安或西京。

西安是中国有城墙的四大城市之一。南京第一，北平第二，西安和成都紧随其后。和北平一样，西安由 3 个城组成，一个套一个。

西安有两个别名——旧时叫长安，新的名字叫西京。历史上这座城市十分重要，曾多次作为中国的首都。这里的居民有一种特殊的自豪感，首先表现在他们拒绝让外国人进入这个城市。在当前的战争中，人们的自豪感表现为保持城市清洁和风格。某一天这座城市可能遭到严重轰炸，而两三天后你将永远不知道发生的任何事情。只是在很少的情况下才能看到这座城市遭受过数百次轰炸的一点证据。这里甚至还有大量的新建筑正在建设中。

我们从西安客栈搬到了内陆会的青年旅馆。

1939 年 12 月 29 日（星期五，西安，伯格斯特龙内陆会青年旅馆） 碑林

今天我们去了第一战区办事处，发现他们已经给阎长官发了电报。我们应该很快就会得到答复。寄了一封信给李文郁[①]，问他是否愿意加入我们。[李在辽县。1939 年 8 月，索万喜曾向平定州代表团建议："我们与李棣华（李文郁）先生取得了联系，请他

---

① 李文郁（1905—1995），字棣华，出生在辽州北寺巷。山西大学中文系、燕京大学研究生毕业。抗战期间任太行中学、太行联合中学校长。新中国成立后为北京外国语大学副校长。

李棣华先生

帮忙。特别是在靠近我们传教站的地区，这样传教团就不会因为有一个外国人在离得太近的地方工作而感到尴尬。我们可以在战线后方更远的地点和李先生保持联络。……王普霖先生可以提供有关李先生的必要信息。"这似乎是一个好主意，因为日本人已经告诉索万喜，他们不想让他出现在山西（事实上，他们后来悬赏索万喜的人头了）。]

今天下午我们参观了碑林。这座城市收集了许多来自周边村子的石碑，并将它们放在一个寺庙的院子里。对我们来说，运气不好的是许多最有趣和最有价值的石碑都被沉重的泥巴和砖灰包裹起来，防止被炸弹和弹片破坏。

我必须承认，大多数石碑我都看不懂，因为我不认得其中的汉字。我也没有鉴赏中国书法艺术所必需的经验。我惊叹于中国人可以站在这些似乎只刻有汉字的石碑前，享受那些在西方人看来就是一团线和点的美。

我确实很欣赏下面浮雕中的画面，有些非常出色。

在这些石碑中有一块来自公元前 600 年左右的早期基督教景教。［原文如此，根据我最后在那里的时候，我记得日期是大约公元 800 年。］

我在碑林里购买了几幅原创的石版画。

1939 年 12 月 30 日（星期六，西安，伯格斯特龙内陆会青年旅馆）

今天是一年的倒数第二天。

今天收到了一个惊喜——一封信！我并没有指望接下来的 2 个月会收到信，但现在收到了。玛格丽特·弗里堡（Margaret Friburg）写信给弗朗西丝·施洛瑟说："代我向孩子们问好。我们一直在为他们祷告——甚至范·戴克夫人（Mrs. VanDyke）今天下午还告诉我，她昨晚已经为他们祈祷过了。"弗朗西丝补充了这一句话："我不知道在你的一生中你是否被祈祷过这么多。"我不知道人们这么关心我们。范·戴克夫人尤其让我吃惊。

去了一家出版每日战争地图的俱乐部。我订了两份，让他们分别寄到曼彻斯特和明尼克那里。办公室里有两个很讨人喜欢的年轻人，我们和他们聊了一会儿关于宣传的事，结果是我写了几封样本式的信件宣传他们的地图。他们希望美国的一些组织能够订阅。

这座城市已经在为新年做准备了，挂上了很多新的海报和标语。"1940 年将会扭转乾坤。""今年我们将把日本人赶出中国。"

今天给［安德鲁·］科迪尔发了一封长信。明年我想回到［曼彻斯特学院］办公室。

**1939 年 12 月 31 日（星期日，西安，伯格斯特龙旅馆） 1939
年就这样过去了**

我们离新年越来越近了。新年能给我们带来一件大事：它能
够也可以带来和平。我们希望如此。

今天上午我们从西门出去到乡村逛了逛。在冬天，这是一个
贫瘠的乡村，一切都灰蒙蒙的，就连空气也显得沉闷朦胧，而不
是干净利落。

回顾过去的一年，我会想到许多不愉快的事情。从一般的幸
福和满足的角度来说，我不愿意再重复这一年。当然，我确实从
我所做的工作中获得了某种满足感。但是，我所看到的且无法帮
助消除的苦难，远远超过了我的满足感，而且倾向于制造一种无
助和绝望的感觉。为获得个人满足感而帮助他人并不值得吹捧。
公正地分配救济金比赚钱难得多。有很多难题。

我在这里还有半年的工作要做。我不觉得遗憾，这将会很有
趣。但时间一到，我将准备重返大学。

我只需要下一个决心：我将坚持我的目标，不丧失勇气。

今天早点睡觉，不太舒服。

在这个年终的时刻，年轻的索万喜（他当时 22 岁）表达
了我觉得是当时大多数救济人员的心声。更晚些时候，1948
年夏天，我记得在太原，卫理公会医院有一天接收了大约 30
名伤员，他们躺在战场上无人照料达一个月。当他们到达医
院的时候，医生已经做不了什么了。我母亲为那些要水喝的
人泡了茶。

——王晋保

有一天，我们到城墙外面去看望一个有约 1000 名难民的难民营。我特别记得 2 个女人：一个显然快要死了，她的家人们正照顾着她。她不算老，但整个人肿得很厉害，身体裸露，全身皮肤紧绷着，上面布满了苍蝇。她的家人在试图赶走苍蝇。另一个年龄较大，而且很瘦，牙齿白得不正常。她求我们帮帮她，但我们无能为力。第二次世界大战后，联合国和中国政府在中国设有救济机构。第一个是联合国善后救济总署（UNRRA），第二个是行政院善后救济总署（CNRRA）。救济工作人员称"你从来不能真的得到任何东西"和"肯定没有，骗子拿走了一切"。

1940 年 1 月 1 日（星期一，西安，伯格斯特龙内陆会青年旅馆）
新年快乐！

新的一年到了。我终于可以在日记本的前半部分开始写日记了。[索万喜的日记——1939 年部分——写在 1940 年的日记本的后半部分。]

1940 年接掌政权时，政局异常平静。即使是掌权的第一天，也没有引起骚乱。许多人认为日本轰炸机会帮忙"庆祝"，但幸运的是天气条件不允许。当地有一些庆祝活动。每家商店门前都挂着旗子和红色小灯笼，甚至还放了少量鞭炮，可能是违法的。大多数时候街上都有学校和军队的游行队伍。但最有趣的是几乎所有的公共场所都贴出了海报，它们很难被称为艺术。事实上，有一些是相当粗糙的，其中大多数的主题甚至足以让"铁肚"（铁胃）感到恶心。暴行是他们喜欢的题材。中国人只是在试验这种宣传方法，他们还没有学会温和。这些海报展示了日本士兵猥亵和强奸中国妇女、砍碎小孩、把人下油锅等。我知道这样的事情发生过，但是看到这些展示还是令人恶心。这显然是有偏见的，一点也不像我认识的中国人。

今晚我出去在一家中国餐馆吃了饭，看到了一个超级好看的花瓶，线条十分吸引人。

1940 年 1 月 2 日（星期二，西安，伯格斯特龙旅馆） 护照检查员还是照相机检查员？

我们今天没怎么活动，从没有离开天井。但是，上午的时候，我们被一位非常和蔼可亲的先生——护照检查员——打扰了。他的姓［汉字发音为 suo］恰好和我的中文姓一样（我在我们家以外遇到的第二个用这个姓的人）。我们就"姓"这个话题聊了 5 分钟。他想知道我们的旅行，我们从哪里来，我们要去哪里，日本人是否对我们以礼相待，日本人有什么进展，我们认为他们能不能赢得这场战争。接下来，他想知道我们对自由中国的印象。解释完这个问题后，我想他该看一下我们的护照了，所以我问他要不要看。"哦，不，不用了。你们需要在日本占领区使用护照吗？"我们解释说，对日本人来说，他们的军事文件比护照更重要。他想知道我们是否把护照带在身边，他能不能看一眼。我猜他以前没见过。最后，他开始说他的正事了。

"我想你们有照相机吧？"

"是的，我们一直带在身边。"

"当然，当然，现在带着照相机很常见。你们拍到好照片了吗？"

"是的，我们希望拍到了。"

"你们知道现在是特殊的战争时期。我希望你们拍照的时候稍加注意，当然你们肯定也懂。很抱歉打扰你们了。如果有什么我能帮忙的，你们就和我说。"

　　　　　　　　　　　　　　索万喜日记（1938—1940）

这是以一种很好的方式告诉我们，我们拍照过分随意了。这是一种礼节。

1940 年 1 月 3 日（星期三，伯格斯特龙旅馆）

我的耐心今天耗尽了，我去看阎锡山有没有答复。一周前电报就发出去了，到现在还没有回音。

路易今天到街上拍照被警察看到了。在那之后，我们出去了两次，发现每次都有便衣男人跟着我们。看起来我们很像是被怀疑了，我们以后会注意的。我买了一支中国长笛，现在得开始练习了。[最后一句说明索万喜有音乐天赋，喜欢中国乐器。]

1940 年 1 月 4 日（星期四，伯格斯特龙旅馆） 大雁塔和《王宝钏》

我们想要去城南几千米外的大雁塔。我们想要拍些照片，但不想被监视，我们和警察说了我们的打算。他们果然要派一名警察一起去（这更加证明了我们的猜测——他们怀疑我们）。他们派了索警察和我们一起去，所以我们没有介意。他真是很好的人。

除了扬尘，今天天气很好。没什么风，所以尘土也还可以忍受。

这座宝塔很大但很普通。它是方形的，有 7 层，顶部有一个巨大的青铜制塔尖，这个塔尖使得其总高度为 196 英尺。但是，尽管它的外表朴实无华，但它并不是完全没有艺术性的。事实上，就像风景的其他部分那样，它似乎和乡野融为了一体。[现在大雁塔周围全是建筑，已经失去了当初的背景。]

我在上海看过电影《王宝钏》，现在我发现她等丈夫等了 18 年的那个窑洞离大雁塔只有 2 英里，我多么开心啊！我必须去看看，其他人同意跟我一起去。在窑洞附近，我发现两个小孩正在挖野菜。2000 年前，王宝钏做了 18 年同样的事情，这就特别有趣了。我给他们俩拍了张照片，希望能洗出来。

窑洞附近建了一座庙，窑洞本身里面有 3 座塑像。在向我们讲解这些塑像的时候，僧人给我们讲了很多与佛教相关的知识。佛陀放弃了财富、安逸和其他世俗的快乐去追求涅槃（佛教的天堂）。要最终达到佛教的涅槃是一项艰巨的任务。想要去你们基督教的天堂太容易了，你们所要做的就是信仰。而在佛教中，你必须经历多个阶段的转世，你也会以这种方式得到很多机会。王宝钏的一生是佛教中为未来的幸福而牺牲的例证。她凭着信仰，早早得到了回报。因此，佛教徒为了纪念她而建了这座寺庙。

1940 年 1 月 5 日（星期五，伯格斯特龙旅馆）

春天来了。今天是个美丽的日子，但我担心持续不了太久。西安今年冬天没有下雪，可能不会再下了。

北美瑞挪会的一位叫拉兹拉夫（Ratzlaff）的先生现在和我们在一起。他从离这里 100 英里的西北开车来的。当他到这里时他就是一个"景观"，从头到脚都是灰尘。他简直是积了 2000 年的灰。

路易和我最近在下棋，似乎没有别的事可做了。当然有事可做，但是路易喜欢下棋，我也愿意每天玩一两局。

今天做了一个中国象棋盘，所以现在我们可以在国际象棋和中国象棋之间变换我们的娱乐方式。

1940 年 1 月 6 日（星期六，伯格斯特龙旅馆）

我们现在的处境很糟。到西安 10 天了，我们和刚到的时候一样，不知道什么时候才能离开。

我们上午打了电话，但第一战区办事处的长官不在。他们说，将军整天都有宴会，他明天回来。[新年，无论是西方还是后来的中国新年，都不是在中国办事情的好时候。因为这段时间里，人们在走亲戚、逛庙会、宴请和休息。]

我认为他们已经收到了允许我们走的电报，但是他们想先了解更多关于我们的情况。我们应该从传教团带文件来。

今天的报纸说山西南部现在正在进行激烈的战斗。如果日军控制了黄河北岸，那么我们就很难进入山西的那部分地区了。

还有报告说，在陕西和K①之间的西北边界，红军和国民党军队之间局势十分紧张，似乎红军人满为患或者想要扩张。国民政府建议生活在那边的传教士撤离，因为可能会遇到麻烦。我希望他们能够在统一战线内团结起来。

1940 年 1 月 7 日（星期日，伯格斯特龙旅馆）

早餐后第一件事就是去见第一战区办事处的黄将军。他正在开会，但另一个人看见了我们。还是没有回信，但他答应再发一封电报，这次发急报。我们提出给他们更多的材料，但他们对这个想法却惊恐地摆手：不！不！根本没这个必要。我们无能为力了，表达感谢后就离开了。我有一种感觉，现在要出事了。他们居然拦着我们，这似乎很奇怪。

我把所有的胶卷都拿到城里去冲洗，他们似乎做得很好。

路易、拉兹拉夫和我今晚去了外国教堂，见到了许多我们在医生家没见过的英国浸信会教徒。格伦（Glenn）先生做了布道。一位俄国老贵族阿尔坎德斯基（拼写可能不对）也在，他是个很

---

① K应当是甘肃。——译者注

有趣的人。

在回家的路上，拉兹拉夫先生试图让我皈依他的"地狱火"基督教。恐怕我们的上帝概念不一样。

1940 年 1 月 8 日（星期一，伯格斯特龙旅馆）

又浪费了一天，下了 6 盘棋。我们必须制止这种情况再发生。

护照处的索先生又来看我们了，我想这次我们可以跟他把事情说清楚。我记得我们带了一封介绍信给穆德（Mudd）先生，所以我们请索先生到那边去了解我们的情况。

我们正在下棋，索先生进来了。在他离开之前，我说服他和我下了一盘中国象棋。他可能一开始就走错棋了，总之，他败得很惨，他离开时有点生自己的气。

我今晚拿回了我的胶卷，32 张底片中洗出了 28 张能用的，还不错。我似乎在对焦和构图方面做得还可以，但是在获得准确的曝光方面还是有点困难。

有几张照片让我几乎感到自豪。一个是中牟县的小女孩，另一个是洛阳的一堆炸弹。

伯格斯特龙几乎快要说服我把照片做成幻灯片了，这似乎是个不错的主意。

1940 年 1 月 9 日（星期二，伯格斯特龙旅馆）

今天早上 4 点，伯格斯特龙先生把我们叫了起来。他想知道我们想不想去看一场大火。我有点困，不太确定。但当我睁开眼睛看到东方的天空一片火红时，我匆忙地从床上跳了起来，穿上衣服。从我们这条街过去只有 4 扇门的一家机械店着火了。

看消防部门如何救火是很有趣的。西安没有供水系统，但消防部门把两个马达泵连接到可移动的水箱上。附近的人都带着水桶出去了，尽力把水箱装满水。但是水一点点地用光了，最后不得不停止抽水。最后他们终于把火控制住了。

今天早上胡佛小姐从郑州过来了。

回到伯格斯特龙旅馆发现索先生在等我们，他需要更多我们的信息。我有一点生气，问他到底在怀疑什么。我这么直白地说出来让他有点尴尬。

1940 年 1 月 10 日（星期三，伯格斯特龙旅馆） 我发脾气了

这里一定很难下雪。当我们起床的时候，天气很好而多云，正适合下一场雪。确实下了三四片雪花，然后天就放晴了。

克劳（Clow）医生下午打来电话，说警察询问了我们的情况。他告诉警察我们是好公民，但警察仍然不满意。克劳邀请我们明天一起吃午饭。我们会和他一起商量我们的应对方法。但我已经厌倦了等待，如果明天事情不解决，我就要去司令部发火了。他们这样荒谬是绝对没有道理的。

我有 3 张牌可以打：

一是扬言要放弃这一切去重庆。

二是发电报给美国大使馆，告诉他们我们的护照不被认可，我们的工作受到了阻挠。[域外条约中涉及外国人的某些规定仍然有效。中国政府受条约的约束，应当允许传教士传播福音并保护他们的工作。]

三是把我们的护照给他们作为担保。

我不知道他们会选择哪一个。我不喜欢这样做，但有时这是在中国办成事情的唯一方法。

1940 年 1 月 11 日（星期四，伯格斯特龙旅馆）

参加英国浸信会的午餐十分有益。我想起他们有一份"中国之星"的副本，上面我被标注为"救济主任"。除此之外，克劳医生给我们写了一份保证书。这两个证据满足了警方的要求，我们的名字没问题了。

不出意外的话，一两天内我应该会收到黄将军的消息。今晚我们的前景更明亮了。然而，有报道说这几天山西发生了非常激烈的战斗，即使我们得到了许可，也可能存在困难。

这些天到处都有和平的传言：如果蒋介石辞职，日军愿意退回到 1937 年 7 月［中日之间敌对状态开始的日期］时他们的位置。但中国人似乎不会在此基础上达成协议，他们想要拿回满洲，而且有可能会成功。

1940 年 1 月 12 日（星期五，伯格斯特龙旅馆） 胡佛小姐

胡佛小姐给我的印象是一个非常有能力、有活力的女人。中国内陆会（一个英国机构）在战时将她借调到国际红十字会工作。她通常很文静、不摆架子。但是你可以时不时地从她的言论中发现她有着令人羡慕的经历，并且在许多方面都取得了成就。她曾被派驻在甘肃西北几年，曾在黄河急流中乘木筏旅行［黄河急流比长江峡谷可怕多了］，喜欢演奏得好的中国音乐甚于西方音乐。

从别人的说法来看，她一定是太独立了，不太能和别人相处，但是给了她自由之后，她几乎可以做任何事情。她刚从郑州带了 10 箱汽油过来。想起我们在潼关遇到的麻烦，她完成了一项艰巨的任务。她在过潼关时甚至失去了一个赶牲口的人，那个可怜的人在潼关附近的路上摔下了悬崖。

胡佛小姐正在前往桂阳的路上，她将在那里继续做红十字会的工作。

1940 年 1 月 13 日（星期六，伯格斯特龙旅馆） 西安的物价

中国正面临着其他国家在战争中面临的同样问题：投机倒把的比比皆是，物价飞涨，工资逐渐上涨。

现在主要物资的价格为大米 40 元 / 吨，小米 30 元 / 吨，面粉 8.10 元 /40 磅（1 袋），煤每 100 斤 15 元，木柴每 100 斤 12 元，普通工厂棉布每英尺 1 元，当地粗布每英尺 0.6 元。

轮胎现在的价格是 450 元一个，打印纸每 100 张 7.5 元，煤油每罐 60 元，一罐 5 加仑容量的汽油 80 元，普通布鞋每双 4 元。

过去每天 30 分的普通劳动力现在已经涨到每天 80 分到 1 元。

总地说来，金钱要比战前自由得多，但是有许多人在受苦。

1940 年 1 月 14 日（星期日，伯格斯特龙旅馆） 甘肃塔尔寺

胡佛小姐告诉了我们一些我们非常想去参观的地方，她很擅长推销。

甘肃西北青海湖附近的塔尔寺位于西宁西南约 90 里。

她告诉我们，每到中国新年，那里都会举办盛大的奶油节。喇嘛庙的公共场所会摆出转世活佛的画像让大家供奉。喇嘛们穿着特色服装跳舞。那是世界上最有趣的节日之一。

1940 年 1 月 15 日（星期一，伯格斯特龙旅馆） 霍尔小姐

今天见到了另外一名有趣的女士——"送关怀"的凯瑟琳·霍尔（Katharine[①] Hall）小姐。［霍尔小姐是福音传教会（the

---

① 原文如此。

Society for the Propagation of the Gospel, S.P.G.）在华北地区的成员，中文名何清明。汤姆·纽纳姆（Tom Newnham）已经出版了一本有关她生平的传记（《白求恩医生的天使——凯瑟琳·霍尔的一生》，Graphic 出版社，新西兰奥克兰，2002 年）。我很感激纽纳姆先生给我这本书和他更早写的两本凯瑟琳·霍尔的传记。］我以前在北平和哈伯德一起见过她，但没怎么说过话。她是个中年人，就像拉夫（Rough？）博士说的："她在过去 20 年中一直没有关注时尚。但她的眼睛里闪烁着光芒，她的声音充满了热情，所以你很快就会忘记第一眼的印象。"

霍尔小姐与日本人相处时遇到些困难，所以她辞去了在河北的职位。现在，她正在前往五台山与中国红十字会小组会合，红十字会小组正在帮助照顾八路军（共产党）的伤员。她真的是个特别热情洋溢的人。她跑着出来迎接我们，好像我们是老朋友一样。她也很健谈，我有一半想问的东西都没能问。

胡佛小姐今晚离开了，我送别她时有点难过。她一直很有趣，今早还在地板上跟我们玩木棍呢。

1940 年 1 月 16 日（星期二，伯格斯特龙旅馆）

12 点 30 分，又有客人到了。来的是纳尔逊（Nelson）小姐和他的兄弟弗雷德·纳尔逊（Fred Nelson），贝肯（Becken）先生和鲁宾·古斯特（Rubin Gust）先生。他们开着一辆旧福特车来，后面跟着一辆拖车。贝肯先生和古斯特先生之前在法属印度支那的汽车队里，他们有一些冒险的故事。"跳跃的利昂娜"——他们乘坐的混合动力福特卡车是人们喜欢谈论的话题。卡车经过了西班牙、英国、中国香港等地，通过各种花招从法属印度开到了西安。[参见《白求恩医生的天使——凯瑟琳·霍尔的一生》（上一篇日记中提及），书中更全面地描述了凯瑟琳·霍尔，也介绍了让索万喜印象深刻的她和"跳跃的利昂娜"的旅行。]

他们在南宁沦陷的前一天离开了，翻了几次车，有无数次的故障。

那些回到这里的传教士经历了探险远征中的所有奇遇。天啊，我真希望我当时和他们在一起旅行。

今天我们本应收到黄将军的消息，但还没收到。我再赐给他一天的恩典，明天还不来消息的话，我就要另辟蹊径了，可能从八路军那里想办法。

1940 年 1 月 17 日（星期三，伯格斯特龙旅馆）

我们计划了未来一段时间里的另一次探险。华北最高的山——太白山离这里只有 100 英里。只有一个外国人爬上了那座山，不久之后他就自杀了。一年中只有一次时间——农历六月可以登山。那时候很快就到 7 月 4 日，正好是我们要离开这里的时间。

我们也许能组织很大一队人一起旅行，这里的大多数客人似乎都感兴趣。

与此同时，我们必须开始工作了，做一些发放救济的事情。我开始觉得我们的计划可能会受挫。如果收到的是否定的答复，我一点也不会惊讶。他们不想让我们接触八路军和发现他们和八路军之间存在摩擦，这比日军还麻烦。

1940 年 1 月 18 日（星期四，伯格斯特龙旅馆）

今天又发了一封电报给上海，订购一些彩色胶卷。6 张柯达 127 胶卷和 10 张 155 胶卷。我希望费什（Fish）先生能帮我弄到。

这里的人们建议我用彩色照片做成幻灯片。

1940 年 1 月 19 日（星期五，伯格斯特龙旅馆）

我们在一家穆斯林餐厅吃了一顿早餐，没带女伴。我们一共有 7 个人，天啊，我们吃得非常开心。你会觉得我们是一群要去看橄榄球赛的大学生。

早餐有羊肉汤和干粮。很好！这一顿是从这里到旧金山的最好的早餐。

1940 年 1 月 20 日（星期六，伯格斯特龙旅馆） 阎长官说"不行"！我们坚持

今天早上我们决定放弃见阎长官的想法，并告诉黄将军或者让我们直接进入山西，或者告诉我们不能去。然后，我打算去拜访八路军，看看他们能不能为我们做些什么。我决定先去斯托克医生那里得到一封给八路军办事处的介绍信。但我们在路上改变了主意，去了黄将军那里。还好我们这样做了，阎长官的电报刚刚到了，黄将军正准备到内陆会大院来找我们。我一见到黄将军就知道出问题了，果然，当他读电报给我们听的时候，我们的希望开始破灭了。"你们发送的有关两个美国人想进入山西发放救济的两封电报收到了。我们非常欣赏他们的精神。但是冬天来了，很多地方道路情况不好，无法通行。山西的情况也是如此，我们不能保证他们的安全。在这种情况下，我们现在不能允许他们进入山西。如果他们还是想去，他们可以等等，看看事情是否会好转。"

这就是长官的回复。我对黄将军说，既然我们带着美国的资金来到这里，如果是中国人不让我们分发，那看起来可就不太好

了，在国内的美国人不会理解的。我要求他让我们过河，到中国人仍然完全控制的山西南部大部分县去分发救济。这似乎是一个很好的方法，至少他们又发了一份电报给阎长官。同时，我准备去见八路军了。

看来山西有些东西阎长官是不希望外国人看到的。如果我了解一点情况，就能判断出红军与国民政府或省军之间存在摩擦，阎领导的省政府中年青一派与老一派之间存在分歧。

我要进一步说这是由于以下原因造成的：①俄罗斯对中国的要求（可能是为了加强在甘肃、陕西和新疆的影响力）。②国民党军队的压力正在逐渐将红军向北和向东推入日军的地盘。国民政府正试图使红色力量成为他们攻击山西日军的矛头，从而瓦解红色力量。

1940 年 1 月 21 日（星期日，伯格斯特龙旅馆）

下雪了！啊，冬天的外套真美丽。

我和贝克曼（Beckman）先生、纳尔逊先生和拉兹拉夫先生一起去了城里一个小教堂。这是一个由中国人管理的独立教堂。然而，当我们到达现场时，贝克曼先生被请求主持礼拜活动。

他谈到主如何为他打开道路让他来到中国，如何带领他经历几乎不可能的情况。最后，他指出大多数人相信基督的教导，但很少有人真正信仰基督。这是完全不同的。

今早去教堂后，我跟斯托克医生聊了一下。他通过史密斯先生（邮政专员）了解到，红军和山西政府军之间确实存在摩擦甚至是战斗。这多少证实了我昨天所写的话，也许我们不能进入那些地方了。但我们明天会去红军那边，看看他们怎么说。

1940 年 1 月 22 日（星期一，伯格斯特龙旅馆） 我们去了八路军办事处

晚上又下雪了！

"思绪来来去去，就像雪花落在地上，融化在未冻的土地上。"我想知道我们能做什么。我偶尔会有好主意，但它们很快就像雪一样融化了。

从斯托克医生那里得到一封介绍信后，我们今早去了八路军在西安的办事处。我们想见的王先生不在，但是我们把我们的处境向一位负责的女士说了一下。她似乎很同情我们，但是担心只要我们在河的这一侧，他们就没法帮助我们太多。只要到了河的另一侧，他们就能帮我们去山西东南部几乎任何地方，但他们在渡河方面没有管辖权。她也承认他们和山西省部分派别有矛盾。

她看起来是个很有意思的人，很亲切。但很明显，她过着艰苦的生活。[索万喜只是画了一条线代表这位女士的名字。我想他是想保护她，因为他似乎不可能忘记她的名字。]

1940 年 1 月 23 日（星期二，伯格斯特龙旅馆）

我感觉我今天像只松鼠——脸颊下有颗"坚果"，右下角的一颗牙齿给我带来了一些麻烦。我的半边脸肿起来了，后果就是像松鼠。我度过了一个悲惨的夜晚。我宁愿丢失一些智慧，也要除掉这颗智齿。

有一个新的和更有表现力的术语来描述日军在中国的行动。这个术语是"渗透"，而不是通常所说的"占领"，因为日军的大部分行动都是渗透中国。

"渗透"而不是"占领"。

1940 年 1 月 24 日（星期三，伯格斯特龙旅馆）

今天上午我们充分利用这场雪组织了一场打雪仗比赛。伯格斯特龙先生、纳尔逊先生和伯格斯特龙小姐对战纳尔逊小姐、路易和我。狗狗皮特不停变换战线，直到战斗的激烈程度达到了白热化，它决定保持中立。最后我们以休战告终。

我们在大街上看到了大约 70 头骆驼，都驮着从重庆来或者去重庆的邮件。难怪我们的一些邮件要等这么久才到。

1940 年 1 月 25 日（星期四，伯格斯特龙旅馆） 我们没有耐心了

今天我们做出了决定：如果周一之前什么都没发生，无论如何我们都要离开。总会有耐心耗尽的时刻，这时另一些东西会开始萌芽。我们已经到了这种时刻。明天我们要把这个决定告诉所有相关人员。

1940 年 1 月 26 日（星期五，伯格斯特龙旅馆） 最后通牒

在早餐桌上宣布了我们要离开的打算。每个人都露出一副心知肚明的样子，好像在说："我们等着瞧吧。"

早餐一结束，我们就带着护照去了外交部，想尽可能办去山西的签证，如果不能，至少办一个可以去洛阳的签证。那里的人认为有可能办去山西的签证。好极了，我们可以利用这一点，也许不需要军方的同意就能通过。他们答应周一前把我们的护照拿回来，这样我们就可以离开了。

告知警方后，我们去通知黄将军这个消息，他也为我们带来了一个惊喜。阎的司令部发来电报说，拒绝电报不是给索万喜先生和惠特克先生的，而是给另外两个想去山西的外国人的。我

们很清楚根本没有另外两个外国人。这只不过是挽回颜面的电报，让长官可以改变主意。这听起来不错，但是我们发出了最后通牒。要么我们周一前得到消息，要么我们就会离开。最后通牒达到了预期的效果，他们请求我们不要急，因为事情很快就会解决的。

我们回到旅馆时感觉好多了，但仍然决定如果事情的进展不快，星期一就离开。

1940 年 1 月 27 日（星期六，伯格斯特龙旅馆） 好消息

上午我正在理发的时候，伯格斯特龙先生告诉我们，第二战区办事处打电话来，说黄将军正在来见我们的路上。理发的时候，我得一直坐着不动，这是我做过的最难的一件事了。他会带来什么消息？但是他还没来，我的头发早就剪完了。黄将军找不到地方，所以他花了一个多小时才到这里。

我们刚让他坐下，他就拿出一封电报。"我谨对友爱会救济主任索伦伯格先生和他的同事惠特克先生表示赞赏，感谢他们关心并帮助山西难民。我特令我们的办事处遵从其意愿，并帮助他们开展工作。"

太好了！终于成功了！黄将军离开时让我们制订计划，他将在权力范围内尽力帮助我们执行计划。

下午，我们去了办事处，办理通行证等事宜。政府最近要把薪水支票送到阳城，我们收到邀请在他们的护送下走。

我们咨询了有关汇款的问题，显然我们可以从商人那里获得酬金。

［我怀疑索万喜没有给阎长官应得的更多信任来提高效

率。那是中国新年。阎长官很熟悉索万喜的名字和在山西的友爱会。索万喜的父亲在 20 世纪 20 年代的一次饥荒中完成了一个以工作换救济的道路施工项目后，也受到了阎长官的宴请。第一封电报没有提到他们的名字，而第二封却提到了。也许有把勋章用安全别针别在制服上的习惯的老狐狸，突然意识到他们是谁了。]

1940 年 1 月 28 日（星期日，伯格斯特龙旅馆） 周日的交易

我们做了一笔 5 万元的生意，我担心这极大地破坏了安息日的规矩。我们发现有两家商店愿意给我们现金，只要我们把同样数目的钱存入它们在上海的账户。它们甚至愿意给我们一些酬金。它们最初的出价是每 1000 元多给我们 150 元。我们让它们互相竞争，最终得到了每 1000 元 175 元的酬金。我们接受了这个报价。这意味着我们的 5 万元将获得 8750 元的酬金。还不错。

其中一家商店试图找出是哪家商店在跟其竞争。这家商店派了一个小男孩跟着我们，想看我们去了哪里。我们看到是怎么回事后，就去了第二战区办事处。小男孩跟着我们到了那里。他不知道该怎么办。那地方看起来不像商店，他就回去报告了。与此同时，我们偷偷溜到另一家商店签订了协议。我们因此大笑了一场。

我们得到了在完成商业交易后受邀参加宴会的承诺，这是很好的中国风格。

1940 年 1 月 29 日（星期一，伯格斯特龙旅馆）

今天我发了封电报。

西尔考克·奇康

上海

    按要求付上海商业储蓄银行 5 万元上海货币

    立即回复

    星期四付款至山西阳城

索万喜

这封电报花了我 27 元。现在我得等等看什么时候能完成交易。

今天上午又进行了盛大的雪仗——伯格斯特龙和纳尔逊对战路易和我。中国人喜欢看外国人玩。

下午我收到信了。家里的两封来信和海伦的两封来信让我感到十分快乐。海伦很高兴在斯蒂芬斯担任人文学科教授这份工作，好极了。

晚上我看了彩色幻灯片，在伯格斯特龙先生的手风琴伴奏下唱歌。

1940 年 1 月 30 日（星期二，伯格斯特龙旅馆）　去澡堂洗澡

我们今天去了那家商店看看有没有拍电报，商店的人邀请我和路易晚上和他们一起去澡堂。接受邀请前，我们从未体验过那种澡堂。

从澡堂的外观和里面的情况来看，澡堂肯定是这个城市里最大的建筑之一。它大概和美国一家规模不错的酒店一样大，也很现代化。

我们自己有一个房间，里面有沙发。脱了衣服，换上浴袍休息了一会儿，喝了一壶茶，然后我们进了私人浴室，有一个男孩

为我们服务。

我搓了 3 次澡，分别用肥皂、清水和毛巾。之后，我们进行了一次快速按摩，剪了脚指甲。

我们又休息了一个小时，一边喝茶一边聊天。在这段时间里，男孩每隔几分钟就会拿毛巾过来。

1940 年 1 月 31 日（星期三，伯格斯特龙旅馆）

我们花了大半天的时间来绘制和研究山西东南部的地图。在进行像我们这样的旅行之前，对地图做再多研究都不为过。用地图来做计划是非常有趣的。

我快要抵挡不住这里的销售员对摄影机的推销了。事实上，我几乎快被说服去买一部摄影机，拿着它去山西。

今天一位叫费希尔的女士从勉县来了，她是在日军进攻山西之前逃离山西的英国人之一。她的传教点在离临汾不远的冀城。

1940 年 2 月 1 日（星期四，伯格斯特龙旅馆） 做了一个重大决定，"电影"！

朱利叶斯（Julius）让我对电影产生了浓厚的兴趣，我今天做了这个决定。他给费什（Fish）寄了一封信，如果包括广角和远摄，那就订购一台西门子 8 毫米摄影机，否则就要一台菲尔莫（Filmo）8 毫米的。我还订购了 5 卷柯达胶片和 5 卷黑白胶片。这些足够拍摄 40 分钟了。

问题是要过一个月左右我才能拿到。但是如果我们的旅行能够用摄像做记录，那就太好了。

即使是现在，我也能想出一打我想拍的不同场景。这套装备会花掉我 100 美元。但如果我能拍到一些好照片，那也值了。

1940 年 2 月 2 日（星期五，伯格斯特龙旅馆）

朱利叶斯今天早上第一件事就是给了我一封电报：

长安内陆会

支付索伦伯格 5 万元

西尔考克

吃完早饭，我们就把电报拿到了那家商店，商店的人今晚或者明天会把钱拿过来。

然后我们又去了第二战区办事处，他们说我们 2 天内就可以上路了。我们把黄将军和丁（音译）叫出来给他们拍照。他们似乎很高兴，黄甚至穿上了军装。有一个刚从山西回来的军官，我们和他聊了几分钟，他试图劝阻我们去山西。我想，道路应该很糟糕，食物也很短缺。

买了一朵美丽而芳香的黄色花朵来装点最大的房间。

军官说我们明天出发。我们拿到了护照，今天收到 41000 元，剩下的明天能拿到。我们被邀请去吃晚餐。

1940 年 2 月 3 日（星期六，伯格斯特龙旅馆）

天哪，我们昨晚吃了一顿丰盛的晚餐。那个商人一定花了至少 40 元。只有 16 道菜，但有些菜不仅仅是精致。例如，最后一道菜是鸭汤，是在桌上用酒精点火现煮的。汤煮开后，几分钟前给我们看过的活鱼，现在被切片放进汤里了。接着放进汤里的是面条、切碎的卷心菜和香料，最后做出来的是极其美味的汤，当然也很烫。

不像大多数中国宴会上花钱办一些娱乐活动，这次客人们自娱自乐。他们会带着各种各样的乐器去参加宴会，在那里他们会坐下来演奏。他们也会频繁地轮流写诗，主宾写第一句。

今天下午剩下的 17750 元给了我们后，我们就开始打包。我把我的一半现金藏在我皮包底部的假油布下面。

作为我们交易的好处之一，我们得到了价值 2 元的茶叶。在 1911 年以前，只有皇帝才能享用这种茶叶。

我们的火车原定今晚 12 点出发，但是队伍的头头王中尉在晚餐时间过来告诉我们，他们不得不把出发时间推迟到明天早上 6 点。

晚饭后吃了冰激凌，然后唱了歌。这是一次很好的送行。这里都是大人物，我们觉得自己已经是其中的一员了。

1940 年 2 月 4 日（星期日，伯格斯特龙旅馆） 又推迟了

我们起得足够早——4 点钟。但我们的黄包车来的时候已经是 5 点了。我们昨晚就预约了，但由于下雪，他们改变了主意。到车站有 4 英里，所以我们有点坐立不安，这是有理由的，因为我们到车站时刚好开始响铃，我们拿起东西向站台跑去。但就在我们要上车的时候，两个士兵来欢迎我们，不安地说道："我们今天早上走不了。非常抱歉。我们在这趟火车上拿不到钱，所以我们得等到中午。"又延期了！但我们对此无能为力。我们能获准进入山西已经很幸运了，昨天才知道霍尔小姐被拒绝进入山西。

今天找不到我们的护卫了。我满城跑，也没找到他们，最后推测他们已经乘坐中午的火车走了。但是我们 6 点钟左右接到一个电话，说他们会坐〔早上〕6 点的火车。

我看到一大群人围着挂在大街中央的鸟笼站着。他们在听它的歌，歌声很美。

第七章　黄河之行

1940 年 2 月 5 日（星期一，华岳庙客栈 [火玉庙？]）

今天我们乘坐早上 6 点的军用火车出发。我们在站台上站了很久才找到我们的队伍。他们在铁道旁轨上的一节钢质车厢上过的夜。当我们爬进去的时候，他们正准备从稻草和行李堆里起来。车厢里有 30 多个人。他们立刻让我们感到在家里一样。他们用行李给我们安排了几个座位。

有一个和我们一起走的人，我非常不喜欢。他是一个胖胖的家伙，他的凸出来的眼睛透过大得过分的水晶眼镜盯着外面。他一直在争论罗斯福在日本问题上应该做什么和不应该做什么。在某些问题上，我同意他的观点，但他说话的方式很唐突。

我们住的村庄就在华山（中国著名神山之一）脚下，很遗憾我们现在没有时间爬华山。如果一切顺利，明年夏天我也许会再来。

我今天身体不舒服，患了重感冒。

1940 年 2 月 6 日（星期二，华阴县客栈）

我今天简直希望已经回到了西安。我觉得自己像个得了十几种病的老人，但我想那不会比重感冒或流感更糟。今天下午高烧超过 101 华氏度。我正在服用一个疗程的磺胺，我希望它能快点治好我的感冒。

我不想旅行，所以很高兴我们今天不能走了。新年快到了，没有人会带我们去。庆祝新年的时候中国人会休几天假。

这里现在是个好地方。路上交通繁忙，生意很好。由于新年临近，一切都活跃起来。

今天下午参观了华岳庙（华山的寺庙），它是或者说曾经是一个很有名的地方。现在时间久了，它有些破旧了。冯将军［用消防水管给他的部队施洗礼的"基督教将军"］在几年前甚至在这里建立了一个军火库。现在这里是 400 多名伤员的基地医院。

1940 年 2 月 7 日（星期三，华阴县旅馆）

今天我感觉好一些了，希望能持续一阵。今天我想去爬华山，但是他们说我们一天之内不可能回来。

我在城里转了一圈，买了一个大圆蛋糕（面包）过新年时吃。它的直径约 1.5 英尺，厚约 1 英寸。商店和餐馆明天和后天几乎全部关门。

我们还买了几块钱的鞭炮来庆祝。和我们在一起的士兵们放鞭炮时十分开心。他们大多是年轻人，可能从来没有一下子放过这么多的鞭炮。

这些日子，沿着大街的客栈里充斥着妓女，她们中的许多人曾经是士兵的妻子。她们的孩子还在身边。她们的丈夫在战争中被杀，所以她们出卖肉体来谋生。她们也可以被归类为难民，因为其中大多数人都是从沿海大城市跋涉到西部自由中国的。

1940 年 2 月 8 日（星期四，华阴县旅馆） 中国农历春节

今天我们被爆竹声惊醒了。这是中国的新年，一年中最重要和最有趣的时刻之一。这个时候人们会换上新衣服，买来年用的新筷子，拆掉旧纸神，挂上新纸神，清算所有旧账，这样在新的一年会翻开新的一页。最重要的是，至少对我们来说，春天开始了。今天无疑就是这样。

下午发生了一起枪击案。一些伤兵去找地方官，每人要 10 元钱过年。地方官给了他们每人 1 元，当他们开始闹事的时候，地方官开了枪。3 人死亡，多人受伤。

马车下午来了，4 辆是牛拉的。天哪，我想我们之后的路会走得很慢了。

1940 年 2 月 9 日 ［ 星期五，吴村（音译），官员家 ］ 吴村盛大地欢迎我们

原本要早点出发，结果到了上午 9 点。他们用了特别多的时间把老牛套在车上，并把车装好。

今早离开那个小村庄的时候特别壮观，前后都有武装卫兵，4 辆大牛车，两个外国人和一群官员夹在中间。我们觉得太正式了，但我们一走到野外，队伍就放松了。

我们出发前，有人说我们一天就能通过。但是，当他们看到我们走得非常缓慢时，预计的时间被延长到了两三天。

今天我们走了大约 10 英里，我们不得不开始考虑晚上睡觉的地方。大家一致认为下一个村庄就是落脚的地方。但是当我们到达那里时发现它太小了，无法容纳我们的队伍，而且村子的大门太小，马车无法进入。下一个村子大一些，但住满了士兵。然而，

一位军官听说有两个美国人来了，他出来看了看。之后，我们就被当作大使对待。军官的妻子给我们做了晚饭，他为我们腾出了他自己睡觉的房间，4个武装士兵整夜守卫。

1940 年 2 月 10 日（星期六，细窑村，河南人家里） 特别节目

昨晚收留我们的军官留我们吃了早饭，新年的猪肉饺子［新年传统食物］。和我之前吃过的一样好吃。吃饭的时候，我们受到邀请去观看踩高跷表演，他们为我们准备了一个特别节目。我们急着上路，但没有办法婉言谢绝邀请。

我们拍了 10 多张表演的照片。老渔夫想钓到一条鱼的表演真是棒极了。所有的服装都色彩鲜艳，为什么我没有带一些彩色胶卷呢？

我们沿路经过了一个地方，士兵们正在上演一场戏剧。然而，比起戏剧，我对士兵们更感兴趣。他们衣冠整齐，装备精良。

我们晚饭时又吃了饺子。

1940 年 2 月 11 日（星期日，文底村） 货车

我们又到了火车站，但看样子我们暂时还不能乘火车。他们给了我们一节大的钢制货车车厢供旅行使用。我们带着行李爬了进去，希望他们能在夜里把车厢挂到某列火车上。

刚好在天黑之前，一列载着来自黄泛区的难民的火车抵达。他们的状态很差，衣衫褴褛，每天靠政府给他们的 20 分钱度日。

他们很多人推着手推车，用来运载他们少得可怜的财产，其中有不少老人和病人。政府把他们送往陕西西北，在荒地上建立家园。我给了几个病人一点钱买更好的食物。

我们接下来是找地方让所有人都睡下。我们大约有 40 人，几

乎将旧货车的地板躺满了。

排长（少尉？）今天早上不太舒服，像是得了流感。

我们花了3天的大部分时间坐着那些牛车，才走了35英里。

1940年2月12日（星期一，陕县） 货车车厢

昨晚除了下雪，什么事也没发生。我们在车站吃了早餐。大约上午过了一半，我们的车厢被挂到列车上，拖着我们开车了。在乘坐那些缓慢的老牛车之后，再次上路的感觉真好，或者我应该说上铁路。我们的火车有一个火车头和两节车厢，所以我们走得很快。但在陕县，我们的快乐变成了悲伤。我们被置于轨道上等待另一列货运列车。我们尝试了一切办法，从爱和亲吻到对站长的贿赂，但都没用。

几分钟前，我们被告知我们将在大约午夜时分被列车拖走。得知这个消息后我们睡了，希望明天醒来时已经到了渑池。

我们在火车上拿出了象棋，有几个人似乎很喜欢。

1940年2月13日（星期二，渑池，旅馆）

我们本来预计今天凌晨1点离开陕县，但是当我起床时（6点30分），我们还坐在车站里。我正准备去见站长时，一节火车头开过来把我们拉走了。一开车速度就快起来，直到我们到达离渑池不到20里的地方之前几乎没有停站。又停车了，我们被放在轨道上等另一列火车，也许等一天，也许等两天。他们想用我们的火车头运煤。我们去找站长，吵了起来。在打了几次电话之后，他们同意拉我们去渑池，但那只是因为运煤的车厢还没装好。

我们到达渑池的时候，雪已经开始融化了，街道上覆盖着一层浓稠的泥巴。我们到达的时候，有一群士兵正在行进。我真希

望能用摄像机拍下他们在街道上踏得泥巴飞溅的样子。

和方先生一起去了澡堂，这次去了大池子。

排长今天病得很厉害。

1940 年 2 月 14 日（星期三，渑池，旅馆）

路上太泥泞了，不便旅行，所以我们在这个泥洞里又待了一天。一天中的大部分时间我们都在聊天和偷听，发现了一些特别有趣的事情：

（1）省军的反共情绪十分高，几乎是吹毛求疵。

（2）山西军队中有几支部队似乎快要加入八路军了，其中的首领是薄一波。

（3）山西统一战线基本结束了。在一些地方，红军和其他部队之间发生了战斗。

（4）中国政府军和省军认为到了不依赖苏联的时候了，因为苏联已经加入了德国、意大利和日本的侵略行列，而且它的补给现在也不会给中国。他们还觉着苏联对中国西北部领土有侵略企图。

（5）中国政府军和省军正不断将八路军往东北方向赶，希望使他们遭受日军的打击。

1940 年 2 月 15 日（星期四，大乐村） 村里最富人家的洞房

今早我们从渑池出发了，但还没到大乐村（离渑池市 10 里），我们就又跋涉在泥泞中了。

山西省军第八师在这里设有办事处，负责军队的给养等。王杰（雷）将军掌管办事处，他准备叫马车把我们从这里送走。当我们到达时（大约 9 点 30 分），他才刚刚起床。因为不知道他

还没起床，我们直接进去了，我们看到他还在床上，让他感到很尴尬。

王将军是个精力充沛的人，他跑遍了全村，给我们找这个地方最好的房间。我觉得他找到了。我们住在村中最富有的一户人家的婚房里，房间也因为新年而整修过。

路易今晚不太舒服，我担心他染上了流感，恐怕发生了很严重的事情。

1940 年 2 月 16 日（星期五，大乐村，婚房）

他们还在路上闲逛。为什么这些中国人就不能偶尔着急一次呢？我建议今天就向前赶路，但他们对这个想法感到害怕。"除非人很多，否则不会上路。这里有太多土匪和溃兵。"也许他们是对的，但如果不是因为我们带着的 5 万元钱，我无论如何也会走。

今天下午和王将军一起吃了饭，虽简单但很好吃。他滔滔不绝地说话，很有意思。

1940 年 2 月 17 日（星期六，大乐村）

如果不下雪，看起来我们明天就可以出发了。他们安排了 4 辆车来装其余的人。12 个人将留下来，因为他们身体不舒服。有几个士兵病得很重，看起来有 3 个人可能撑不过去了。

不知道我和路易是不是也得了流感，我们今天都有点累。无论如何我们都要继续赶路。刚好有这个求之不得的通行机会，而且我们已经在路上走了这么长时间。

今天早上我们走路去了一趟渑池，这条路似乎干了很多。除非其他人生病，否则明天我们不会有太多麻烦。

1940 年 2 月 18 日（星期日，段村）　感觉不舒服

今天一早我们带着 4 辆马车离开了大乐村。路易感到很累，所以我们在一辆马车上给他安排了一个座位。我自己也觉得没什么力气，但是其他很多人都乘车，我也无心再增加负担了，尤其是当车夫不得不帮忙推车子上山的时候。最终我们走了一整天外加半宿。老牛车走得太慢了，天黑时我们甚至连山顶都没到。我们不敢带着东西待在那里，这里土匪太多了。我们 4 个人——3 个配有手持机关枪的警卫和我自己走在前面，前往我们计划留宿的那个村子。我们晚上 11 点左右到了那里，发现所有的地方，甚至街道都满了，似乎没有地方可住了。我也病得很厉害。最后终于找到了一间空房子，在几块木板上睡了几个小时。

索万喜在旅馆的院子里

1940 年 2 月 19 日（星期一，南村，旅馆） 生病，担心是流感

今天中午到达了南村，我一点都不舒服，跟王（我们这支队伍的领头人）还有他的一个朋友吃了饭。饭菜中有一条很好的鱼，但我们都不能吃太多。午饭后我马上上床睡觉，决定要留下来。王决定在这里待一天，希望我们能恢复到足以赶路。他不愿意把我们抛下，特别是因为我们身上带了相当多的钱。

和我们从大乐村一起来的郎断聪（音译）要继续往前走。如果我们没有通知他我们要和王一起走，他会让宋苏岭（音译）派人到河边护送我们去阳城。这就给了我们有大约 7 天的时间休息，到那个时候我们的流感应该已经好了。路易和我在一家相当新的军事旅馆里有单独的房间，虽然是并排的两间房。除非房间太潮，否则应该很舒服。

下午，我发烧达 102 华氏度。

第八章　斑疹伤寒

1940 年 2 月 20 日（星期二，南村，旅馆）

从这天到 3 月 6 日，我病得不能在日记本上写东西。这几页都是在康复期间补写的。在这段时间里，我的记忆相当模糊，但我会尽我所能补上。

今早路易和我都感觉相当糟了，所以我告诉王让他们先走。起先他要我们过河住在那边的一个小村庄里。早上一架飞机飞过来，他担心日军会开始轰炸。但我实在是太难受了，不在乎是否轰炸了。

我让王把他的一个士兵留在我们这里。客栈的人不太能帮忙，我担心我们可能无法照顾自己。事实证明幸好我这样做了，我不知道没有吕宝贵（音译）我们该怎么办。

1940 年 2 月 21 日（星期三，南村）　我们可能得了斑疹伤寒！

路易早上过来问我，我们是不是得了斑疹伤寒。我自己也一直在想同样的事情，但几乎没想到会是这样，因为我们在北平打过预防针。我之前也接触过但没有被传染。我感觉很糟糕，甚至没有回答他。下午晚些时候，我突然意识到我们确实得了斑疹伤寒。我鼓足勇气，告诉路易我们确实得了斑疹伤寒。

晚上，我有一段时间失去了意识，我清醒后以为我快死了。

我的下半身麻痹了，我感觉不到我的腿在哪里。我身体非常虚弱，一次只能连续地低声说几个字。我请宝贵去问问路易，看他愿不愿意过来。

> 索万喜在这里用"男孩"一词，当时西方人一直用这个词来指代吕宝贵。他当时很年轻，可能不到 20 岁。但我做主使用他的名字而不是使用"男孩"一词。很显然，他不仅救了索万喜和路易的命，还保住了他们的钱。我觉得索万喜会同意我的这点小改动的。
>
> ——王晋保

他［路易］说他今天早些时候感觉好些了。我想要告诉他如果我没好转，他该怎么处理那 56000 元。他过来把我的口述记下来，其实有点像遗嘱。后来我有些后悔这样做，因为这让路易很担心。

1940 年 2 月 22 日（星期四，南村） 发了封电报。鞭炮！

我决定发电报向斯托克寻求医疗帮助，我怕我们自己有点武断了。路易先试着写了写，然后给我。我试着写了些关于得了斑疹伤寒和我们在哪里，然后把它给了路易。他说没问题，于是我们让吕宝贵去发电报。幸运的是军方很合作，帮我们发了出去。从那时起，我们就盼望着医生到来。

这几天我们被鞭炮弄得心烦意乱。在农历正月十五前后 3 天，有一个庆祝灶神归来的活动。我不知道为什么要这么大的噪声才能把灶神带回来，你应该想到 15 天内他会饿到自愿回来呢。

我头疼得厉害，每一声鞭炮都像拔一把头发一样让我痛苦不堪。我很生气，但我什么办法也没有。

1940 年 2 月 23 日（星期五，南村） 我们的旅馆（和医院）实际上是一家妓院

我们住的旅馆不是个好地方，那里大约有 5 名妓女，供客人们娱乐。但她们确实让我心烦意乱了。首先，她们非常吵闹，特别是从下午 4 点一直到凌晨 2 点。然后她们坚持每天来看我几次。她们会站在门口看一会儿，然后其中一个胆大的人进来坐下，试着开始谈话。有好几次，她们进来看着我桌上的东西，问这是什么东西、那是做什么用的。

后来宝贵告诉我，有一次，我对她们很生气，对着她们说了一连串她们听不懂的英语。当她们还是不肯离开的时候，我试图站起来把她们赶走。这吓到她们了，她们甚至没有回来说再见。

蒋医生［27 日］来了之后，我告诉她这些讨厌的姑娘的事。她把这事告诉了将军，第二天将军就把她们全赶出了村子。这回安静多了。

1940 年 2 月 24 日（星期六，南村） 收到斯托克的来信

"索伦伯格、惠特克，已请求渑池红十字会的医生去看你们，斯托克。"

看来有希望得到医疗帮助了，但我神志不清以至无法理解了。当电报交给我的时候，我甚至看不懂。

医院的人来看我们了，想给我注射奎宁和某种药。我拒绝了。那天中午，我的体温达到了 105 华氏度，晚上更高。我想要点灌肠剂。我上床睡觉后，肠子就没动过。军队医院来了两个护理员把东西给我，那是一次惨痛的失败。我因为太虚弱而根本无法使

用，弄到一半就神志不清了。

又有一种我无法渡过难关的感觉，但我并不介意。我感觉糟透了，以至于我希望我能快点死掉。

1940 年 2 月 25 日（星期日，南村） 神志不清中

从我上床睡觉的第一个晚上，直到体温恢复正常，我一直是神志不清的。这期间发生的大多数事情都是我后来从宝贵那里听说的。然而，有几件事我记得就像噩梦一样。

有一次，一个绿眼睛的大怪物出现在我的床上，它显然想和我分享睡袋。由于完全无力抵抗，我不得不屈服。但幸运的是我是个穷同床，所以它很快离开，爬进自己的洞里了。该死的老鼠！我觉得，我没有一次亲眼看到老鼠不会脸色发白、双膝发抖。［在村里客栈中见到老鼠很平常。它们可以在土墙中挖掘隧道，在很多地方都来去自如。王普霖牧师讲过一个故事，说的是晚上醒来，发现一只老鼠在旅馆地板上拖着他的假牙。他设法在假牙消失之前抓住了假牙。］还有一天晚上，我在和恶心的虱子搏斗。这一次它们像乌龟一样大，有几百万只。它们像潮水一样涌在我身上，在我身上到处撕咬、抓挠、拉扯。我打了一会儿（认为是打虱子，但实际上是在打想让我安静下来的宝贵），就在我快要被虱子打败的时候，一个天使救了我。他站在我上方，用有力的翅膀扇走虱子（我猜天使也是宝贵，他当时应该是在我头上放了一块清凉的毛巾）。

1940 年 2 月 26 日（星期一，南村） 肮脏的钱，107 华氏度，血液沸腾了！

路易和我带了 56000 元钱，有的装在钱袋里，大部分装在皮

箱里。除了担心路易之外，最令我精神痛苦的还是这些肮脏的钱。我们以前就听说过，这个乡村地区的强盗和土匪十分猖獗。除此之外，我还听到了住在隔壁房间的客人之间的只言片语。有时听到的是土匪在路上开枪杀人。有一次听到我们自己的村庄里的事件——我们在那里的时候，有人被抢劫了，其中一个还被杀了。

如果他们来问我要钱，我又能做什么呢？宝贵后来告诉我，他不止一次发现我一半身子下了炕，一只手伸到皮箱把手上。我一定是说了和做了太多次了，以至于宝贵全知道了，只是他以为我们有 41000 元而不是 56000 元。

1940 年 2 月 27 日（星期二，南村） 医生带着苹果来了

一天晚上，有人进了我的房间，他能说英语，而且是标准的英语。我的心猛地跳了起来——医生！不是斯托克医生也不是克劳医生，而是一名令人愉快的、真正的医生。那是中国红十字会的蒋珍医生（杜汗夫人）（Dr. Jean Chiang, Mrs. Dohan）。她曾在美国生活了 6 年，所以能讲一口流利的英语。她立刻开始为我们诊治。没过多少天，我们就开始感觉好转了。如果说过话，我不记得她说了什么，或者我说了什么。但我记得她在我手里放了一个大红苹果。你一定会认为我知道那是什么，这个苹果让我的胃开始难受，这是从我躺在床上以来的第一次。但当她给了我吃一片的时候，我只能吃几口。

在她给我检查之前，我就告诉她我们带了 56000 元。我不需要解释，她立刻明白了，当天晚上就采取了行动。这笔钱被［向北］送过河，送到了第一战区的余国参（音译）手中。我松了一口气！第二天，所有的妓女都被赶出了村子。我们终于可以轻松一点地休息了（还是不太舒服，因为她没有办法让炕变得柔软一

些）。[中国的炕是一个凸起的平台，通常为砖石结构，平台下有一个火坑可以取暖，上面覆盖着编织的芦苇席。索万喜睡在这块坚硬如石头的炕上。]

1940 年 2 月 28 日（星期三，南村） 食物

10 天没怎么吃饭、喝水真的会让人病倒。蒋医生告诉我们，当她发现我们的时候，我们都快饿死、渴死了。我们的嘴唇太干了，当我们张开嘴时，嘴唇会干裂流血。她直接把食物和水塞进了我们的嘴里。这不是一件容易的事，因为我们不想吃东西。每次她带东西给我们吃，我们都会问："我们一定要吃这个吗？"她尽量把手头的东西做得尽可能好吃，我担心我们那时并不喜欢吃。她尝试了骨髓、箭根果冻、牛肉汤，但我们总是只吃米饭和小米汤。

有几件我们确实想要的东西——冰激凌和橘子，我猜我们向他们要了。我们没有吃到冰激凌，但是蒋医生发电报给霍尔小姐让她来的时候带些橘子。余国参还送了我们一些橘子和一罐炼乳。

食物和水肯定对我们有好处，我们的病情开始好转。

1940 年 2 月 29 日（星期四，南村） 书信

我想大概是在这个时候，我的体温开始下降，一切开始好转。我想做的第一件事就是先寄几封信。蒋医生同意当秘书，所以我口述了 3 封信。第一封信是给教友派中心的哈里·西尔考克，告诉我们的不幸遭遇，但现在又开始好转了。

第二封信是给伯格斯特龙的。我们想要回到西安休养，所以我想应该先告诉他们。另外，我还想知道艾德·费什有没有带着我的彩色胶卷和摄影机回来。

最后一封信是给大乐村的王杰，问其他病人的情况，我们当时有 13 个人留在了那里。现在我们知道他们也得了斑疹伤寒。

蒋医生似乎很惊讶我没给父母写信。但我告诉她，我的病没有好之前不想让他们知道。

宝贵用竹子做了吸管，我们可以用它来喝水、喝汤，太好用了。上帝保佑宝贵！

1940 年 3 月 1 日（星期五，南村） 正常

蒋医生原计划在抵达南村后的第二天返回渑池，但后来她决定在霍尔小姐来之前不离开我们。我们对此感到高兴。

我想霍尔小姐一定是在 3 月 1 日左右到的。无论是哪天，我的体温在同一天早上恢复了正常。那种感觉很美妙。但是，我感到没有力气，快虚脱了。

我很高兴见到霍尔小姐，因为我之前就认识她，她一直很快乐。她从渑池来的大部分路都是靠步行［直线距离超过 20 英里］。她一到就接手了，蒋医生准备走了。

便盆是个大问题。生病初期，我们自己能够解决小便问题。但幸运的是在我卧床的时候，我不需要经常使用便盆，因为我们只有一个大脸盆，它用起来非常不舒服、不方便，还有点漏。

1940 年 3 月 2 日（星期六，南村）

霍尔小姐到达的第二天早上，蒋医生离开了。她的告别很欢快，还邀请我们在回西安的路上到她在渑池的地方待几天。她也会帮我们弄辆车从南村到渑池。她是个好女孩！

霍尔小姐花了很多时间想弄点好吃的。阿斯伯格（Aspburg）太太给了她一罐奶粉让我们吃。这帮了大忙。当我们的体温下降

后，我们开始想吃更多的东西。霍尔小姐会在炭火上烤馒头。这几天我们还吃了不少鸡蛋。

1940 年 3 月 3 日（星期日，南村）

早上我在床上支撑着坐了几分钟，身体有点虚弱。我像块抹布一样想坐起来。但我的胃口已经开始变大了，有了食物，力气很快就会恢复的。

霍尔小姐给我读了一篇布道和六段圣公会祈祷书上的祷文。

1940 年 3 月 4 日（星期一，南村）

今天我能坐着的时间更长了。

我的被褥很潮湿，必须尽快晾晒，否则我就要和它一起腐烂了。

1940 年 3 月 5 日（星期二，南村）

为了远离老鼠和潮湿，我决定搬到院子另一边的一个房间。在这个过程中，我在院子里坐了大约一个小时，同时我的被褥晾晒了一段时间。被褥必须要晒一晒了，下面的被子已经发霉了，上面长满了绿毛。可能一部分原因是房间太潮湿，但主要原因还是高烧。

我还是坐不了太长时间。

1940 年 3 月 6 日（星期三，南村）

被褥在外面晾晒了半个多小时，我又看到了太阳，真是太好了。

今天又有一架飞机飞过。每当我听到这样的声音时，我就会有一种不祥的感觉。我们还很虚弱，无法找躲避的地方。如果轰炸我们，我们就只能相信上帝会保护我们，因为我们无法保护自己。

1940年3月7日（星期四，南村）

昨晚我一夜没合眼，我不知道是我昨天坐得太累了，还是我的胃导致了这个问题，至少我不用特别担心什么问题。有点想知道我们什么时候、怎样去渑池。

山西河对岸第一战区的余先生给我们送来了橘子和一罐东西。罐子上没有标签，所以我不知道里面是什么。他还捎话说周六会有一辆车给我们。我希望如此，否则我们就得坐旧马车出发了。

下午我晒一小时太阳，还和路易见面聊了好长时间。很高兴再次见到他。他似乎恢复得比我慢一点。自从2月19日以来，我第一次在日记里写东西，以前没这种感觉。

1940年3月8日（星期五，南村）

今天早上醒来感觉精神很好。我自己洗了个澡，然后在太阳下坐了一个多小时。

打开了余先生送来的罐头，不是我想象中的水果，而是炼乳。我非常高兴，炼乳放在早晨和晚上我们吃的小米里味道很好。

我们已经安排好明天去渑池。他们不能按原计划派救护车来，因为他们搞不到汽油。也没有橡胶轮胎马车，所以我们将使用担架。总之，我想这是最舒服的方式。

我拍了几张旅馆和帮助照顾我们的孩子们的照片，但可能拍得不太好。

我把50000元留给余先生，等我们回来的时候再来取。我随身带6000元走。

1940 年 3 月 9 日（星期六，杨树洼山旅馆） 整天躺在担架上

我们一整天都躺在担架上，这在当时似乎并不特别有趣。但现在当我回想起来，我们的队伍一定挺有趣的，我很遗憾没能录像。通常娇小的霍尔小姐在最前面领队，她拒绝骑为她准备的驴。接下来是第 97 军的两名士兵——肩上扛着步枪，背上背着背包，他们是军方坚持要派来护送我们的卫兵。路易和我躺在两副担架上，跟在后面，每个担架由两个农民抬着。每个担架有两名替补，每个担架都配有一个勤务兵，他们是给我们提供担架的军队医院派来的。后面走着一个军官，我想他要负责整个队伍。后面跟着他的是两个行李挑夫和霍尔小姐的驴，队尾还有两个卫兵。担架有点窄，很不舒服。像这样被抬着无疑让我感觉我像个婴儿似的。但从另一方面来说，似乎相当幽默。我们勇敢前进时满怀雄心和期待。然后，我们被担架抬回来，好像被打败了似的。

整天队伍都在上上下下地行进。这些是真正的山脉，我们必须穿过。我们在最高峰附近一家破败的客栈里过夜。

今晚可以听到日军炮声从河的北岸传来。炮声很清晰。今天我的胃不太舒服。

1940 年 3 月 10 日（星期日，渑池） 蒋医生住处

我们在一家很破的客栈里度过了一个不安宁的夜晚，之后我们又出发了。我们成功地说服了 4 名士兵和军官，我们不再需要他们的保护了，所以他们回到了南村。虽然我们的队伍少了 5 个人，但我们的队伍还是相当大的。早上 7 点 30 分到达了坡头，我们在一家旅馆吃了早餐，把感觉不舒服的 2 名抬担架的人换了下来，还得到 1 头驴和 1 匹马代替挑夫来驮运行李，他们似乎无法

跟上抬担架的人的步伐。

12点45分到了渑池，蒋医生不在。霍尔小姐一时找不到地方。霍尔小姐找地方的时候，他们把我们丢在大街上。没过多久，一大群人聚集起来看外国人，听他们讲话很有意思。大多数人认为我们是在山西受伤的俄国人。我的胡子很长，他们认为我是个老头（自从我生病后我就没有刮过胡子）。有些人猜测路易是不是女人，因为他没有胡子。下午我把胡子剃了，感觉就像换了个人。

今天天气不好，多云、多风、多尘。

1940年3月11日（星期一，渑池） 蒋医生住处

到了渑池之后我们变化很大。路易和我今天都感觉好了很多，早上大部分时间都是坐着的。今天给弗恩（Fern）和罗恩（Ron）［索万喜的姐姐和姐夫］写了封长信，告诉他们我们患了斑疹伤寒的事。

下午找了一名中国理发师来给我理了发。天哪，他也剪掉得太多了。我看起来像被剥了层皮。

蒋医生今晚会从洛阳回来，再见到她我们一定会很高兴。尽管她去南村的时候我病得很重，但在我看来她很有趣。

我相当了解霍尔小姐，她是个很活跃的人，思想很开明。她讨论英国和自治领的事务时很自由，并对它们的政策提出公正的批评。她似乎是一个和平主义者，但是中日战争已经逐渐改变了她。她现在有一种感觉，如果中国不抵抗日本侵略，结果就会十分悲惨。

1940年3月12日（星期二，渑池） 蒋医生住处

蒋医生和她的丈夫杜汗医生今天早上4点才回来。原本到车

站去接他们的那个人没有到，所以他们费了很大劲才把行李拿回家。他们一定很累，因为他们一直睡到了中午。

正当我们准备吃饭的时候，王杰从大乐村过来了。他像往常一样健谈，一直待到 2 点，我们的午餐延迟了很长时间。他把我们离开后的所有事情都告诉了我们。我们留下的那些病人的日子很不好过，在同一个村子里还有大约 20 名士兵也被同样的病传染了。

蒋医生比我想象的还要有趣，她的性格吸引了我，她是个相当西方化的中国人。她的丈夫杜汗医生也很有趣，他是奥地利难民，到中国大约一年了，他安静但很有幽默感。他们已经结婚 3 个月了。

1940 年 3 月 13 日（星期三，渑池） 蒋医生住处

杜汗医生喜欢下国际象棋。路易和他玩了一局，输了。然后我试了下手气，赢了，不过主要是靠运气而非实力。

我们在渑池见到了八路军代表，他告诉我们，八路军总部从辽州、武乡彻底搬到了山西东南角附近。[辽县和武乡县都属于友爱会传教团的传教地区，所以索万喜很熟悉。]他给出的理由是那里的水不够给所有的士兵喝。我更明白水的问题，但想知道真正的原因是什么。也许他们不能再依靠人民了，也许食物不够了，更有可能是因为政府军和省军逐渐将他们推向北方，而他们找到了突破包围圈的机会。这位代表还说，不同集团之间的摩擦正在消失。希望如此！

给他的母亲和姐姐的信。

——王晋保

去渑池路上，索万喜在一家旅馆歇脚

在旅馆休息时，路易（右）试着坐起来，坐在织毛线的霍尔小姐身边

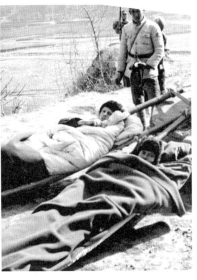

抬着索万喜和路易（身盖白色被子）的担架队前往渑池，因为对于恢复中的他来说很累，经常得停下来休息

河南渑池

1940 年 3 月 13 日

亲爱的母亲和亚伯达：

我正在陇海铁路沿线河南省的一个小城里坐在躺椅上晒太阳。自从上次给你们写信以来已经有一段时间了，所以我想借此机会给你们写封信。这几天我有点泄气，很抱歉我不得不在这种情况下写信。过去几个月我一直在执行的计划本来就快要实现了，结果又一次被推迟了，这一次是由于疾病。路易和我刚刚从斑疹伤寒中恢复过来。我们在北平的时候采取了预防措施，打了斑疹伤寒预防针。预防针没有防止我们患病，但它可能让我们病得不那么严重。但这样已经够糟了。

黄河是山西和河南之间的分界线，我们生病时已经到了黄河了。与我们同行的大约有 35 人，其中有 12 个人在我们生病之前就病倒了。我们把他们留在渑池附近治病，其他人继续赶路。我当时以为他们得的是流感。

到了黄河的时候，我们俩也不能往前走了，我们俩被留在一个叫南村的小村庄里。一名小士兵留下来照顾我们。如果没有他，我不知道我们能够做什么。他忠实地陪伴了我们 20 天，他对照顾病人一窍不通，但尽力而为了。

第二天我发烧到 104 华氏度，路易的体温逐渐升高了。我们当时确定这一定是斑疹伤寒。尽管我们多少有点神志不清，但我们还是设法给西安的英国浸信会医院发了一份电报。大约一个星期后，有人来到我小小的 6 米 × 8 米的房间，她会说英语，我想这对我来说比什么都好。她是中国红十字会的蒋珍医生。英国浸信会给在渑池的蒋医生发了电报，问她能否来看看我们。她给我们每人带了一个大苹果和一罐坎贝尔鸡汤。我相信没有任何东西尝起来有这么美味。我想她知道我们需要一些吃的东西！我们快饿死了。

蒋医生和我们一起待了4天，照顾我们度过了危机。她是个非常讨人喜欢的人。她的父亲是中国著名的学者，她在PUMC［北平协和医学院］做医疗工作，她在美国待了6年，在欧洲也待了几年。就在最近，她嫁给了一位奥地利难民——杜汗医生，他也在红十字会工作。

一到南村，蒋医生就发电报，让洛阳的一个护士过来。所以在她离开之前，护士霍尔小姐和我们在一起。你们会有兴趣知道霍尔小姐来自新西兰，碰巧我以前在北平和西安都见过她。她把我们照顾得很好，几天前用担架把我们带回了渑池。回西安之前，我们现在要休息几天。如果我们没有并发症，我们会用几个星期休养好，长胖点儿，然后再去山西。

所有人无疑都很友善地帮助我们。河边的军方已经尽了最大的努力来帮助我们。我们离开时，他们帮我们发电报，给我们提供担架和挑夫，我们生病时他们看管着我们的钱。那里的将军甚至设法弄到了一些炼乳和橘子作为礼物送给我们。当然，我们非常感谢蒋医生和霍尔小姐。

我现在感觉很好，只是非常虚弱。路易恢复得有点慢，但是蒋医生很确定我们都没有什么严重的后遗症。

等我到了西安再给你们写信。

爱你们的，
索万喜

在渑池蒋珍家的午餐

午饭后，蒋医生（左）和霍尔（何清明）护士摆好姿势拍照

索万喜日记（1938—1940）

1940 年 3 月 14 日（星期四，渑池） 蒋医生住处

今天大部分时间我都在读一本书，我已经忘了这本书的名字。这是一个侦探故事，而且是一个差劲的侦探故事。除了我睡不着想做点事情外，不知道为什么要读它。

经过这段时间的斑疹伤寒之后，我发现我的脑子有点迟钝。我能够阅读，但几个月后就不记得了。动脑子也让我相当累。

这里的饭食也给人很多体验，早餐在床上吃，通常是小米饭、鸡蛋和烤馒头，中午我们把饭食拿到室外阳光下。蒋医生订了正餐，让人惊喜，除了她的丈夫非常喜欢的炒肉和蔬菜外，从没有两次同样的东西。晚上路易和我通常回到床上，我们中的一个人用霍尔小姐的编织针在炭火上烤馒头。烤热后味道很好，每烤 3 片我们就吃掉 1 片。

霍尔小姐为大家做了一次中国大餐，很好的饭菜。

1940 年 3 月 15 日（星期五，渑池） 蒋医生住处

我们决定今晚就去西安，坐快车去。

今天我读了一本很有趣的书，是关女士的《我发现了英语》。她不仅发现了，而且使读者读起来十分有趣。多么生动的词汇啊！而且她还用外语写作。不过，一口气读完这本书有点单调。她总是从近乎崇高的赞扬跳到谴责，然后又跳回到赞扬。比起后面一部分，我更喜欢这本书前面的部分。她似乎比英国人更彻底地发现了英国。当然，我与英国人的接触非常有限。我对英国人的了解几乎完全来自我在远东与英国人的接触。

1940 年 3 月 16 日（星期六，潼关） 火车上

今天是个大日子。我们凌晨 2 点起床去赶火车。虽然我们已电告洛阳要 4 个铺位，但火车到站时只留给我们 2 个铺位。路易和我共用一个铺位，蒋医生和霍尔小姐共用另一个。虽然有点拥挤，但我们只能将就了。

今天没有卡车离开文路镇（音译），所以我们必须得用牲口——3 头驴、1 头骡子和 1 匹马。我骑着我的老骡子，身上疼得要命。一是因为马鞍形状不好，二是因为我膝盖后面没有衬垫。

在潼关，他们不让我们从东门通过，我们不得不越过城市南部的山。在南门，我们的运气比较好，与警卫谈了几句话后，他们让我们通过了。这对我们来说是幸运的，因为穿过城市路程大约缩短 5 英里，而我们已经非常疲倦了。

我们刚从潼关出发，今天早上我们在火车上遇见的铁路检查员就走过来了。他在一辆手摇车上，他认出我们了，停了下来。尽管我们有 4 个人以及行李，他还是坚持让我们上了他的小手摇车。他带我们一路到达华阴县，并把我们带到绿色快车上。[牲口应该已经和赶牲口的人一起回去了。]

一整天的风和灰尘都很可怕。我们看起来也有点吓人，因为我们戴着防尘面具，很难区分谁是谁。我们在火车上好好洗了洗，吃了晚饭后就睡觉了。今晚每个人都有自己的卧铺。

1940 年 3 月 17 日（星期日，西安，伯格斯特龙旅馆）

我们大约午夜时分抵达了西安。不想打扰伯格斯特龙睡觉，于是我们决定去一家中国旅馆。去了三四个地方，包括客栈，才找到了一个地方。我们每个人都有一张床，但不是太舒服。夜里

索万喜日记（1938—1940）

剩下的时间我们都没睡着。

大清早我给伯格斯特龙打电话，到他那里刚好赶上早餐。天啊，又能吃美国菜真是太好了。

我终于困了，下午睡了好长一段时间，晚饭时也很难保持清醒。经过一个月的不眠之夜，现在差不多是时候困了。我睡了太久硬砖铺砌的炕，这些带床垫的弹簧床感觉好极了。我所有的骨头都因为摩擦坚硬的砖而酸痛，我不知道我还能不能再睡在炕上。

今晚我去了英国教堂做礼拜，很好的布道，经文来自箴言，"神创造了能看的眼睛和能听的耳朵"。布道的要点是人们看到自己想看到的，听到自己想听到的。他用一个故事举了个很好的例子：一个美国拓荒者家庭，家里的一个小男孩在一辆有篷马车后面丢了。他被印第安人发现并抚养长大，学会了热爱自然。后来他的父母找到了他，他接受了现代教育。

有一天，当他和一个朋友走在纽约繁忙的街道上时，他停了下来说："听！""听什么？"他的朋友问。"为什么你听不到蟋蟀叫声。"他的朋友以为他疯了，但他走到路边，在一个旧箱子里发现了蟋蟀。他拿出一枚硬币，把它抛向空中，使它啪的一声落在人行道上。六七个人停下来寻找硬币。他对他的朋友说："你看，人们听到他们想听的，看到他们想看的。"

1940 年 3 月 18 日（星期一，西安，伯格斯特龙旅馆）

今天我基本都躺在床上。我的消化系统似乎出了问题，下午有点发烧。我没吃晚饭！

1940 年 3 月 19 日（星期二，西安，伯格斯特龙旅馆）

今天我感觉好些了。上午我去了浸信会医院做检查。没什么严重问题，医生说："你得放轻松点。"从他所说的情况来看，我们很幸运能够顺利恢复，没有任何严重的并发症。

蒋医生也在医院，她这次穿的是蓝色套装。我不喜欢她穿欧式服装，她穿制服看起来似乎更自然。

还见到了中国红十字会的柯克（Kirk）医生，他似乎是个很有趣的人。就身高而言，他从未长大。他不到 5 英尺高，但他有一点是巨大的——鼻子很大。他比菲尔兹更像个怪人。白发苍苍，现在非常紧张（可能是由于最近生病了），但有着强烈的愿望想做事情。说话带有明显的德国口音，很可能是个德裔犹太人难民。

给［在上海的］西尔考克写了封信，告诉他我们的坏运气。

1940 年 3 月 20 日（星期三，西安，伯格斯特龙旅馆）

我正在全力写信，回复这段时间收到的所有来信。虽然我在写信，但并没有那么紧迫回信。首先，我都不知道我写的信能不能说得通。我担心我有点昏昏沉沉。

下午我去富兰克林小姐家借了一些书。在她的前院里有一棵特别美丽的玉兰花树，现在花开得正旺。这棵树在西安很有名，它有 1000 多年的寿命了。

1939 年，第 14 集团军在山西东南部的战斗中抓获了一名日本翻译，他的中文说得很好。他们对这名翻译很好，正如中国人对所有囚犯那样。有一天，他告诉他的看守，如果他早知道中国人会对他这么好，他就不会等着他们来抓他了。后来他改名为王三民。姓王是因为他有一个姓王的朋友，而三民是因为他相信"三民主义"。他现在在卫将军的司令部工作。

1940 年 3 月 21 日（星期四，西安，伯格斯特龙旅馆）

今天有点"耶和华"的味道。古斯丁森（Gustinson）和家人来了，伯格斯特龙家的祖母也一起来了。菲利普把扁桃腺切除了，蒋医生和霍尔小姐去喝咖啡了，弗雷德·纳尔逊去郑州和黄河那边见艾德·费什。克里斯蒂安（Christian）小姐［孩子］来了。她是负责在北美瑞挪会的各处传教站举办复兴会议的女士。

这几天我们这里的天气很坏，天空常常是阴沉沉的。我似乎感觉暖和不起来，甚至在房子里仍穿着外套［索万喜身上仍然没有脂肪来让他保暖］。

我开始把我的底片放进一本小册子中，我的这一摞照片比我想象的要好，有些损坏程度不到一半。这对我们迄今为止的旅程做了很好的记录。我发现我没有尽可能拍照，我使用胶卷太小心了。

1940 年 3 月 22 日（星期五，西安，伯格斯特龙旅馆）

耶稣受难日这天路易和我起得很早，沿着护城河在城墙下散步。

我给弗兰·史密斯（Fran Smith）和神父寄了一封信，这就花了大半个上午。我开始读一些佩勒姆·伍德豪斯（P.G.Wodehouse）的书，我不像几年前那么喜欢他了。他的短篇仍然没问题，但仅此而已。

下午我去拜访了霍尔小姐，但她不在家。我想跟她谈谈进入山西的事。

现在在中国的剧院里，在演出开始之前，蒋将军的照片要在银幕上亮相一下。所有观众都站起来肃立大约 1 分钟，这让我想起了每次演出结束时站在舞台上唱《天佑吾王》的英国人。但我想我更喜欢冥想式的沉默。

1940 年 3 月 23 日（星期六，西安，伯格斯特龙旅馆）

我读完了伍德豪斯的《犹太人警告》。情节并没有那么糟，但等我看完时，我对他的风格有点厌倦了。

今天下午又去了趟霍尔小姐那里，她和富兰克林小姐正在晒太阳。霍尔小姐给了我一张收据，是我在渑池给她的 2000 元医疗救助金的收据。我在那里喝了茶，一杯很好的英式茶。

今天我在大中华饭店吃了中餐，到场的有蒋医生、霍尔小姐、何克（Hogg）先生、路易和我。我们是第一次见何克先生。他是一个年轻的英国人，正在与中国的工业合作社合作，他们的西北总部在陕西宝鸡。他是做宣传的，去年夏天从北平来的时候是独立新闻报道者。［关于何克先生的更多情况，见《白求恩医生的天使——凯瑟琳·霍尔的一生》。］

我享受了一顿美餐。糖醋鱼特别好吃，"赛马"鸡蛋卷也很好。听说洛阳和延安前几天被轰炸了，看来我们这里可能会是下一个目标。

1940 年 3 月 24 日（星期日，西安，伯格斯特龙旅馆）

复活节是一周以来第一个晴朗的日子，但随之而来的是对轰炸的恐惧。这里以北的另一个地方昨天遭到了轰炸。日军可能不会放过西安，因为它是西北部最重要的城市。但如果日军来了，天空不会全是他们的。这里的机场停着几架飞机，具体多少不知道，我们今天早上就能听到它们在启动。

今天又来了两位客人——来自平凉的［空白］小姐和纳尔逊

小姐。

斯托克医生今晚在英国复活节仪式上做了精彩的布道，他总是做得很好。

1940 年 3 月 25 日（星期一，西安，伯格斯特龙旅馆）

今天早上，当旧的空袭警报器开始发出刺耳的声音时，我有点害怕。主啊，它们发出的声音很可怕，比空袭本身都要可怕。

据说有 36 架轰炸机正朝这个方向飞来。我们都走了出去，在防空洞的入口处转来转去，直到听到远处发动机的嗡嗡声。妇女和儿童先下去，然后男人再跟着下去。我待在上面来汇报情况。有一架侦察机来了，绕着城市转了一圈飞走了。那 36 架轰炸机一定去别的地方了。

我和 3 位中国女医生——保定的王医生、汉口的宋医生，以及和我们越来越好的蒋医生——去了剧院，然后共进了晚餐。我们看了《一位明星的诞生》，由弗雷德里克·马什（Frederic Marsh）和珍妮特·盖诺（Janet Gaynor）主演［于 1937 年上映］。画面不错，但是音响设备太差了，很难听清他们说的话。

晚餐时我们尝了一道新的中国菜——鳝鱼，非常好吃。

1940 年 3 月 26 日（星期二，西安，伯格斯特龙旅馆）

贝尔（Bell）夫妇和两个孩子已经抵达西藏边境。他们是加拿大人，从开封过来时历尽艰难。日本人驱逐了他们。

早餐时间又有空袭警报，听说东边离这里不远的一个城市被 5 架飞机轰炸了。铁路桥被破坏了，这几天往返东部的列车将停运。那个地方我想应该是渭南。

今天中午，我收到一封电报说莫丁森（Mortinson）一家和贝肯（Becken）夫人过河到了郑州。贝肯先生第二天就要过河。没有提到关于艾德·费什的事，但他们想知道弗雷德·纳尔逊在哪里。伯格斯特龙听到这个消息非常高兴，连饭都没吃完。我希望他们拿到了我的电影设备。

下午我和路易、鲁宾·古斯丁森去购物。逛了大约24家商店，但几乎没买什么东西。

1940 年 3 月 27 日（星期三，西安，伯格斯特龙旅馆）　夜晚警报

我昨晚好几个小时没能睡觉，我要把这事算在日本人头上。我凌晨2点半醒来，听到空袭警报发出刺耳的报警声。路易已经起床穿衣服了，我也跟着穿上。天上渐亏的月亮正好在它的弧顶上，[那时月亮大约是下弦月，仍然非常明亮。]它在高空的云后面时隐时现。我到街上去看看发生了什么事，我们听到了很多噪声。街道上挤满了惊恐万状的人们，他们奔向城门，奔向远处的开阔地。母亲们抱着衣衫不整的哭叫的婴儿。每隔一段时间，你都会听到有人被撞倒或可能被踩踏的叫喊声。可怜！然后紧急警报响了。我没有留下看更多的东西，匆匆赶到我们的防空洞。这里也是一片混乱。这一夜真叫人心烦。

不久，飞机发动机的嗡嗡声就在东边响起。妇女和儿童到下面去了。当飞机飞近时，我们也跳进了我们的小防空洞。我们等待着随时可能被一连串爆炸引发的震动，但震动一直没［来］。飞机在城市上空来回盘旋，可能是散布恐怖气氛。

最后，飞机消失在北方。40分钟后，空袭解除警报响起了。我又一次走到街上，这次是看人们回家。现在他们没有跑，而是慢慢地走着。人们松了一口气，没有人被炸成碎片。但在他们的心里，也许又积累了更多的仇恨，终有一天这种仇恨会化作报复。

1940 年 3 月 28 日（星期四，西安，伯格斯特龙旅馆）

今天是一个晴朗的美丽春日。我们一整天都在担心会有飞机来，但是并没有。我们今天晚上听说日军从上午 9 时至下午 4 时连续轰炸了潼关及其附近地区，用了 50 架飞机。

今晚我给西安的扶轮社做了关于"我在晋东南的经历和工作"的演讲，出席的大约有 45 个人——8 个外国人，其余都是中国人。他们代表了西安最重要和最有影响力的人，如银行家、实业家、铁路人、航空人、教育家等，他们都使用绰号。例如，银行家李是"通风"、欧亚事务主管是"翅膀"、一名医生是"药品"、火车站主管是"疯子"、邮政专员史密斯是"邮票"。吃了一顿很好的中餐之后，我发表了演讲。演讲很受欢迎，每个人似乎都感兴趣（当我真正演讲时，我并不像我担心的那样紧张）。

邮局的史密斯开自己的车送我们回家了。他邀请我们周一去他家吃晚饭，他想把给他在山西的所有邮差的信给我们。他看起来是个有趣的人，但我有时怕得要死。

1940 年 3 月 29 日（星期五，西安，伯格斯特龙旅馆）

爸爸，生日快乐！

今天早上醒来我发现老天爷给大地带来了一场细细的春雨。我们都为没有空袭警报的和平日子而欢欣鼓舞。但我们刚开始吃早饭时，警报器就开始尖叫，是紧急警报，紧接着飞机就飞来了。23 架飞机轰炸了西边离这里 16 英里处的一个城市，我们清楚地听到了爆炸声。

他们今天早上来告诉我们，我们的护照已经准备好了，如果我们愿意，可以周一和一名江副官一起走。但是我想我们会再等几天。

1940 年 3 月 30 日（星期六，西安，伯格斯特龙旅馆）

霍尔顿（Halton）一家昨晚到了。他们说弗雷德·纳尔逊还在洛阳，试图让贝肯一家能写进艾德的通行证。贝肯一家已经过河，这就很麻烦了。

早餐又被空袭警报打断了，飞机轰炸了我们北边 90 里处的三原县。我们可以清楚地听到 3 波爆炸声。

米尔德里德（Mildred）和克里斯蒂安森小姐今天下午回来了。纳尔逊小姐、让尼特（Jeannitte）和菲利普也回来了。

1940 年 3 月 31 日（星期日，西安，伯格斯特龙旅馆）

今天全天都在研究霍尔顿的一些摄影书籍。浏览了彩色照片，因为我希望不久能有一些彩色胶卷。特写！特写！特写镜头似乎是主题。

贝尔今晚布道，没那么有意思。他在"地狱之火"等主题上谈得太久了。

［节选自 1939 年[①]3 月 31 日写给海伦的一封信］

……我们回到西安了。斑疹伤寒已经过去了，那只可怕的小虱子也消失了，但我们仍然虚弱无力。我的视力很差，一只耳朵的听力不太好，最糟糕的是我的头大部分时间都有点晕（我希望这封信能读得通）。昨天我在医院做了一次检查。医生说我很好，随着我身体强壮起来，并发症会逐渐消失。

---

① 原文为1939年，根据上下文实际应为1940年。

有一段时间，我不知道该怎么办、该做什么事情。有时我想我应该放弃整个工作，回美国去。但现在我完成工作的决心已经回来了，我的计划保持不变。中国遭受的苦难使得中国的事业也成为我的事业。这需要解释，但等着瞧吧。

我很高兴爱德华［索万喜的大学室友，后来和海伦结婚了。曾经有他到中国加入索万喜一行的说法。］没有和我一起经历这些。我怕他没办法扛过去，大部分外国人都不能。我也很抱歉我把路易卷进来了，他恢复得很好对我来说也是很大的安慰。

原谅我和你说这些。也许实际情况没有听起来这么糟糕。和其他许多得了斑疹伤寒的人相比，我们已经十分幸运了。

1940 年 4 月 1 日（星期一，西安，伯格斯特龙旅馆）

糟糕的一天，风雨交加。今天贝尔一家和诺尔顿（Nolton）一家出发去兰州，他们坐在敞篷卡车的行李上。

史密斯的汽车上午 11 点来接我们。尽管下雨，但坐车还是不错的。我们到了邮局总部所在的花园。除了路易、史密斯和我，还有 3 位中国邮政官员在桌旁。都是史密斯在说话，我们很愿意听，因为他很有趣。他从事邮政服务已经有 30 年了，但他仍然不懂中文。

他给了我们在潼关附近的通行证，并给了我们一封给山西东南部的邮政人员的介绍信。那应该对我们有所帮助。

今晚我们与浸信会青年会共进晚餐，不得不在雨中走了一个来回，街道很泥泞。

1940 年 4 月 2 日（星期二，西安，伯格斯特龙旅馆）

我大部分时间都在旅馆里读书，开始看一个侦探故事《九个裁缝》（*The Nine Taylors*）[多萝西·塞耶斯（Dorothy Sayers）著]。不知道我为什么会看这种书。

今晚我们又出去吃饭了，浸信会的女士们邀请我们去她们家。有 6 个女人，以及我们两个男人，食物很好吃。

1940 年 4 月 3 日（星期三，西安，伯格斯特龙旅馆）

今天早上来了 18 架轰炸机和 1 架侦察机。警报响起时，每个人都很勇敢。我们一直在吃早餐，直到院子里有人喊听到了飞机的声音。听起来飞机好像要来了，但我们什么也没看到。有人看到一个 10 架大型轰炸机的编队几乎直接飞到了头顶上，飞得非常高。大约在同时，高射炮开火了。我们急忙躲起来，但还没走到防空洞底部，炸弹就落在了东边 2 个街区远的地方。日军今天没有着急，花了 10 分钟投放了 100 多枚炸弹。大部分炸弹都落在钟楼的北面和东面距离很近的地方。通信大楼被直接击中，共有 10 人死亡，3 人受伤。大约每 5 枚炸弹中就有 2 枚没有爆炸，只是钻进了地下 20 英尺深的地方。

轰炸一小时后我走到街上，一切似乎都恢复正常了。商店都开门了，街上挤满了人。工人正在填补弹坑，清理街道。

我收到一封来自山西边境附近某个人的电报，说他们的小儿子得了重病——发高烧。斯托克医生和米尔德里德今天下午出发去那里，他们带走了一些路易的血液，以防那孩子得的是斑疹伤寒。

今晚我们与甘（Gunn）[可能是浸信会在西安的牧师威廉·甘（William Gunn）]共进晚餐，能再次听到收音机真好。

1940 年 4 月 4 日（星期四，西安，伯格斯特龙旅馆）

今天早晨阴沉沉的天空使我们感到轻松自在。飞机来的可能性不大。

从前在这里帮我们兑换过钱的那个商人今天早上过来邀请我们今天去吃中餐。他订了一顿特别好的饭，所以我们没有理由拒绝。结果饭菜比我们预期的还要好。虽然只有 10 道菜，但每一道都是精挑细选的。

今天是中国的儿童节，街上到处都有旗子。晚上还举行了一场大型反鸦片游行。大多数城市都有彩车，城里所有警察也都参加了。我不知道周围原来有这么多警察，大约有 2000 名。这个城市治安特别好。我们估计莫丁森一家和贝肯一家今晚会来，他们昨天离开了洛阳。

1940 年 4 月 5 日（星期五，西安，伯格斯特龙旅馆）

直到今天才听到周三空袭的结果。据证实，20 架日本飞机轰炸了西安，15 架飞机轰炸了另一个城市。这些飞机执行完任务后返回了基地，日军以为一天的工作结束了，但日机刚刚在地面上停稳，中国飞机就出现在了日军上空。中国飞机紧跟在日机的后面，完全出乎日军的意料。根据迄今收到的报告，35 架日机中只有 5 架逃脱。中国人不经常使用他们的飞机，但是当他们使用时，他们会用得很有价值。

许多中国有影响力的领袖从退隐生活中出来，在国家需要的时候为国家服务，余国参就是这样一个人。他原本已经退隐到南京西南的山上开始种植桐树。他现在在前线指挥军事运输，并帮助受灾地区。

1940 年 4 月 6 日（星期六，西安，伯格斯特龙旅馆）

莫丁森一家、贝肯一家和弗雷德·纳尔逊今早来了。没有摄影机！没有彩色胶卷！真令人失望。所有东西都在艾德·费什那里。唉，艾德还在黄河的对岸！我想我们去山西时肯定没有所需的设备了。

事实上，我认为这对我们来说是件好事。如果索万喜当时拍了很多彩色照片，我想那些原始的颜料现在应该已经褪色了。我们很幸运得到了他收藏的精美黑白照片。

——王晋保

1940 年 4 月 7 日（星期日，西安，伯格斯特龙旅馆）

我在青年旅舍虚度了一天，写了几封信，读了几页书，缝了缝东西。

［摘自给他的母亲和亚伯达的信。日期很难看清，但我觉得应该是 4 月 7 日。］

……我们已经恢复好了，又变强壮了。斑疹伤寒没对我们造成什么明显的伤害。明天我们要去山西。斑疹伤寒过去了，我们这次应该能成功。现在天气好多了，适合上路。

……我刚刚缝好一顶蚊帐，准备今年春夏时使用。每个人都警告我们要对疟疾采取预防措施，我们也被告知每天服用 2 克奎宁。疟疾似乎比过去严重得多。

索万喜日记（1938—1940）

第九章　进入山西

1940 年 4 月 8 日（星期一，西安，绿色快车）

出发的日子终于到了。我们都感到精神抖擞，急着要上路。

下午大部分时间里，我们都被一次空袭警报声所笼罩。由于观看浸信会的网球比赛，我们没有多少时间收拾行李了。在这种情况下，我总是惊慌失措，疯狂地四处奔走却没有做多少事。

在最后一分钟，我们急急忙忙赶往车站，一直害怕误了火车。但是火车晚点了！晚了一个半小时！

我今天把我的羊皮外套和厚裤子给了奥斯卡·贝肯，把我的靴子给了拉尔夫·拉茨洛夫（Ralph Ratsloff）——一口价 135 元[记得他的外套让他在北平花了 50 元]。我得说，很慷慨。

今天见到了蒋彼得（Peter Chiang）医生和他的德国妻子，还有蒋夫人的弟弟汉伯格（Hannberger）先生。

1940 年 4 月 9 日（星期二，渑池，河南）　蒋医生家

我们昨天没有启程。火车晚点了，直到凌晨 1 点钟才开动。

我们很幸运能与潼关分区司令官同坐一个车厢。他是一个非常友好的人，非常乐于助人。他给我们弄了一辆手摇轨道车，送我们穿过潼关。有一个地方我们不得不步行——穿过一条隧道，经过暴露在黄河北岸敌人炮火下的缺口，但比骑牲口绕过城市要好得多。

从铁轨上看到了潼关的另一种景象，也看到了河对岸的敌人阵地。潼关确实是一个被毁掉的城市，被敌人炮火炸成了瓦砾。我从手摇轨道车后面抓拍了一张照片，希望洗出来能看到废墟。

2 点 30 分，上了前往渑池的绿色快车，晚上 8 点 12 分到达渑池。我们直接去了蒋医生家，蒋医生、杜汗医生和霍尔小姐还在这里。我曾经以为他们已经去山西了。

1940 年 4 月 10 日（星期三，渑池） 蒋医生家

我今天早上 8 点才起床，睡得很香，给在垣曲的余先生打了电话。他马上派人去洛阳拿钱。我们大概 4 天之内能从他那里拿到钱。估计我和路易要在这里待一两天，然后再进入山西。这里要舒服得多，而且还有我们的好伙伴。

今天下午，在蒋医生、保罗和凯特的陪伴下，我们步行去了醉仙庙，找了一位老道长给我算了命，说我焦躁不安，但火是从体内来的。我应该继续我的计划。我很聪明，一切都会变好的。尽管有许多危险，我也不必害怕。仙女们命令所有的东西来保护我，除了山羊和牛（这两个我应该回避）。我永远不会富有，但我会很有名望。

今晚我去了八路军办事处，他们要给我写一封介绍信。

1940 年 4 月 11 日（星期四，渑池） 蒋医生家

晨报报道德国进军丹麦和挪威，接下来会是哪里呢？

下午我和杜汗医生去了八路军办事处。在那里看了大约 15 个病人，还在村里看了 3 人，2 例为斑疹伤寒。

办事处领导李先生给我们准备了晚餐。那是一顿简单的饭菜，

但在质量和调味方面都很出色。有一盘用土豆泥、洋葱和别的东西做的菜是他亲手调制的，特别开胃。

我们要离开时，他告诉我们，杜汗一家和霍尔小姐很快几天之内就可以过河了。我们还获悉八路军总部又回到了辽县，情况似乎又好转了。

霍尔小姐今晚要去西安，过河前她还有几件事情要做。

1940 年 4 月 12 日（星期五，渑池） 蒋医生家

今天我起得比平常早一点，要去大乐村，保罗也一起去。我们花了一个多小时到了。

王杰在那里，还是那样夸夸其谈，一点没变。短暂的访问后，我们决定在星期日上午出发去黄河，然后我们都回到了渑池。

我们在蒋医生的房间里聊天，有人来了，是八路军的李先生。这是李和王杰的一次非外交会面，他们代表的两个团体一直在互相斗争。但是局势得到了很好的控制，他们以友好的方式道别。我们带他俩出去吃了顿大餐。

今晚有消息说，垣曲［今垣曲，就在河对岸］①形势紧张。听起来日军可能正在计划向这个方向进攻，我希望我们能在日军进攻之前过河。

1940 年 4 月 13 日（星期六，大乐村） 乡绅之家

蒋医生和我昨晚熬夜想做太妃糖。我们为此购买了一些糖浆和冰糖，但不知道是否成功。融化冰糖花了几个小时。我们用了两个苏打片而不是用一撮苏打粉。冰糖并没有完全融化，我今天

---

① 这里编者可能有误解，垣曲很早就得名，抗日战争期间和现在应当没有改名字，只是英文拼写不同。——译者注

在我的糖里还吃到了一半。在室外的星空下，我们把我们的食材放在一个小泥灶台上熬。更好玩了！总的来说，尽管尝起来不像太妃糖，但糖果的味道还不错。这是蒋医生第一次做太妃糖。

今天上午把蒋医生的显微镜拿出来用了，检查我的大便里是否有虫卵。确实有虫卵，这就是我没力气的原因了。

交到好朋友后，不得不和好朋友分别就很难过。蒋医生和保罗是我最好的朋友，我很难过我们这么快就要走了。

我们下午4点离开渑池，前往大乐村。我们到达时，王戴着眼镜出来迎接我们，和他一起吃了晚餐。现在早点睡觉，这样我们明天就可以早点去黄河了。

1940 年 4 月 14 日（星期日，南村，河南） 我们患斑疹伤寒时住的旅馆

我们带着两头驴早上5点30分离开大乐村，8点半在坡头吃了早餐。在我们感觉身体好了再去南村还是有好处的。

遇见了几千辆去河边的板车，车上都载着面粉。有牛车、骡车和驴车，这是典型的现代中国军事运输。

许多板车在回程中载着伤员和病人，看到这些人时我很同情。他们在崎岖不平的道路上摇摇晃晃，瘦削的脸因疼痛而抽搐。

我们下午6点到了南村。我曾经发誓我再也不住我们之前生病时住的那个旅馆了，但我们在路上遇到了那个旅馆的老板，他把我们拉到了他的旅馆。我们没别的办法，只能一起去，不然这个可怜的家伙就该丢脸了。这次他对我们非常好。

1940 年 4 月 15 日（星期一，杏庄，山西） 农民家

我们的目标部分实现啦！我们现在到山西了。在我起床之前，

索万喜日记（1938—1940）

余的代表来了。河上有一条特别的船，马匹已经在河的另一边等我们了。我们很快收拾好就往河边走。在河的另一边，一个代表团上船欢迎我们到山西。这特有的仪式使我感觉自己像个大使或者什么大人物。然后，我们骑上了在那儿等着我们的马，朝村子进发。大概走了一半路，我们遇到了我的老朋友兼同事聂至豪，在这里遇到他使我大为惊讶。他现在正在做政府救济工作，但他想和我一起工作。

　　索万喜保存了他的渡河通行证，把它贴在了他的日记里。记得在第二次、第三次游击救济远征中，聂至豪和索万喜一起工作过。

——王晋保

索万喜登船渡过黄河进入山西

到达杏庄后，我正式拜访了余先生。他48岁，很有个性，有点矮，也有点瘦。他看起来很有上进心。他已经种了2万棵树，以补充自战争开始以来被砍伐做燃料的树木。他用救济基金开了几个矿，并让难民到矿中工作。

下午3点30分我和余先生一起吃了一顿迟来的正餐。然后聂、路易和我一起去了一个不远的煤矿。聂骑驴，路易骑马，我骑的是骡子。

每年这个时候，山谷都很美。黄河及其支流在春小麦和开花的果树构成的绿色田野之间流淌，这一切被崎岖的山峦围绕着，构成了垣曲山谷的景象。

垣曲已经是一片废墟了，它被轰炸了几十次。日军来过4次。

骑着马的路易、骑着骡的索万喜在接受检查

索万喜日记（1938—1940）

晚上我们在月光下经过这座城时，至少可以说它看上去像座鬼城。

我今天晚上开始吃打虫药，希望明天能够除掉寄生虫。

1940 年 4 月 16 日（星期二，杏庄，山西） 农民家

今天好事发生了。我排出了两条虫子，两条完整的、长长的、粉红色的、黏糊糊的虫子。我很高兴，也许我能够胖一点了。

我今天待在家里，好让大小便和身体里的盐分恢复正常。路易和聂去垣曲参观了一下。

我绝食到下午 4 点，然后我们和余国参一起吃了饭。我饿坏了，24 小时没吃东西了。他做的饭很简单，但很好吃，有米饭、鸡汤、肥肉、鸡肉、豆芽、菠菜和馒头。

餐间交谈过程中，我们发现了一些有趣的事情：余先生在太白山附近打了 3 年仗，那里有一些珍稀动物。一种蓝色的山羊，一种被他们称为"四不像"的像斑马的动物（与马、山羊、牛、鹿等 4 种动物都不同），它有马的身子、牛的角、鹿的脸和一条长尾巴。还有会飞的狐狸，很明显是一个数量很大的种类。

他还告诉我们，四川有一种美丽的树——鸽子树，开的花像鸽子一样。［珙桐，在英语中通常称鸽子树或者手帕树，是玉龙雪山当地的树。］

1940 年 4 月 17 日（星期三，杏庄）

今天我大部分时间都在骑马。余国参带我们参观了他的另一个煤矿和一个面粉磨坊。我们走了一条俯瞰山谷的山路。美极了！黄河岸边梯田上的春小麦现在正是最绿的时候。农民们正在尚未种植的田地里春耕，将红棕色的土翻动起来，从而更凸显了其丰富的色彩。开花的果树为这幅画增添了红色、粉色、白色和

黄色。古老的村落融入景观，仿佛是风景的一部分。它们在这里存在了4000多年，时间赋予了它们景观价值，就像赋予了黄河或者围绕着山谷的蜿蜒山脉景观价值一样。

今天傍晚传来消息，日军正在这里以西[大约60千米远]的中条山地区。20架飞机轰炸了马井（音译）（从陕州往黄河以北）5次。这是一个很小的地方，因此差不多被夷为平地了，附近地区也在发生激烈战斗。这里的中国军队正被派去抗击日军。

今天晚上打电话给蒋医生，杜汗明天要离开渑池去阳城，我们准备等他一起走。我们的50000元今天到了。

节选自4月15日（原文如此？）给海伦·哈夫纳的一封信。

——王晋保

我再一次从山西写信给你。现在我写信时满怀热情，因为我已经达到了这几个月来一直努力的目标。到了黄河北岸就像从一个遥远的国家回家了一样。他们派了一条特别的船载我们过河。在山西我们受到了欢迎代表团的迎接。迎接太过正式，但很真诚。当一位大使或类似的人物在目的国受到欢迎时，你会期望在一艘大型远洋轮船上出现这种欢迎场景，但这一幕实际发生在黄河的舢板上。

他们从船上搭了几块木板到岸上。代表团随后上船正式欢迎，并奉上本地区领导人的名片。然后，由我们领头上岸。有两匹马在那里等着我们，我们骑马到了准备好的房子，洗漱完毕后正式拜访了司令官。

我们去的每一个地方都是这样迎接我们的，尤其是在山西，这是他们表达感激的方式。但是我必须说，每隔几天就来这么一次，我感到有些厌烦了。在这里花了大量的时间，意思是吃了几顿大餐（这对我的消化系统压力很大），通常还会有演讲。然而，这是一个极好的机会，可以会见各种人，不管是官员、军人还是平民，我的工作使我很容易获得他们的信任。我通过这样的会议结交了很多朋友。战争结束后，我希望能到他们家中看望他们，那将是难得的特权。我已经收到了中国几乎所有省份的邀请。一家在南京以南有一个桐树种植园，一家在广东有一片橘子林，还有一家在四川有避暑别墅。王先生收藏着大量的中国古籍，现在埋藏在太原附近。在战争结束后他把他的藏书挖掘出来，他想让我和他在一起用一年时间来学习中文，这样他就可以深度研究他的藏书了。刘在汉口收藏了一批画，他一定要我抽空去看看。

拜访他们难道不会很有趣吗？他们都是很好的绅士和学者，对真实和美丽的事物有着不能估量的鉴赏力。

在最近的几天里，我大部分时间都在马鞍上和余将军一起视察救济项目。我非常高兴。政府救济调查员宋先生和余将军为这个地区的人民做了大量的工作。我们看了他们建立的煤矿、面粉磨坊、家庭作坊，十分有趣。我想要和他们在一些难民项目上展开合作，但我更喜欢的还是垣曲山谷的美景。

黄河岸边梯田上的春小麦正是最绿的时候。果树开满了花，增加了红、粉、白和黄的色彩。还未耕种的红棕色的土壤刚刚被翻动后更凸显了其丰富的色彩。到处都是小片的泥房和砖房。这些都是村庄，但几乎看不出来。它们完美地融入了周围的景色之中，没人会想过要把它们从其中分离出来。

你想知道我这几天过得怎么样吗？这个地方可以说有点像天堂。但是，即使这样美好的地方也会被战争摧毁。我们没有忘记我们身处前线，20 架轰炸机一天来 5 次就能把美好变成痛苦。但幸运的是痛苦是短暂的，而美丽长存。

不久我们会继续北上，前往阳城、晋城，也许还会去辽县。阳城出现了严重的回归热和脑膜炎，所以我们会在那里停一停，做一些与传染病相关的工作。昨晚我给蒋医生打了一通长途电话，把这件事告诉了她。她将立即派出一个红十字小组和杜汗医生（一名奥地利医生）过来。我们会等着杜汗医生一起走，他不太懂中文。

1940 年 4 月 18 日（星期四，杏庄）

余将军今天打算带我们去另一个煤矿，但我们觉得最好休息一下再出发。

聂、马和我闲逛到了城里（垣曲）和黄河岸边。我们在河边待了很长一段时间，扔石子打水漂，看渔民撒网捕鱼，他们撒网捕鱼的方式和夏威夷人差不多。

路易和我去河对岸接保罗·杜汗。我们又骑骡子了。我们在南村一直等到最后一班船返回山西。没有见到保罗，所以我们只好自己回来。今晚的月亮大约圆了 2/3，在月光下从河边骑骡子回到杏庄很有趣。

据今晚的报道，在这里以西 40 英里的地方发生了激烈的战斗。日军还在前进，现在离黄河只有 10 里了。也有报道说日军在我们西北面 30 英里［红岭关（音译）］，局势紧张。

1940 年 4 月 19 日（星期五，杏庄）

整个上午我们都在下棋中度过。到中午还没有杜汗的消息，所以大概下午 2 点我给蒋医生打了个电话。她说杜汗昨天上午 9

点就出发了。

路易和我本打算早点吃完晚饭再去接船。但我们还没吃完第一碗面，就有人来报告杜汗医生已经到了。

我们3人和聂一起去垣曲看了看情况。杜汗医生想看看废墟。

我今晚收到了50000元［17日就到了，但19日才送到］。看到他们对这件事如此神秘很有趣。他们把我带进一个小侧室，锁上门，拿出一个大木箱。这几乎就像一个仪式，我们看着他们把一捆捆的钞票拿出来，堆在桌子上。

1940年4月20日（星期六，同善镇） 军队旅馆

我们的牲口今天没有来，但余同意把他的一些牲口借给我们，最远可到同善镇。当我们在做准备和吃早饭的时候，飞机来了3次。第一次我们没有动，但是第二次和第三次我们跑去找掩体。早上9点，我们带着4头驮行李的骡子、2头用来骑的骡子和1头用来骑的驴离开了。我们还没走过垣曲，一架侦察机就来了，开始下降、盘旋，我们以为它要用机关枪扫射。我们尽快让队伍散开。飞机显然认为我们这个猎物太小，所以飞走了。又有2架飞机从我们上空飞过，飞机发动机的轰鸣声和大炮的咆哮声使我们开始意识到我们真的是在前线。［根据索万喜的地图，他们在前线后面10~30英里处，这会儿的旅行是平行于前线的。］

遇到了孙萃崖①［山西将军，后面索万喜会详细描述］，他在同善镇外派给我们两匹马和一头驮行李的牲口。

我们和当地军医院院长及山西东南部交通专员（陆先生）一起吃了晚饭，视察了医院。医院很干净，但是没有病人。

---

① 根据部队位置判断，只能是孙楚，字萃崖。——译者注

1940 年 4 月 21 日（星期日，西哄哄村） 伤兵急救站

因为飞机的原因，我们今天出发又晚了。在我们离开同善镇之前，飞机来了 3 次，没有伤害我们，但是在路上的一个村子里，我们看到了在我们到达前两小时被炸死的 5 头骡子。

穿过这些山脉时路过的景色很美，尤其是今晚的最后三四英里。我们沿着深谷走了一段距离，下面是流水和巨石，上面是悬崖。在狭窄的岸边，有土壤的地方灌木上花朵盛开着，有红的、白的、黄的。

我们住在一个伤兵急救站里（因为有杜汗医生在才可能）。从阳城、高平、晋城等地过来的大部分伤员都经过这里。他们说，在这一年里，大约有 1.7 万名伤病员通过他们的急救站被送到了后方的医院。几乎每 10 人中就有 3 人受伤，其余的都是病人。今晚，这里来了大约 30 名伤员、40 名病人。除了给他们提供一个睡觉的地方、两顿饭和在路上吃的午饭之外，他们在这里也做不了什么，但即使是这样也是有帮助的。

1940 年 4 月 22 日（星期一，岩山村） 省军第八集团军总部

我们本打算今天上午早点出发，好让杜汗医生能够到达阳城。但我们的警卫告诉我们，孙在午夜时打电话要求我们在西哄哄村住几天，因为阳城附近的局势很紧张。我们认为这只是让我们远离前线的借口，所以我们继续赶路。

没过多久我们就意识到形势可能真的很紧张。从阳城来的车辆突然增加了，粮食车、弹药车、军人的难民家庭组成了无穷无尽的队伍。我们今天见过至少 600 名伤兵，其中一些有小伤口的人能够行走，另一些人被用担架抬着。他们刚从战场下来，又累

又脏，还沾满了鲜血。让人悲痛的景象。

下午 5 点我们到了孙的总部，杜汗继续前往董封镇。据说日军在阳城北部 30 里处，他们已经被从其他战线赶回去了。

［日军在他们前面大约 15 英里处。］

1940 年 4 月 23 日（星期二，麻地圪坨） 庙里的难民

我们必须承认不听孙的劝告是错误的，我们应该留在西哄哄村，显然日军昨天并没有如大家所想的那样被击退。我不知道日军是怎么没被发现就到阳城的，但他们一定到了。凌晨 1 点我们被叫醒，被告知赶快收拾东西。"日军离我们只有 10 英里！军队总部将在黎明前转移至山区。请你们随行。"我们起来收拾行李，但直到 3 点 30 分才出发。有一头骡子驮着行李，我们 4 个人骑着两匹马。早晨寂静无声，似乎很平静。今天是满月，尘土飞扬的天空中好像悬挂着一个金色圆盘。它似乎在山的上方停了一下，然后落到山后去了。路上马、骡子、挑夫和行人络绎不绝。我从没想到军队总部会有这么多与之有关联的人。

我睡了一会儿。我们没有早餐，也没有水喝。9 点半，我们决定继续前进，另找一个可以过夜的村庄。我们在一个小山村附近的寺庙里找了个地方。今晚只能将就了，明天我们再找更好的地方。当我们到达这里时，我们发现我们在兜圈子。从今天早上到现在，我们已经走了 40~50 里路，但离我们出发的地方只有15 里。

今天晚上传来消息，阳城今天凌晨被日军占领了，开封前天被占领了，日军现在距离晋城 30 里。另外，据报道，中国军队包围了日军，并占据了日军后方的几个重要位置，潞安、晋城和沁水已被夺回。

在麻地圪坨庙避难期间，我们的餐厅在厨房里，厨房在寺庙佛堂里。那是一间小房间，后面的平台上放着神像，左边放着一个大砖灶台。吃饭时，大铁锅放在做饭的火口上。我们中的三四个人会拿着碗和筷子坐在灶台上，其他人坐在放神像的平台上，剩下的人就蹲在地板上。吃饭的时候，我们讨论了眼前的形势，思考我们应该做些什么。

1940 年 4 月 24 日（星期三，麻地圪坨） 寺庙：整天都有伤员经过

今天早上醒来，我们决心要找到杜汗，并尽可能地了解日军的位置。因此，尽管我们的主人提出了建议（李先生希望我们退回山上），但我还是与聂至豪一起去拜访了第 14 集团军的刘将军[①]。在途中，我看到了一个几乎让我呕吐的景象：一个婴儿（可能是一个难民家庭的孩子）死了，被扔在路边。我们经过时，乌鸦和鹰正在为之争斗。

刘先生很忙，但我们见到了他的秘书，他们答应去寻找杜汗。新闻：阳城（约 7 英里远）昨天下午 3 点左右被日军占领了。晋城已经空了，但还未被占领。中国军队在高平附近取得了胜利。来自上海的中国第 71 军与日军进行了肉搏战，消灭了一支 5000多人的日军分队。据报道，另一支日军分队包围了阳城的西北。目前对我们来说没有直接的危险。

我回来的时候，杜汗医生已在我们的小庙里，想想我多么惊喜。他决定来找我们，而不是等我们找到他。我们今晚睡在这里，明天继续走。

---

① 刘茂恩（1898—1983），字书霖，河南省巩义人。

1940 年 4 月 25 日（星期四，暖迤） 第 14 集团军客房

今早我们从麻地圪坨出发得比较晚，因为像往常一样，有不少病人等着要见杜汗医生。他对农民很好，他们喜欢来找他。

在路上，我们遇到了一个被担架抬着的士兵。他身体很不好，可能患上了回归热和肺炎。我们停在山坡上等着，杜汗医生给他开了兴奋剂和止痛药。

在刘书霖家，他们把我们招待得太好了。我们已经吃了两顿美餐了。在吃了两天小米汤后，饭菜吃起来味道好极了。

今天下午去看了一名受伤的日本俘虏，5 天前他被俘。他们对他很好，比对自己的士兵好得多。我有些同情这个可怜人。他十分想家，告诉我们他的母亲和弟弟正在日本等他。他还说现在正是日本的樱花季。

今晚见到了刘书霖，他是一个很高、有些紧张的中国人。他今晚很高兴，因为今天下午他的士兵夺回了阳城。今天早上把 32000 元存到了刘这里。

1940 年 4 月 26 日（星期五，暖迤）

今晚我觉得自己很重要，因为发现了一座以我命名的山——索泉岭。[索万喜的中文名是索林松。这座山叫作"索……"，没有看到中文字，我不能确认是哪个字，但应该很接近。]杜汗、聂和我走到山顶上的村庄，看看那里是否适合为士兵们设一个急救站。建筑物是完好的，但那里除了建筑物什么也没有。农民都离开了，躲在山里或煤矿里。中国士兵经常烦扰他们，他们不能待在家里。不过对于红十字会站来说是个不错的地方，那里也需要一个红十字会站。我们在庙内一个房间里发现了一名死去的士兵。

遇到了前往阳城前线的两个团［旅？］的士兵。他们是一群衣衫褴褛的人，但如果有必要的话，他们似乎可以战斗。我拍了几张不错的照片。

下午我们和刘书霖（第 14 集团军）及其部下一起吃了一顿大餐。对话十分有趣。参谋长在餐前给我们看了军用地图，并解释了日军目前的进攻和中国的抵抗方法。看来这次日军的情况十分糟糕。

饭后我们打了几局乒乓球。他们有个对于山村来说很好的球桌。

1940 年 4 月 27 日（星期六，暖迩）

我们应该继续努力，今天就开始工作。但我们没有这样的运气。余国参今天打电话给我，说路易、杜汗和我应该留在刘将军身边，等局势好转再说。我们也许会留在阳城附近，但我们打算一旦找到县政府就在县里工作。好像找不到县政府了。

　　［阳城是格拉迪斯·艾尔沃德（Gladys Aylward）的《八福客栈》的所在地。当地治安官是格拉迪斯的"满大人"，格拉迪斯让他改信了基督教。艾伦·伯吉斯（Alan Burgess）在《小妇人》（E.P. 达顿公司，纽约，1957 年）一书中讲述了格拉迪斯的生平。格拉迪斯和 100 多名孤儿史诗般地长途跋涉到西安的故事是电影《六福客栈》的主题，该电影由英格玛·褒曼（Ingmar Bergman）主演，1958 年上映。友爱会传教士们都熟知格拉迪斯。事实上，她曾两次住在王普霖夫妇家。奇怪的是索万喜并没有提起她，因为 1940 年春天时她正带着她的孤儿们前往西安。她于 3 月底离开阳城，1 个月后

抵达西安。也许索万喜对阳城的关注是因为她的客栈。]

今天下午我们又打了会儿乒乓球，刘将军没有打球。

今年山西东南部农民的日子不好过。我注意到我们住的地方的人每天3顿都吃玉米粉和豆子汤。至于蔬菜，他们有时会在汤里放一些常见的菜叶子。面粉是不可能吃到的，小米也几乎不可能吃到。把食物带进来也几乎是不可能的。运输全部都被军队征用了。士兵们甚至都吃不饱饭，物价高，工资低。这里的矿工每天只能得到20分（1.5美分）。

1940 年 4 月 28 日（星期日，暖洋） 23 岁生日

我好命苦啊！我的生日完全没有庆祝就过去了。事实上我完全忘记了，直到今天晚上我打开日记本，我才想起来这件事。我23岁了，头发掉了很多，但我想这并不重要。

我们正在讨论下一步该去哪里以及该做什么，这时杜汗接到了电话。蒋医生和霍尔小姐在垣曲，想要他回去到同善镇接她们。他立刻收拾行李离开了。我们得决定该走哪条路了，撤退是不可能的，除非我们是被迫的。

今天有2位红十字会的护士从晋城过来。她们讲了一个令人毛骨悚然的故事。情况变得越来越复杂了。除了日军，还有4派中国军队——政府军、省军、八路军和反叛的省军彼此不和。

刘将军今晚告诉我们，日军离我们只有3里。我希望我们今晚不必撤离。

1940 年 4 月 29 日（星期一，暖洋） 战斗开始——我们在前线

4点钟左右，我在炮声和机枪声中醒来。我的第一个反应是

跳起来看看到底是怎么回事。但转念一想，我的结论是如果有任何严重的危险，刘将军会通知我们的，所以我翻了个身继续睡了。

早饭后，我们都到上面的小山上去看热闹。中国军队正保卫着我们以北5里的岩山村上面的一座山峰。通过望远镜，我们可以看得很清楚。日军从另一边进攻，我们看不见他们。但每隔一会儿我们就能看到炮弹爆炸。

中午时分，一切都安静了下来，但今天晚上日军会再来攻击。我担心日军今晚会袭击这个村庄。如果日军来了，我不介意去别的地方。但只要刘将军敢留下，我们就留下来。他似乎很有勇气，大多数将军早就撤退了。

我拍到了几张士兵在山顶上挖机枪壕和战壕的照片。他们预计今晚会有袭击。

　　　节选自给母亲和亚伯达的一封信。

——王晋保

我今天23岁了，头发掉了很多，但是我仍然和5年前一样年轻。自从得了斑疹伤寒以后，我就开始掉头发。我现在还可以接受，因为掉发还不是很明显。

今天这里发生了一些让人兴奋的事。离这儿不到15里的地方正在打仗。路易和我上午大部分时间都在山上通过望远镜观察和拍照。刚才中国军队正在炮轰日军阵地，步枪、大炮和机关枪同时发出可怕的响声。

我们现在正在设法找到难民并提供一些帮助。在这里要比在辽州困难得多。我根本不了解这片地方，而且政府组织似乎差了很多。我还没找到地方官，他可能正在山里避难。

这场战争结束后，山西将不剩下什么了。一些县的农民已经减少了40%，向西部转移了20%，由于战争和瘟疫而丧命的人大约占20%。

爱你们的

索万喜

索万喜的注释解释了大概的情况。

——王晋保

4月中旬，日军在山西东南部的进攻似乎是最后的决心。据说，2万名日军从沁水向阳城进发，4万名日军从潞安向晋城进发。但即使有这么多人，日军发现比以前更难了。这个地区有许多优秀的中国士兵，他们正在进行一场恶战。

阎锡山的衰落现在已经很明显了。在过去的3个月里，他损失了5万名士兵。年轻人想靠近共产党，共产党不接受他们。他们现在是独立的，但他们驻扎在八路军后面以获得保护，他们被称为叛军。

第十章 1940年第四次驰援

1940 年 4 月 30 日（星期二，暖汕） 被轰炸

今晚，我很庆幸我的脑袋还在，日军差点直接命中我。今天我下定决心要找到县长。我找了一个农民帮我背行李，开始沿着大路漫无目的地走。早晨相当平静，不像昨天早上所有的大炮都在轰鸣。从这里往东大约 5 英里，我们决定抄近路过山。我们沿着山脊散步时，我兴高采烈地吹着口哨。

突然，我听到头顶传来刺耳的呼啸声。我以前听到过，但从未如此接近，我知道它是什么，所以拉着搬夫一起趴到地上。炮弹在飞过时距离我们的脑袋肯定只有几英尺，因为它在离我们不到 60 英尺的地方爆炸了。我们很快就躲到了一个小坝体后面，没过多久，又有一颗炮弹呼啸着从我们头顶飞过，在离我们更近的地方爆炸了。这次我们身上落了很多土。我们放弃了去找县长的想法，转头回暖汕。

我们在下午开始了工作。我们已经做完第一个工作。

今天孙将军那边来人想弄清楚为什么我们离开他们，出于某种原因他们想让我们回去。

晚上和刘将军还有他的参谋长符先生 [1] 聊了几个小时，主要

---

[1] 参谋长为符昭骞。——译者注

是符先生在讲。他解释了昨天的这场战斗，以及他的部队如何能够俘获 64 辆运输车。然后，他解释了自己的一些计策，如用假大炮引诱敌人的火力、路上设置陷阱、战斗中的敢死队、从敌机中获取补给品以及诱捕敌人。一切都很有趣，但很残酷。这就是战争。

阎锡山在山西西南的代表孙将军现在没什么实力，也没什么影响。有天晚上我看着他们转移了总部，场面相当混乱，没有任何组织。难怪他们的影响力输给了国民政府和共产党。省里印发的钱也不再那么值钱了。有一个副官来横河镇找我们，求我们给他换几块钱。他说村里没有人收他的山西币，所以他一整天都没吃东西。

1940 年 5 月 1 日（星期三，暖灿）

我们没有忘记我们是在前线。从今天凌晨开始，大炮就一直在轰鸣。日军似乎在夜间得到了增援，感觉他们今天更加活跃。今天中午有一小段时间战斗离我们非常近，日军几乎突破了中国的第一道防线。

1940 年 5 月 2 日（星期四，麻地圪坨）　被轰炸及机关枪扫射

我们今晚回到了麻地圪坨的那座小庙，今天十分忙碌。我们本来打算在早餐后分发救济物资，但我们吃早饭的时候，一架飞机飞过来盘旋了一次。聂吓坏了，没吃早饭。尽管飞机飞回来了，路易和我还是吃完了早饭。警报再次响起的时候，我们去了村子南边，也很幸运。飞机转了两圈之后，从南边俯冲下来并投下 2 枚炸弹。我看着炸弹一直落下。开始时炸弹看起来是直冲着我们过来，但最后飞过了我们头顶，在我们身后 40 码的地方爆炸

了。然后飞机又升高、盘旋、俯冲，机关枪扫射，又扔了2枚炸弹，击中了前方50码处的田野。我们所在的那条小沟就在飞机每次俯冲的路线上。第二次之后，我决定转移到村的东南角，离开这条直线。可惜我走错了方向。又有2枚炸弹落下，一枚离我50多码，另一枚不到50码，机关枪也在扫射，就打在我右边几英尺的地方。一块弹片穿过我外套的一角。飞机第4次俯冲，2枚炸弹落在西边不远的地方。飞机围着我们轰炸。我想我还是挺幸运的，有点兴奋但并不害怕。我在忙着拍照。我想有六七张还不错。12人受伤，2人死亡，有几个人的伤口血肉模糊。我发现一个12岁的小男孩的一条腿上有双重复合骨折。我带他去了军医院，尽量把他安顿好。

［索万喜的日记里有一张关于这次空袭的小地图。］

飞机来的时候，日军开始从东边进攻。整个下午，战斗都很激烈。隆隆的炮声和机关枪的嗒嗒声此起彼伏。今天晚上，伤员们开始成群结队地过来。我遇到了一个留在路边的伤员，让一个农民帮我一起抬了几英里，把他抬到了红十字会站点。

1940 年 5 月 3 日（星期五，山中小屋） 我们离开了战场

我完全没想到今天最后会在一个山上小屋里过夜，但我们已经在这里了。我们以为会在这里找到孙将军，但是当我们到达时，我们发现他已经往山里又撤了30里。省军真是没有底线。当政府军在前线作战时，他们跑回山区避难。

战斗似乎每天都在进行。今天早上几个小时，几乎无法区分炮弹是从哪方来的。炮战之后，日军发动了进攻。最终，日军被

赶了回去，遭受了惨重的损失。中国军队也死伤很多。

我们离开暖汕的时间刚刚好，今天上午那里遭到猛烈炮击。从麻地圪坨东边的山上可以清楚地看到整个战场。

今天我们帮助了不少逃离战火的难民。

我们今晚住在一座美丽的山——黑龙山的山脚下。

　　　　他的日记里还有一张战场地图。

——王晋保

1940 年 5 月 4 日（星期六，横河镇）　废弃的基地医院

我们已经放弃追赶了。省军和政府想逃到哪里就逃到哪里，想什么时候走就什么时候走。如果他们想和我们合作，会来找我们的。

我们的骡夫今早把我们叫醒了，他想赶快离开这里。日军只有几里远了。但是我们昨天看了一下地形，知道日军不会愚蠢到来黑龙山这样的地方。我们都翻了个身继续睡了，这使得他很反感。

　　　　当你在中国租用驮行李或者骑的牲口时，你也就"租"了牲口的主人。这些牲口不听陌生人指挥，它们的主人最明白如何照顾它们。

——王晋保

我们住的地方有个女人给我们准备了早餐，都不用我们问。从昨天开始，他们就完全改变了对我们的态度。他们以前从未见过外国人，当然不知道我们是做什么的。

早餐后我们前往横河镇，经过的地方风景很美。横河镇似乎

是个宜居的地方，这里甚至还有几家餐馆，但是食物很贵。我们3人一顿饭花了6.3元。

上午10点左右，随着日军的撤退，战斗结束了。这几天双方都损失惨重。

大路旁边的村庄里很少有人，留在家的都是妇女。这几天我们经过的一些村子里连一个人都找不到，这说明这里的士兵并不友好。

1940年5月5日（星期日，横河镇） 废弃的基地医院

今天我们工作了一整天。路易去了索泉岭建了一个小米粥点，为难民、伤兵和挑夫服务。聂和我去横河镇周围的5个村庄进行调查和分发。我们还在小溪里洗了澡，并洗了衣服。

任何接受过我们帮助的人都要花一天的时间来打扫他们的家和村庄。春天到了，必须采取措施防止传染病的暴发。即使是现在，每10人中就有1人得了斑疹伤寒或回归热。稍微打扫一下可能会有帮助。

今晚我们去刘将军的新总部拜访了他。他今晚很高兴，他的军队取得了胜利，日军正在全线撤退，他们今天拖走了150辆卡车的伤员。他自己的军队也损失惨重。第83师受到日军重点攻击，死伤达1/3。但是他们坚守阵地，终于赶走了日军。暖泗东边还有一个［日军］小支队，无法随着主力部队撤退，他们不会投降，所以刘已经下令明天歼灭他们。他们一定不知道中国人对他们的俘虏有多好。

1940年5月6日（星期一，横河镇） 给西安发电报、寄信

我们花了一天时间整顿明天抬担架的队伍。这些天伤员增加

得很快，没有办法把他们送回基地医院。在这种紧急情况下，农民逃到山里去了，根本找不到。我集合了大约 40 个需要工作的人，大约一半是难民，我们每天给他们 1 元钱［煤矿工人工资的 3 倍以上］外加伙食。明天我打算和他们一起去西哄哄村。

索泉岭的施粥点也开始为难民、伤员、被征用的农民提供食物。

我们参观了第 93 军政治宣传部。

1940 年 5 月 7 日（星期二，横河镇）

今天早上（5 点 30 分）我随着鸟鸣起床，趁天气还不热去运送伤员。但我们出发前天已经亮了。首先，必须叫挑夫起床。昨晚他们当然没有按照我的要求去修理担架，所以必须现在做。然后，我们看伤兵，发现医院的人根本没有帮伤员做好旅行的准备。完成这项工作花了很长时间，而且他们做得很糟糕。伤员抱怨担架很不舒服（担架很粗糙——两端各有两根横杆，中间缠着几股绳子），他们翻来覆去骂那些穷苦的农民，说他们没有准备好的担架。我很生气，把医院所有的员工都骂了一遍。准备担架是他们的事，农民们对这种事一无所知。这家医院连一副担架都没有。他们的借口是没有钱。他们可以给自己高工资，穿昂贵的制服，还可以在空荡荡的医院大显身手，但他们无法拿出一副像样的担架来运送这些可怜的伤兵。我拿出 50 元，让他们立刻做担架。

我们和挑夫、伤员很晚才吃了早餐，然后我们和 19 名伤员上路了。这对我来说是悲惨的一天。伤员们遭受了可怕的痛苦，而我却不能做什么事情来减轻他们的痛苦。今天也非常热，而担架是最糟糕的。谢天谢地，明天我们会有一些好的担架。今天，医院的人用 50 元制作了 9 副担架。

1940 年 5 月 8 日（星期三，横河镇）

我们在暖池经历的炸弹袭击使我们有些动摇。我们在这里以南 1 英里处的河床上与一群在路上遇见的难民交谈，就在这时有一架双引擎轰炸机飞过头顶，路易和我大喊着让人群散开，然后弯腰跑着找躲避的地方。聂从河床中冲出，跑入一个沟壑。轰炸机平静地飞走了。

今天我们去 3 个村子分发了救济，见到了 5 名戏剧演员，也是来自晋城和阳城的难民。我们差一点让他们为我们给他们的帮助表演节目。但是，他们已经失去了所有的表演舞台。

今晚我们拜访了刘书霖和符参谋长，与他们一起吃了晚饭，吃的是红米。我们下了两盘（中国）象棋，不得不向刘将军鞠躬认输，但我赢了他的参谋长。

今晚传来了好消息。中国军队已经在 3 个地方切断了同蒲铁路。高平已经被中国军队收复了。在阳城和晋城的日军与基地之间的联系被切断了。阳城今晚很可能被弃守。

118 医院在下午给我们准备了一场盛宴，对这样的时间点来说还不错，但他们应该把钱花在担架上。

1940 年 5 月 9 日（星期四，横河镇）

今天我想给上海写份报告，但附近的人都来找我们。我只写了两页。

今天来了一名受伤的士兵，他已经是第 5 次受伤了。此前，他的腿部、肩部、胸部和腹部都受过伤，这次他的髋部受伤了。他说："我跟日本有仇。"他想尽快回到前线去报仇。他的名字叫胡锡斌，是山东人，现在在第 14 集团军第 83 师。

县长的 2 名代表今天来讨论了救济问题，又有一场宴席。

我们又见了刘书霖。阳城还被日军占领着，但我们计划明天前进。

1940 年 5 月 10 日（星期五，河西村） 阳城县政府

今天看起来很可能会下雨，但我们还是坚持我们的计划，朝着前线出发了。但县长的 2 位代表对我们另有安排。我们直到晚上才知道他们的计划。我们不认识路，靠他们带我们去驾岭。他们带我们绕了一圈黑龙山，到了一个叫河西村的小村庄。他们把我们带到一个农民家里，把我们介绍给县长。我们当然得和他谈谈，然后吃了晚饭。到那时再走已经太晚了，所以我们还得在这儿待一晚，距离目的地不到 20 里。

虽然我对我们被带错路有点生气，但我们在风景如画的黑龙山进行了一次有趣的远足。它是这些地区为数不多的被灌木覆盖的山脉之一，这里应该是狩猎的好地方。

我们今晚都觉得有点不舒服，一定是感冒了。

1940 年 5 月 11 日（星期六，南峪村）

今年的斑疹伤寒很严重。今天早上，我们遇到了一个 9 口之家，他们都病了。每个家庭都有一两个病人，但目前 9 个是最多的。得病的人中大约 40% 或更多的人正在死亡。这意味着今年有 20%~25% 的人将死于或已经死于斑疹伤寒。

不到一个星期前，日军在这个村子里度过了两天一夜，你不需要问就能知道他们去过哪里，他们留下的那些乱七八糟的东西说明他们来过。农民家的门窗大多都变成了柴火。长凳、桌子、橱柜、床、谷物罐以及炊事用具大都被捣毁。房间里堆满了稻草

和杂物，用来圈马的一些房子看起来像粪场。

今晚我们散步去了驾岭，那是几天前的战场。田野里还躺着一些死去的士兵。我们看到中国军队从驾岭炮击阳城的日军，看来中国军队今晚要进攻这座城市。

我们今天开始了清扫运动。我们正在努力清理日军制造的混乱。

1940 年 5 月 12 日（星期日，南峪村）

直到今天晚上打开日记本，我才意识到今天是星期日。时间过得真快，都记不住日子了。

这大概是我们最忙的一天。我们探访了驾岭地区的 6 个村庄，大约一周前这里还是战场，大约进行了 3 天的激战。

这地方一团糟。一些建筑物被烧毁，几乎所有的建筑物都失去了门、窗户、长凳、桌子等。那些东西已经作为柴火被烧了。

在一个村子里，农民们损失了 1000 多蒲式耳 [①] 的粮食——被烧光了。那是村里为饥荒准备的储备粮。

天黑前，我穿过了中国的战线来到了无人区的一个村庄。那里仍然有一些农民，大多数是妇女。男人不是被日军杀了就是被抓走了。我们离村子很远就能听到妇女们的哀号声。整个区域都是死牛、死马和死人的臭味。

1940 年 5 月 13 日（星期一，南峪村）

我们继续走访驾岭战场，去了 4 个村庄，后来开始下雨了，所以我们不得不回到南峪。我们费了很大力气说服农民清理他们的村庄，他们担心刚收拾好，日军又回来把东西搞得一团糟。

---

① 1 蒲式耳 ≈ 36.4 升。

索万喜日记（1938—1940）

另外，在我们帮助任何人之前，我们坚持要彻底打扫。我们的理由有二：第一，如果环境看起来好了，农民很快就会回归正常的生活（心理层面的原因）；第二，好好打扫一下有助于防止斑疹伤寒的传播。

全村的人都去打扫他们的房子，晒他们的被褥，整理被日军破坏的地方，这种场景还是很有趣的。

据说今晚日军正准备再次袭击这一地区，他们现在离我们大约7英里。如果他们想爬上这些山的话那就是傻子，但如果他们不爬上去，他们就永远不能占领这片土地。

1940 年 5 月 14 日（星期二，南峪村） 土匪省军

今天上午，我们吃完早饭时天还在下雨，但我们穿上雨衣去他们昨天告诉我们的那个大难民洞。我们在湿滑的路上艰难地走了很久，但是没有白费功夫，我们在那里发现了100多名难民。在那里避难很奇怪。洞口用一堵厚厚的石墙封住了，里面是一个巨大的圆顶形房间，有一个大剧院那么大。当我们到达那里的时候，难民们刚刚做完早餐，因此洞里全是烟雾。

他们说几天前在那个山洞里有大约1300名难民，那时候那里一定是个热闹的地方。

我们从山洞走到下面的一个小村庄，那里有难民，我们在那里找到了300多名难民。我们给难民分发救济的时候，一个人激动地跑了进来，他跪着求我们去他家，强盗拿走了他所有的粮食。我的脾气立刻爆发了。我让村里所有的"红枪"包围土匪，这样强盗们就逃不掉了。然后，我带着村里几乎所有的男人进入盗贼的巢穴。院门口站着一个身穿军服的家伙，他一看见我就命令我站住，否则就开枪。我告诉他只管开枪，我不怕他的枪。他把枪

上了膛，又威胁了一次，但我还是向前走。当他看到威胁没有用时，他吓了一跳，就准备走了。这时所有的"红枪"已经围了上来，路易和聂也来了，那两个在屋里干活的人也出来了。领头的立即意识到武力和威胁是行不通的，所以他以娴熟的中国方式开始了一场口水战。

我们很快发现他们并不是真正的土匪而是省军。他们没有得到命令就从农民那里拿走了粮食，而且还不给钱。这让我更生气了，所以我命令他们放下粮食。我会向他们的军官报告。在我们完成难民工作的时候，其中一个人逃跑了，跑回去说有 3 个日本人拦下了他们。

当完成工作后，我们准备去向师长汇报情况。正当我们接近山顶时，一群士兵命令我们停下来。很快，一挺机关枪进入视线，一名士兵开始挥动手榴弹，我们可以听到拉动步枪枪栓的声音。我们赶快告诉他们我们是美国人，然后我们周围出现了很多人。我们被包围了！但我们作为美国人是安全的。我们报告了我们的情况，得到了满意的结果。差点掉进陷阱，但我们救了一些家庭，让他们免于失去所有粮食。

今天看到一个辽州的男孩[①]，他是尹妈妈的儿子。他在这里看到我很惊讶。

[尹光裕几天后将和索万喜一起前往辽州。他曾是辽州教会医院的一名医学生，很可能是在一家中国医疗队工作。1941—1949 年，他加入了八路军第 129 医院。]

---

① 尹光裕，约1903年出生在辽州南街村。他的父母都为友爱会服务，他曾在育贤学校读书，后学医，新中国成立后在武乡县洪水镇卫生院工作。

1940 年 5 月 15 日（星期三，南凹，暖泚附近） 晚饭吃了没有糖浆的薄饼

我今天心情很沉重。路易发现他皮箱里的 2000 元钱不见了。我们上午大部分时间都在调查，但我们什么都没发现。这些钱应该在最近两天就被拿走了，因为我们当时检查过了。白天我们锁了门，我怀疑它是在夜里我们不知情的情况下被拿走的。下午我们离开的时候，我们留下了逮捕的警告，但同时也留下了不伤面子的解决方法。我们告诉盗贼，如果在一天之内把钱还给我们，我们甚至不想知道是谁偷走了。除了等待，我们无能为力。

我们又处在了战场。今天凌晨，中国派遣了几个师的士兵进攻日军。不幸的是日军事先得到了情报，并且能够避开主攻方向，从侧面攻击中国军队。中国军队损失巨大，但是今晚的最新消息是他们已经达到了目标。汉奸一定已经提醒了日军，中国军队的意图是什么。我们离战线不到 5 英里。天气很热。

1940 年 5 月 16 日（星期四，南凹）

昨晚下了场雨，现在农民可以把玉米和小米种到地里。当这些山区下雨时是不可能赶路的，红土路滑得无法形容。因此，我们这一天就被困在这个小村子里。

趁着下雨，我一整天都在写给上海的报告。我最近很少写东西、读东西，我发现很难写出一份像样的报告。

加农炮在驾岭乡以东打了一整天，我希望中国军队还在进攻。只要他们坚守阵地，我们在这里就很安全。

路易和聂今天大部分时间都在下棋，聂下得很好。

我们丢的 2000 元钱还是没有消息。我今天仔细看了聂的东西，想确定他与此事无关。什么都没找到，我不知道那钱是怎么丢的。

下文可能是索万喜提到的写的报告。

——王晋保

中国救济工作报告
1940 年 5 月

尽管耽搁了很多次，但我们还是在正确的时候过了河进入山西。就在同一天，日军对该省东南部发动了一次大规模进攻。于是，我们的难民工作立即开始了。我们要解决的事情大大超出了我们的能力，每天我们都看到 1000 件我们应该做却不能处理的事情。幸运的是我们在阳城遇到了我以前的助手之一——聂至豪先生。他现在在帮我们，等我和路易北上时，他将负责这里的工作。我无法与我的其他帮手联系，因为他们在最近商定的"分界线"的"红色"一侧。跨越这条线的沟通是困难的，对于界线以北的人来说，南下几乎是不可能的。

在目前情况下，组织和开展工作都十分困难。每次计划都不能超过一天的时间，有时甚至一天的计划都太超前了。例如，我们到达阳城的第一晚，我们不得不在半夜起床，逃到南部的山区。我们在一座小山庙里住了两天两夜，才找到地方安顿。几天后，在试图找到也在阳城南部山区避难的当地救济委员会的时候，我差点撞上炮口。几枚炮弹在我和向导站的 50 英尺内爆炸了，我们被泥土和岩石溅了一身，然后我们才找到掩体。大约一星期前，我们在一个小山村外再次被轰炸，我们留在这个小山村是为了帮助难民和来自战区的受难者。死伤 20 多人。炸弹在我们四周爆炸，路易和我很幸运能毫发无损。爆炸都在 100 码以内，有几次还在 100 英尺之内。除了炸弹轰炸之外，我们还经历了 3 次机枪扫射。那天来找我们帮忙的 3 个人受伤了，我们对此感到非常抱歉。从那天起，我身上仍然带着几处血迹，外套上有一个洞。在一个毫无遮挡的村庄里躲避炸弹和子弹实在是糟糕极了。

尽管过去几天是在清理战场，但我们迄今的工作主要是处理难民问题。在这两种情况下，食物都是主要问题。我们曾希望能分配粮食，但发现这是不可能的。这里根本买不到粮食。我们甚至很难得到自己需要的那一点点食物。我们当然可以在黄河以南购买粮食，但是没有办法把粮食运到遭难地区。所有的交通工具都被军队征用了。即使这样，他们也很难满足自己的需求。

目前，我们所能做的最多的就是帮助重新分配已有的贫乏的粮食供应，给那些没有粮食的人一些收入，他们靠着这些收入能够从那些粮食略有剩余的人手中购买少量粮食，这些收入足以使他们渡过难关，坚持到一个月后收获小麦。幸运的是，他们还可以通过朋友和亲戚来买粮食，而我们没有办法为他们筹集粮食。

当地的政治组织非常可怜，因此对我们的工作帮助不大。从这方面看，我以前工作过的那个地区则优越得多。这里没有为难民准备生活物资，他们知道有很多难民，但无法告诉我们难民在哪里。大约有 60 个家庭正在一个大山洞里避难，在我们找到他们之前，我们在距离大山洞 2 英里内的地方住了 3 天。我们花了一个上午走访山洞，还挺有趣的。山洞的大小和一个大建筑差不多，在石灰岩山顶附近有一个相对较小的开口。山洞的前面是用石头建起来的，只有角落处留了一个小门。洞里面黑暗而怪异，但却是受惊的农民的绝佳避难所。

在山洞下面的一个小村庄里，我们遇到了一个令人不快的情况。当我们在调查难民时，一个农民跑进来跪倒在我们面前求我们去他家挽救他的粮食。强盗士兵拿走了他所有的东西。他们甚至没有给他留下足够的粮食种子。我们很愤怒，赶紧到了现场。我径直向他们走过去，尽管他们威胁说，如果我走近，他们就开枪。但是当他们的威胁不起作用时，他们害怕了，开始求和。他们原来是省军的士兵，但这是土匪行径，因为他们没有得到命令，也没有打算为他们的掠夺物付出代价。这是我们实际看到的第一起，但我们每天都听说有这种事。对农民来说，自己人都这样对待他们，实在是太艰难了。这主要是省军的责任。在最近的几个月里，阎长官把山西搞得一团糟，恐怕他已经穷途末路了。他的山西币现在几乎不值钱了。他的军队有一半抛弃了他，投靠了共产党，另一半如农民所说，什么也不做，只做"打劫人民和躲在山里"（要饭—逃难）的事。

我在前文提到，我们花了几天时间清理交战双方留下的烂摊子。农民回乡春种迫在眉睫。一两周前就应该春种了，但袭击使之不可能实现。如果他们今年没有收成，到1941年留下来的农民就不多了。

日军被赶回城里3天后，我们去了战场。尽管战斗的声音还能听到，但对农民们来说，回家似乎足够安全了。我们知道，当受惊的农民还能听到枪声时就很难说服他们回家，所以我们想出了以下方法。我们把自己当作诱饵，让难民们知道我们将在某天去某个村庄。如果他们想要接受我们的帮助，他们就应该待在家里，把家里打扫干净。我们的计划成功地让农民回到了自己的家园，但是他们在打扫卫生方面做得很差。我们也不能太责怪他们不知道何时或如何清理这样一个烂摊子。当这些农民回到自己家看到家里的情况时一定很沮丧。几乎所有值钱的东西都没了或者损坏了。一些人的家没了——完全被烧毁了。几乎每个家庭的门窗都没有了，桌子和椅子的腿都断了，这些都已经变成柴火了。盘子和水壶被砸碎，散落在院子里；床被掀开，地被挖开，因为日军要找藏起来的粮食；地板和院子被稻草和粪便覆盖。

第一件要做的事就是打扫卫生。每个人，无论男人、女人还是孩子，都被告知要打扫村庄。首先要把家里的泥土和杂物弄到院子里，然后从院子弄到街上，最后从街上弄出村子。每个人都在进行春季大扫除，场面十分有趣。从刚刚能拿动扫帚的小孩子到几乎不能弯腰拾起东西的老爷爷，所有人都在忙碌着。几个小时的工作成果令人十分惊讶。

打扫完后，我们挨家挨户地进行检查，提出建议，调查这家人的情况。我们发现大约 1/3 的人失去了他们所有的食物供应，还可能失去了用于农耕的一头牛或一头驴。我们帮助这些人，使他们在地里有收成之前有食物吃。有几个情况，我想要给那些家庭买头牛。他们泪流满面地告诉我们，他们回来发现他们的牛死在了田野里，被日军射杀了。日军可能只是吃了一块牛排，而其余的都烂掉了。对农民来说，牛是家庭的一员，是耕地的帮手。我数了数，有 100 多头牛死在战场上，也听到了许多悲惨的故事。

在清理战场的时候，我们花了大约 1400 元，但不可能恢复得和［战前］一样。重建需要很多年。我们也许只是让人们暂时地回到了他们的家里和田地里，也让本来要饿肚子的人有些食物吃，因为我们去过那里。可是县里还有 1/4 的地方，我们不敢带农民回家。西北方 10 英里处还有一个战场。除此之外，还有四五个县也是同样的情况。

在东南部地区，我们面临着另一场悲剧——战争造成的结果，但比战争更严重。疾病正在农民中肆虐。缺乏食物降低了农民的自然抵抗力，大量的平民、士兵和难民不断流动、拥堵，从而传播了疾病。

自从战争开始以来，这个地区经历了霍乱、天花、回归热、疟疾和斑疹伤寒袭击，最后一种严重得多。在我们迄今已调查的地区中，20%的农民在过去14个月中死于斑疹伤寒。60%的人口，包括路易和我，在同一时期都患上了这种疾病。全家人都病了是常有的事。我最近去了一户家庭，14个人中只有3人没得斑疹伤寒。

现在，当所有的人都在逃难的时候，斑疹伤寒患者比以前更多了。生病的人也试图逃难。我们看到许多难民的尸体倒在路边。路易和我应该庆幸我们得过斑疹伤寒。我们当时情况很糟糕，但这个地方更糟。因为得过这种病，所以我们可以理解那些患病的人。我们探访了许多病人，向他们的家人解释了营养和护理的必要性，我们也让许多生病的人有可能得到比平时好一点的食物。在没有医疗帮助的情况下，我们已尽力了。但是，我们已拨出4000多元给我们在这一地区接触过的合格医生和护士，让他们管理医疗救济。我们正在试验的另一个项目是矿工补贴，煤矿工人的工资暂时从一天20分提高到40分（墨西哥元）。一天20分不足以维持一个家庭的生活，甚至都不够维持一个人的生活。然而，这就是这个地区公有矿山的工资水平。军队法令强制劳动，规定工资。因此，我们认为与其直接救济这些处于绝境的家庭，不如通过工作补贴来帮助他们。我们还制作了15副担架，用来运送未得到照料的受伤平民和士兵。我们一直在雇用难民来把那些没有人照看的人运回到医疗中心，在那里他们可以得到治疗。

我担心这份报告听起来比我们实际完成的好一些。我们也犯了一些错误。有必要经常回头审视，因为我们遇到的每一种情况都需要一个特别的或修订过的计划。

路易和我在得了斑疹伤寒之后又恢复了正常。这项任务的艰巨性是令人生畏的，我们发现这种生活有时是有点吃力的，甚至连自己的食物都是个问题。我们有足够的小米和玉米汤，但没有新鲜蔬菜、鸡蛋或肉。等我们回到文明社会，头几天里要好好享受享受（路易说，他要吃巧克力冰激凌，大量的巧克力冰激凌。几顿好的牛排加上大量的水果就能让我满足）。

我们仍在计划北上，那里的情况比这里更糟。但目前还不可能通过战线。

我希望能得到你对这项工作的建议和意见。我们想把孤儿和难民儿童送到黄河以南，在那里他们可以得到更好的照顾，不知道这个想法是否明智。那边有几个组织愿意接收他们。

1940 年 5 月 17 日（星期五，南凹）

今天我要去横河镇以核实我们丢失的那笔钱的数量。我们（我的向导和我）上山后，感受到了阳城南部正在进行的战斗的全部影响。机关枪的射击声和炮弹的爆炸声此起彼伏。

我请和我一起走的男孩吃了一顿美食，这是他吃过的最好的一顿饭。我感觉不舒服，所以没吃多少，但我很喜欢看着他吃。

从副官长那里得知，意大利已经加入德国，挪威即将投降，德国已经进入荷兰和比利时。这是坏消息。但是中国在河南南阳取得了巨大的胜利。5 万日军被消灭，缴获 1200 辆汽车、40 辆坦克、60 门加农炮和大量枪支等。

1940 年 5 月 18 日（星期六，南凹）

路易又去了索泉岭分发救济，而我和聂去了护驾村分发救济。

我们陷入了混乱，一群当地村民被登记为难民。幸运的是我们在为时已晚前发现了这个阴谋。

今天阳城传来了好消息，昨天日军被赶回了城里。现在，整座城被中国第 83 师包围了。日军弹药耗尽，不能战斗，撤退之路也被切断了。

日军撤退时在一座寺庙里留下了大约 100 人，被中国军队抓住了不少。15 个日本兵被逼到了一个水平方向的矿洞里，撤退路线被切断后他们就跑进去了。50 名中国士兵在看守着出口，但是没有办法把他们赶出来。我建议用烟雾。

我现在有一名仆人了，他是从一个难民家里挑出的年轻人，（他）21 岁。我给他起名叫詹姆斯，他看起来是个有前途的年轻人。

1940 年 5 月 19 日（星期日，通义）

我们在一个藏在美丽的小山沟里的小山村里过夜。从外面看它十分吸引人，但里面很脏。

路易去了县政府，然后从那里过来。我和聂从南峪过来，我们比路易早到一点。那两个被指控拿了我们在他们家里丢的 2000 元钱的人情况很糟糕。县长一直在对他们严刑逼供，路易今天替他们求了情。[在旧中国，地方官（县长）理应知道辖区所有的事（读过《大唐狄公案》的读者应该知道）。一名犯人如果不认罪，是没办法定他的罪的，但可以用刑逼供。听起来县长就是用了这种老办法。]

我今天在阳城邮局看了几张报纸！战争！战争！战争！上帝啊，这个世界一团糟。今天有传言说美国已经宣战，但它没有说明是对德国、意大利还是日本。我怀疑传言的真实性。中国汇率又跳水了，1美元可以在成都换到29元，在上海可以换到22元。

据说阳城今天被中国人夺回了，这次日军遭受了严重的损失。我们计划明天去城里，可能会让路易和聂留在这里，我和尹去辽州。

1940年5月20日（星期一，通义）

没办法像我们昨晚计划的那样和尹一起去辽州。他得到上级的消息，拒绝解除他目前的职务。他去见长官，提出了要求。

我和路易相互理了发，然后向阳城出发，看看战斗的进展如何。从阳城附近找了个难民当向导。首先去了柏沟。在那里，我们与"红枪"共进晚餐，吃了小米和豆子。对他们来说，能有几个外国人参观他们的俱乐部是很高的待遇。然后，我们前往张村，几天前那里发生了激烈的战斗。当一架日本飞机飞过来的时候，我刚好爬上了村子上面的小山丘。它俯冲轰炸，用机枪扫射了好几次。在它离开前，另一架飞机继续轰炸。之后又来了第三架。我们看到了整个过程。

飞机离开后，我们到战场上四处察看。这地方臭得像个停尸房，到处都是弹片和炮弹。中国军队为了夺回这座山打了一场漂亮仗。我们清楚地看到了未来的战场——阳城及周边地区。中国军队现在处于进攻态势了，他们包围了整个城市。800名日军在里面，10000名中国军队在外面，看起来像是歼灭战。我们离日军不到1.5英里。

1940年5月21日（星期二，东池）

邮差和我们3个人今天早上去了一个山洞，那里本应有几百个难民。但是我们发现洞穴已经完全空了，一个难民也没有。

今天余下的时间我们在下棋和准备去辽县中度过。我把我的一部分东西留给阳城邮局。[索万喜的联系人和西安邮政署署长"邮票"史密斯给的介绍信（1940年4月1日）现在开始派上用场了。]

尹光裕大约中午时回来了。他获准离开一个月，所以我们将马上出发。昨晚我们研究了地图，但到目前为止还没有找到一条令人满意的路线。我们可以和邮差一起从河南走，但那太远了。剩下的唯一方法是沿着战线后方的道路缓慢前进，或许在晚上可以穿越公路。这是个机会，如果我们不出发，我们就永远无法到达。

我认为阳城、晋城地区的厕所比世界上其他任何地方的都多。每个人至少有一个。厕所都是户外的，简直是苍蝇的天堂。

1940年5月22日（星期三，东冶镇） 废弃的农民家

我们又上路了。早上出发晚了，因为我们的人给县长送字条还没回来。邮差今天把他的一个挑夫借给我们了。

我们沿途遇到了第97军士兵，他们正从河南赶往阳城前线。我从没见过这么多士兵和军需品的人流。阳城的800名日军最好小心点。

这条路的沿线村子里农民很少，他们逃到山里，不想帮助他们自己的士兵，就像逃离日军一样。农民们走了，食物和水就几乎找不到了。我们今天只吃了几块干面饼，每人要付10美分。

明天的前景不太乐观。我们的邮差挑夫回去了，这个村子里没有农民来帮助我们。我们在一个废弃的房子里过夜，然后空着肚子上床睡觉。

　　　　　　　　　索万喜日记（1938—1940）

［下面是日记的简短扩展，并对索万喜和路易分开的决定给出了更全面的解释。路易和聂至豪在阳城附近，而索万喜和尹去辽县。］

我们一路向北，但是日军向山西东南部的大规模进攻已经把我们阻挡在阳城县长达一个多月了。整个前线几乎一直在战斗，因此试图溜过火线似乎是不可取的。我们要去的八路军地区完全被日军包围了。如果我们现在就走，那就意味着要穿过前线。如果我们等待，也许日军会被赶出现在的阵地。但一周后，情况与上个月相同。

一天晚上在讨论局势时，路易建议我们中的一个人尝试着穿过前线，向北前进。另一个人留在阳城和晋城继续开展我们已经在那里的难民中开始的工作。经过讨论，尹光裕和我决定走一趟，我们带大约20000元以应对我们可能遇到的紧急情况。但我们的主要任务是研究在八路军地区工作的可能性。等我回来的时候，我们要回到西安去获取更多的资金，如果可行的话，我们将一起北上。

我再次削减了行李，这样我就可以轻松地携带。之前的经历让我知道，太多的包袱可能意味着你会失去一切。把你认为你需要的东西拿出来，减去一半，你带的东西对这次冒险来说可能还是太多。［除了个人必需品和钱之外，索万喜还带着全套的医药包。在他的旅行中，这一套装备是非常需要的。］

我们带上一个挑夫，便开始向晋城县进发。我们从邮差那里听说穿越日军封锁线的最好的地方是在晋城以南从晋城到博爱县的公路上。除此之外，我们心中没有确定的计划。我们开始沿着阳城—晋城公路以南的山脊行动。这些山丘组成了政府部队的战线，他们从这里进攻日军控制的公路。我们预计第一天至少可以走25英里，但是当夜幕降临时，我们只走了10英里。敌人的飞机一整天都很活跃。从早上8点到晚上5点，有5~12架飞机在上空盘旋。日军轰炸或用机关枪扫射所有移动的目标，我们大多数时候都要保持隐蔽。那天日军投下了847枚炸弹。第一晚是在一个废弃的村庄度过的，那里离前线太近了，农民都逃走了。我们甚至没有吃任何晚餐，在草草架好的桌子上睡了一觉。第二天空中活动更激烈了，投掷了1000多枚炸弹，我们好几次差点被机关枪击中。我们最多走了7英里，只吃了一顿饭。附近没有农民。我们在第71军第87师指挥部吃了唯一一顿饭，也很幸运能在那里过夜。

1940年5月23日（星期四，高会村） 晋城县第71军第87师指挥部。晚饭吃了鸡蛋！

今天我们差不多走了20里，其中上坡、下坡19里，平路才1里。我们沿着沁河走了几里，峡谷风景很美。

我们今天经过的每一个村庄几乎都空无一人。有一个地方有几个人在家，但我们一到那里，他们就分散到山丘上，我们连一个人也找不到。有这么多的中国士兵通过这里前往前线，农民都逃之夭夭了，以逃避帮助军队的麻烦。

我今晚要在第71军第87师总部过夜，他们在上海前线服役了3个月，最近刚到晋东南。他们讲了一些他们在上海的有趣经历。

今天晚上，我和前线的指挥官通了电话，阳城和晋城之间一个重要的军事据点——周村今天下午被他的军队夺回。日军被逼得走投无路，只好在烟幕下撤退。整个下午，日本飞机都在轰炸中国军队的防线并施放烟幕。我们翻山越岭时看得十分清楚。阳城的消息不太好，中国军队无法赶走日军。

1940 年 5 月 24 日（星期五，红花底村） 晋城，第三分区办事处

我今天异常高兴。我们经过了一些美丽的地区，从高会下到沁河，再到对岸的山上。风景十分美丽，我太喜欢了，拍了十几张各种风景的照片。

我们的目标是与第 71 军参谋部在安岭会面，询问穿过日军控制的晋城—博爱公路的安全线路。但是他们在我们到达前一小时向前线进发了。我们便向东去了红花底村，去第 71 军第 8 师打听情况。

看来我们得在这里待上一两天了。中国军队刚刚在沁水、阳城、周村、二十里铺、晋城、高平、博爱等晋东南全线发动了大规模攻势。正在进行的是真正的战斗，这不是游击战。仅仅在晋城地区，日本飞机从早上 8 点一直飞到下午 5 点。在这 9 个小时里，他们投下了 600 多枚炸弹。很多炸弹离我们很近，这让人十分紧张。我担心我今晚会做噩梦。今天晚上的最新消息是：第 8 师离晋城 2 英里；二十里铺被第 36 师夺回；公路被切断了；今天共有 87 人、15 头牲口被炸死。

听说新乡取得了大胜利！北平和汉口的铁路线被切断了。

[这是索万喜写给路易和聂至豪的第一封信。]

晋城西南

1940 年 5 月 24 日

亲爱的路易和聂先生：

我们今天要通过晋城南边的公路。我们费了很大力气才通过。

这一带的山无论如何都不算小，不断地高低起伏。

与这里发生的事情相比，阳城一路的战斗都不值一提。在过去的两天里，中国军队进行了反击，现在正在攻打晋城。第71军从西南方进发，第9军从南面进发，第27军从东南方进发（总共约10万士兵）。昨天日本飞机从早上8点一直飞到下午5点，总是有4架飞机在［同时在空中］，部分时间是12架。他们在晋城西边和南边投下了600~700枚炸弹。第71军真的要进城了，他们有5万人，其中大部分人都在上海前线服过役。

你听说了5月18日在河南新乡的大胜吗？中国军队占领了新乡，大约4万名日军死伤。中国军队在地面上摧毁了12架飞机，抓获了85名日本飞行员和机师。卫将军干得很好。一个月内两次大胜，几天内可能在晋城取得第三次胜利。

当你们来到晋城的时候，可以去晋城南边60［里］的西黄果村看看。这个小村庄已经完全被烧毁了。

真挚的，
索万喜

1940年5月25日（星期六，葛万村） 农民家

与昨天和前天相比，今天是和平的一天。今天只有1架飞机来了，只用机枪扫射了一会儿。

今天我们大部分时间在晋城—博爱公路西侧跑来跑去，就像一只鸡试图在篱笆上找到一个足够大的洞钻过去。但运气不好，我们还在这一边。我们发现了一个有刺铁丝网的地方，从那样的篱笆上爬过去实在是不明智，所以我们又去找其他地方。这条路被敌军看得太严了，于是我们放弃了，回到了葛万村。

今天晚上传来了好消息。第36师进入了晋城，城市北部、西

部和南部的公路被切断。第9军还切断了博爱北边的公路，因此阻挡我们前进的日军将不得不找到一种尽快撤退的方法，否则他们将被夹在中间。

今天中午真正享受了一番——半只鸡和4个鸡蛋，这是第8师骑兵的礼物。晚上我们和河北游击队的前团长聊了聊，他有一些经验。

1940 年 5 月 26 日（星期日，葛万村）

今天的情况没有变化。双方都发射了炮弹，仅此而已。

我爬上了东面的一座小山，想看看这里的地形。我们比我想象的更接近前线。我们离两个日军前哨只有2英里。如果不是我们前面有山头，我们的村庄会是日军大炮的绝佳目标。

第9军今天已经进驻南方，所以可能随时都会发起反击。

我是第一个来到这个村子的外国人，整天身边都围着一大群好奇的人，女人和孩子是最烦人的。我们整晚都在这个院子里向孩子们学唱中国战歌。我们玩得很开心。

1940 年 5 月 27 日（星期一，拦车村） 第9军第54师第160营指挥部

下午突然发生的事使我们改变了想法，决定冲过封锁线。大约7点半，第71军的参谋部移到我们和日军之间的一个村庄。整个上午都有士兵跟着他们经过。由于距离封锁线很近，我们决定尽快离开。我们现在完全在日军的射程之内。

下一个问题是去哪里以及如何去。有些人这样说，有些人那样说。我们最后决定走南方路线，横穿靠近天井关的公路。

下午2点我们动身了，包括2名挑夫、尹光裕和我。我们计

划今天走 30 里路，明天跨越公路。但是当我们到了珏山，就打算住下来过夜，恰好遇到一群二战区游击队员。他们从洛阳来，正在去晋城东北方向的路上。他们打算晚上越过公路，他们说白天这样做是不安全的。他们得到的信息是两座间隔半英里的日本碉堡间有一个小漏洞。在附近有大量的中国军队——第 9 军集结，他们计划很快就进攻敌人，所以可以肯定的是日军不会在夜幕降临后出来四处晃悠。这群游击队员在我们遇到他们的时候就准备出发了，他们甚至等不了我们找到东西吃，于是我们没吃晚饭就跟他们一起出发了。

我们一行 46 人，其中士兵 25 名，挑夫 19 名，还有尹光裕和我。我们沿着山路前行，单人纵队像一根走着的长绳。前半夜天是黑的，12 点 30 分月亮出来了。

我们走的小路很难走，路上岩石很多，穿过几条深深的峡谷。道路狭窄，我们必须成单人纵队前行，途中必须保持沉默。在经过最后一个中国军队控制的岗哨后，甚至小声说话都禁止了。我们也不允许聚成一团。我们可以清楚地看到，中国军队正在为反击做准备。他们正在布置野战炮，挖机枪掩体和战壕。但是我们继续走自己的路。有一个我们必须向下走的陡坡，距离日军哨所只有 200 码。白天，日军可以用机枪扫射整个斜坡。那天早上有一群中国士兵试图走我们同样的路线，但是他们被日军发现，然后日军转过机枪向他们扫射。我们在路上经过了几具尸体。我想我们小组的其他人和我想的一样。"趁还来得及转头回去不好吗？"但是没有人提出这样的建议。

当有人绊倒或者让一块小石头从山坡上滚下，其他人都会屏住呼吸倾听。如果山上的［日军］碉堡没有回应，我们就默默地继续前行。头顶上碉堡的探照灯不时乱晃，我以为探照灯光随时都会照射到我们身上，但只是在向其他碉堡传递信号。

从两座敌人碉堡之间的另一边向上走时，我们遇到了3名中国侦察兵。他们报告说一切很平静，所以我们信心十足地继续前进。尹光裕、2名挑夫、向导和我都在队伍的中间。这2名挑夫特别紧张，他们希望能回去。也许我们中也有人想回去，他们只是比我们中其他人更加自由地表达了他们的畏惧。我们到达了直接处于两个日军要塞之间的山脊，淡淡的云彩正向月亮移动，我希望云彩能遮住光亮，让我们处于完全的漆黑中。真好，云彩干好事了！

肯定是在1点钟左右，我们从另一边的山坡上下来，远离日本碉堡，朝中国人的防线走去。一声枪响突然打破了夜晚的寂静，子弹从头顶呼啸而过。每个人都在路上迅速趴下，爬向某种掩体。我们的人躲到一个梯田后面。又安静了下来，我们从梯田后面溜出来，再一次从坡上往下走。又开了5枪，有3发子弹在我们头顶上呼啸而过，然后陷进我们身后的坝里，听起来接近我们到危险的程度。我们再次趴下去躲起来，太及时了，因为后面紧跟着一波机枪子弹。日军发现我们了。现在回头已经太晚了，我们前面的路太开阔了，很便于日军射击。但在断断续续的射击过程中，我们可以趴得更低一些。虽然走得很慢，但月亮很快就会落到山后。在夜幕的掩护下，我们也许能溜进中国防线。但事情没那么简单。

我们刚要庆幸自己幸运地逃脱，地动山摇开始了。山炮开始轰鸣，机枪开始扫射，步枪也保持着生动的配合。"我的上帝！"这一切不可能是针对我们，它们来自四面八方。然后我突然意识到中国军队发动了进攻。我们被困在两军之间。尹光裕和我们3个人在两个相当大的岩石间找到一个地方。我本来想和他们一起爬进去，但那地方已经太拥挤了。我告诉尹光裕要盯着那些人，避免他们拿着我们的东西逃跑。然后我在另一块石头后面给自己找到一个地方。随着时间的推移，这场战斗越来越激烈。一群中国士兵接近了一个碉堡。当中国士兵把手榴弹扔进日军战壕时，我们都能看到手榴弹爆炸。

两军的作战方式完全不同。中国军队在战场上很奔放，他们在战场上大喊大叫："杀杀杀，打倒日本。"另外，日军比较严肃，我没有听到他们说一句话。但是，他们的机枪在山坡上扫射，就像源源不断地喷出的一股洪流。他们用大炮向看不见的敌人轰击。战斗持续了大约1小时都没有减弱的迹象。我担心在我们出去之前，天会亮起来，那样我们的处境就会变得极其困难。突然，我上面的一个游击队员大叫一声，从山坡上滚下来。他被机关枪子弹击中了。我爬到他喘气的地方，但我无能为力。几分钟后他咽了气，我们的一个人死了。我开始想到明天早上我们有多少人能够留下。我很担心尹和我们的挑夫，我溜下去看他们。他们提着的一个袋子里有20000块钱。他们不知道，但我十分关注。当我发现他们不在我离开他们时的那两块岩石中间时，我的头发几乎都要白了。有太多的流弹到处乱飞，所以我就待在原来的地方。他们可能找到了一个更安全的地方。一个半小时后，一切开始安静下来，于是我溜出掩体，开始寻找尹和挑夫。我不能大声喊叫他们，天太黑了，我寻找他们的努力都是徒劳的。战斗结束了，中国军队无法驱逐日军，并撤退到自己的战线。我们也开始向中国战线的方向上山。我问其中一个游击队员有没有看到我的人，他说："哦，对，他们在前面。"于是我没多想就跟着队伍走。一路上，我们一直被中国哨兵盘问。但是我们有口令，所以没什么困难。

到了中国营地，我们停下来清点人数，有 9 人下落不明。令我苦恼的是 4 个是我的人——尹光裕、2 个挑夫、向导，还有我的 20000 元。其他 5 名是游击队员。我知道，其中至少有一个人是找不到了。至于其他人会是同样的命运吗？我本来应该在天亮前放松一下，睡一觉，但是我的人和钱都不见了，我根本睡不着。于是我和几个游击队员回到原路，试图找到他们。回到我们在岩石中藏身的地方，我们发现了 3 个人的尸体。他们都是游击队员。但没有找到我的人和另外 2 名游击队员的踪迹。天很快就亮了，所以我们不能继续搜索。回到中国营地后，我在将军的铺位上睡了一觉。似乎就在 1 分钟后，我被一声爆炸声惊醒了，炸弹就落在我睡觉的房子非常近的地方。我从床上一跃而起，差点被睡在地板上的 3 个人绊倒。我又看了看他们。是的，他们是我的人。在他们的旁边是我的行李。

另一枚炮弹在我们旁边的院子里爆炸了，地上睡着的 4 个人都醒了，我们都跑到安全的地方。当我们等待轰炸停止的时候，我听了他们的故事。挑夫被战斗吓坏了，决定逃跑。幸运的是向导仍然忠心耿耿，于是他和尹光裕就追赶挑夫。带着行李的挑夫动作不够麻利，很快就被抓住了。战斗十分激烈，他们不敢冒险回到他们原来的地方。当一切平静后，他们找不到路，也找不到其他的人。向导认为他认识路，所以他们就自己出发了。但他们不知道自己在做什么，差点就走进日军的堡垒。他们转身就跑，日军开枪射击，但他们最后跑回了山谷，他们在那里遇到了两名曾经在队伍里的游击队员，两名游击队员都受了轻伤，正努力向中国防线方向爬行。[受伤的]游击队员知道中国营地的大致方向，于是 6 个人在黎明后不久一起进入了军营。

1940 年 5 月 28 日（星期二，河西村）

我早餐前睡了 1 个小时。很快大炮就把我吵醒了，几枚炮弹落在拦车村。和团长（上校）一起吃了早饭，然后上山去观看战斗。中国军队在黎明时同时攻击了所有的日军阵地，战斗持续了大半天。当我们绕过天井关北部前进时，几乎一整天我们都在日军的步枪射程之内。但是他们和中国军队的战斗太激烈了，没有注意到我们。我们今天走的是什么路？上上下下比直线走得更远。我们在我去过的最好的一家中国乡村旅馆里过了夜。晚餐吃了 20个鸡蛋。

1940 年 5 月 29 日（星期三，西瑶泉河）

我们前天晚上几乎没睡，所以今天早上我们起得很晚。即使这样我也很累，我们都不愿意起床。今天我们爬了更多的高山。上上下下，上上下下，难道永远不会结束吗？

中午时分，我们经过了隐藏在深山里的美丽地方——五龙庙和五龙潭。有五股泉水从［烙铁］形石灰岩高地涌出。根据中国传说，泉水是龙吐的水。

五泉汇合之处有一个深潭。今天是炎热的一天，所以我变成了一条"龙"，到了五龙潭的深处。旁边的中国人都惊呆了，他们害怕龙会把我抓走。

1940 年 5 月 30 日（星期四，西瑶泉河）

今天是我的星期日——休息日，去河边洗了澡，洗了几个袜子和内衣，中午吃完饭小睡了一会儿。

下午大部分时间我都在和河北游击队王队长聊天，他说了很多关于八路军的事情。

1940 年 5 月 31 日（星期五，附城镇） 陵川县

自从我们进入山西之后，今天是第一天没有听到炮声。这里地处太行山脚下，似乎十分平静。

我认为从来没有外国人经过这些地方。我们经过每个村庄时都有一大群妇女和儿童出来看外国人，这也使我可以好好看看他们。这个地区的妇女穿着特殊的服装，我第一次看到的时候差点笑翻了。这些服装的特别之处在于裤子，看起来像麻袋从腰部低悬下来，然后在脚踝处束紧。这产生一种特殊的效果，特别是对裹脚的妇女而言。

在陵川，共产党军队与国民政府军之间的摩擦非常严重。第27 军在村庄周围建了两三个机枪碉堡，用以保护自己和该地区免受入侵。

日军也经过了这个地区。他们四处宣传，试图增加共产党军队和国民政府军之间的摩擦。今天我在路上捡了几张小海报。

1940 年 6 月 1 日（星期六，陵川县）

我们已经忙了一整天了，很早起床进城去了。我们找不到早餐，只好空腹出发。让我们很不舒服的是我们在路上什么吃的都找不到。农民们几个星期前逃避日军入侵，到现在还没有回来。

就在我们到达城市之前，我们发现了第 27 军总部。我们停下来要办理进入辽州的军事通行证。范汉杰将军不在，他的参谋长替我们把事情安排好了。我们吃到了今天第一顿，也是最后一顿饭。我们今天住的那个村子几乎没人了。

在城里，我们见了陵川县县长，他看起来是个很有前途的年轻人。我们还去了邮局。根据安排，明天起，我们将乘坐"特快

专递"。

从听说的情况来看，我们可能很难越过八路军的分界线。流传着各种各样的故事，有人说八路军一看到人就开枪。

写给路易和聂至豪的信。

——王晋保

壶关县
1940 年 6 月 1 日

亲爱的路易和聂先生：

看起来我们好像被困住了。我们已经到达了国民政府和共产党地区之间的边界，这里没有我们想象的那么容易通过。除每天有一名邮差外，双方之间没有联系。政府军第 40 军和八路军隔着10 里无人区沿线对峙着。如果八路军士兵试图过来，他们就会被枪杀，对政府军和政府军代表也是如此。

总的来说，他们建议我们不要尝试进入红色区域，但是有人认为我们不会遇到什么困难。我认为我们在这里听到的大部分内容都有些夸张，至少我们明天将尝试与邮差一起过去。

在其防区内的政府军对八路军的关注似乎多于对日军的关注。陵川北边的山上有数百个砖石建造的机枪碉堡。建立这些不是为了防御日军，而是为了防御八路军。

我认为这样的情况不会持续很久。他们要么达成协议，要么爆发战斗。

我们在这里听说第 40 集团军在进攻北平—汉口铁路线上的山城。

第 27 军今天进攻高平。炮声整天响个不停。

如果我们现在还没走这么远，我想我会回头的。但情况已经这样，我决心继续走下去。

我过去了就给你寄明信片。

索万喜

1940年6月2日（星期日，树掌镇） 壶关

我早早离开平城，希望能及时赶到树掌镇，赶上往北走的邮差。可是到了树掌镇，我们发现邮局已经向南转移了。我们追到了另一个小村庄，但什么也没找到。回到树掌镇后，我们发现邮局虽然转移了，但邮差还是会经过这里北上。我们在街上遇到了他，并安排好明天和他一起走。这里的每个人都劝我们不要试图进入红色地区。但我感觉他们是故意说得比实际糟糕，至少我们明天会尝试一下。

情况比我原先想象的要糟糕。两边都有一条明确的界线，中间是一个无人地带。双方之间发生了战斗，但今天局势平静。我希望明天情况也会不错。

第27军今晚一定在进攻高平［王桥，在铁路线上］。炮声从大约下午3点起就一直响个不停。我认为尹对于明天穿过界线有点紧张。我不能说自己不紧张。

［在这里，我插入了索万喜后来对他们到红色地区的一段详细描述。他和尹都穿着农民的衣服混入当地人中。索万喜把打了补丁的农民外套称为"救生衣"。］

国民政府对八路军进行了封锁，双方没有直接联系。但是我们6次穿过了号称"不可能"的日本封锁线。当然，这次"不可能"更难。但是，在与政府军的指挥官讨论了局势之后，我们几乎准备回头了。他完全拒绝了我们。

"你永远不知道这些共产党会对你做什么，"他说，"几个月来没有人通过这条路。如果放你们过去了，我们没办法负责。"

我提出反驳，向他出示了我们昨天收到的军事通行证，该通行证允许我毫无限制地在该区域自由来往。但是他不太容易被说服。

他说："抱歉，但我奉命不让任何人通过这条堡垒线。"

面对这种情况，我们似乎无能为力，所以我们决定回房间睡到第二天再说。回到村里的客栈，在一盏油灯的昏暗灯光下，我们晚上吃了小米粥和玉米饼，坐在炕上的小方桌旁，静静地喝着粥，这似乎是我们失败的一个适当的闭幕式。幸运的是在这种情况下，通常会发生一些事情来打破难以忍受的局面。另一位客人——一个邮差走进了客栈。我对邮差总是很友好，因为在过去他们曾经帮助我度过了许多困难的时刻。对于一个也许有一天他就会给你带来一封你急需的信的人，你怎能不友好呢？无论如何，我邀请他和我们一起吃一碗小米粥。

聊天中发现，我所招待的不是一位普通的邮差，而是一个可能帮我们解决问题的人。他刚从八路军那里过来，事实上他每隔一天就往返一次，带一些信。邮局显然能够保持中立。这种情况让我立刻想到了利用邮递通过这些封锁线的可能性。如果当地邮政局局长愿意安排，这个邮差似乎很愿意配合。当然，正如邮差所说，他不能保证我们安全通过，就连他也被枪击过几次。幸运的是我口袋里装着华北邮政专员的介绍信［"邮票"史密斯，见1940年4月1日］。有了这个，我找到了当地的邮政局局长，得到了比我盼望的更满意的回答。第二天，我们可以跟着邮差一起走，当然我们得自己承担风险。邮政局局长提出了一个问题，但是面带微笑："我们应该给你盖个邮戳，但我想没有必要，因为我们并不想要带你穿过这条线。你们必须跟在后面，带着自己的车子。"

这样当然让我们很满意，但还有一个问题，那就是我们得把行李带过去。我们很难自己拿。然而，志趣相投的邮政局局长帮我们找到了解决问题的方法。如果我们能雇一个愿意为我们带行李的农民，邮政局局长就会让他在邮政部门工作一天，甚至为他提供表明邮差身份的绿色制服和臂章。

第二天早上，我们就走在了前往封锁线的路上。当然，在外人看来，我们是一支不寻常的队伍。邮差、尹和我都穿着农民的衣服，袖子上挂着邮政臂章。尹肩上背了一个邮袋，而我背着一个麻袋，里面装着 20000 元钱。我们北上的这一路，除了过了八路军防线很远都没有遇到他们的士兵，没有任何可说的东西。当然，他们没有像国民政府的人告诉我们的那样活埋或者勒索我们。

1940 年 6 月 3 日（星期一，壶关县安口村） 荷兰天主教传教团

我们进入了"红色中国"，今天走了 45 里。

这是非常有趣的一天，但可能会成为令人遗憾的一天。

我们已经越过了防线，现在进入了红色地区。从那边到这边几乎没有遇到困难。但既然我们在这里，我不知道会怎样。今天的头 10 里路是在政府领地，接下来的 15 里路是无人区。在这一段期间，我们一次都没被拦下。在八路军地界，我们被拦住了几次，但他们都很有礼貌。

一到安口村，我们先去见了县长。壶关县现在有 3 名县长，我们去见了"红色县长"。我们没有看到他，至少我觉得没有。这里的气氛一点也不令人愉快。他们表现得像个做了不该做的事的孩子。他们对每个人、每件事都非常怀疑。

我们今晚和一位荷兰神父在一起，他是个有趣的老家伙。他没怎么为八路军说话。他们用错误的方式激怒了他。

1940 年 6 月 4 日（星期二，平顺县） 潞城邮局，今天走了 60 里

荷兰神父请我们吃了一顿丰盛的早餐：煎饼、香肠、面包、鸡蛋和咖啡。

我们本该今天早上从县长那里拿到通行证，但他们还没准备好。事实上，当我们要求的时候，他们拒绝了我们。他们对我们的怀疑程度很深。

今天我们翻过了两座山，然后沿着干涸的岩石河床而下。今年夏天这个地区非常干燥，没下雨。这个地区的农民依靠人工水库来供水。地势对挖井来说太高了。从安口到平顺（包括平顺），所有地区都旱透了。大部分军队不得不撤离，留下来的农民不得不从 10~15 英里外的水井中取水。在平顺，水是 10 分钱一碗。

今晚见了平顺县县长。我们就苏联占领芬兰和波兰的部分领土进行了热烈的讨论。他的观点是苏联介入是在帮他们的忙，苏联没有帝国主义的目的。恐怕我说得太多了。我们从 9 点到 11 点一直在讨论这个话题。

1940 年 6 月 5 日（星期三，凤子驼村） 黎城，邮差家，今天走了 80 里

过了漳河和两座大山。山路令人沮丧，但河水令人心旷神怡。我停下来好好游了一会儿泳才继续赶路。今晚我开始觉得有点放松。当我们走过最后一道山脊时，可以看到远处辽县的山脉。

今年八路军的穿着状况让我很惊讶。就制服而言，他们与政府军之间没有区别。问题在于他们还是用的旧枪。我们看到几名军官和一队士兵向南行进，他们看起来很时髦。

流言和宣传不断加剧内部摩擦。在阳城，我们听说八路军把

索万喜日记（1938—1940）

这个地区的土地重新划分了——每个成人3亩，每个儿童1亩。这类事情并没有发生，情况和以前并没有什么不同。

这里的传言是对面的每个人都反对他们，阎锡山完了，孙楚被处决了。这和另一方的说法一样被夸大了。"真相就是痛苦。"

1940年6月6日（星期四，中街） 黎城邮局，今天走了40里

今天是酷热的一天。到中午时我们都筋疲力尽了。我又热又累，不想吃东西，所以先睡了个好觉，接着吃了一顿饭——两碗豆腐丝。

我们去找了黎城县县长，想看看是否能找到李棣华。这位县长和这边的所有县长一样都太忙了，没有见我们。他派了两个年轻人来见我们，看看我们想要什么。对于我们提出的每个问题，他们的答案都是"我们不知道""也许是这个""也许是那个"。我快要发火了。最后，他们同意帮我们寄一封信，询问李棣华的下落。我不知道去年县政府中所有有才能的人发生了什么事，我一个有能力的人也没见到。

今天晚上我在邮局看到了6月1日的《北平纪事》。欧洲的消息一点也不令人满意。我们这个愚蠢的世界正在毫无结果的战场上疲惫不堪。

八路军还没有战斗。前些日子潞城只有5个日军，但他们什么也没做。

1940年6月7日（星期五，西井镇） 黎城农民家，今天走了80里

今天是漫长又炎热的一天。长途跋涉的影响慢慢显现。我很高兴再过几天就要结束了。

我们越往北走，周围的环境就越熟悉。今晚我们住在我去年

爬过的桐峪峰的后面。

这个地区今年肯定很贫困。今天下午我注意到路边的麦田里有一大群人。我很好奇发生了什么事，便走过去一探究竟，以满足我的好奇心。有 3 个人在割麦子，其余的人（总共 28 人）跟在后面拾穗。一个人最多只能得到几个麦穗。我经常看到 2 个或 3 个拾穗者，但从来没有 28 个。我问他们为什么有这么多人，原因已经很明显了，他们饿了。后来在下午，我在田里看到了几次这样的场景。

今晚的日落真美。黎城山脉有点哥特式的轮廓。我在路边站了半个小时，看着夕阳西下，听着八路军号兵在远处的村庄吹响傍晚的号声。

1940 年 6 月 8 日（星期六，桐峪） 旅馆。海伦，生日快乐！今天走了 40 里

今天只走了 40 里，但我已经累得不行了。在路上的 16 天让我筋疲力尽，炎热、干燥的天气也使我疲惫不堪。

还好我们下午到了桐峪，沿着街道走到我们住的旅馆。许多老朋友，大多是来自［辽州］城里的难民，他们走过来和我握手，询问我的冒险经历。其中有传福音的杨、老牧民老胡（他有不少关于被关了几天的故事，他的信仰帮助了他）和我去年帮助过的安娜学校的一位女学生。［我猜是索万喜送回家的一个女孩。］

现在正在进行对现在及过去的所有国民党党员的大清洗。对中国的未来来说，这看起来不是很好。昨晚士兵到我们房间搜查了 3 遍，听起来像是苏联的故事。

辽州每一位有超过 100 亩（17 英亩）地的人都被清洗或者拘留了。这次清洗中有大约 130 人丧生。

1940 年 6 月 9 日（星期日，桐峪旅馆） 辽县

今天 2/3 的时间我都在睡觉，不知道为什么这么累。

尹今天去看他妈妈了。他觉得要把他的家人带到南方去是不切实际的，所以他要留在这里。我认为他有加入八路军的打算。

晚上冀南银行（八路军）邀请我吃晚饭，吃了猪肉和面条。晚上聊了聊经济情况和世界形势。

自独立行动以来，八路军内部的气氛明显不同。他们不再考虑自己的前线，而正在积极地实现其目标。即使在与他们的警卫和士兵交谈时，我也能感觉出来。

1940 年 6 月 10 日（星期一，麻田） 沁州 [①]

杨和我原计划早早向麻田出发，但我们在桐峪大街上遇到了两名沁州的传教士。我们借机了解了一下太谷到晋城公路的实际情况。八路军的这次胜利没有报道的那么大，他们只破坏了 30 里的铁轨。日军一周内又让火车运行了。

我在麻田河里游了会儿泳，很开心。没有什么比洗个澡更好的了。

1940 年 6 月 11 日（星期二，河南涉县 [②]） 第三分区总部，今天走了 25 里

今天，李玉舍（音译）、杨和我越过省界进入河南。我们去找第三分区政府总部和李棣华。我们在涉县附近的一个小村庄把两

---

① 原文如此，按理这天他不可能在沁州。——译者注

② 当时属于河南，后来划归河北。——编者注

者都找到了。

李棣华见到我非常高兴，他已经不是我去年认识的那个人了。他看起来很紧张。他中了圈套，可怜的家伙。他们不让他走，也不给他任何负责的工作。他原来的教育科科长职务已被解除，现在只做一点宣传工作。

下午我们和政府官员举行了会议，讨论了救济宣传工作。除了法币问题外，其他一切都得到了解决。他们想将法币换成当地货币。我不能这样做，因为那将意味着农民只能得到我带来的救济资金价值的 40%~60%。我们明天再想办法。

今天晚上他们为我举行了一个盛大的招待会。他们的想法是让我把他们和他们的工作写成报告，然后带到后方，带回美国。抗战建国学院院长发表了讲话，首先表扬了我的热情和吃苦耐劳的精神。然后，他提出了 6 点意见，他希望我能把这些意见带回去，使发生争执的两党之间更好地相互理解而为中国服务。这是一个非常好的演讲，非常切题。我只希望他们能说到做到。

1940 年 6 月 12 日（星期三，涉县到麻田） 麻田教堂，今天走了 25 里

早餐吃了高粱面条和炒蛋后，我们又开始开会讨论救济品的分发问题，决定成立一个委员会来处理这些资金。我们都会有委员会代表。这些资金将主要用于平定州东部、昔阳、和顺及辽县。

我们又一次在法币问题上陷入困境，双方都拒绝让步。经过大约一个小时的辩论（有时比较激烈），我们达成了协议。我们既不发法币，也不发当地的货币，而是分发粮食。货币的数量应根据法币的购买价值来确定。

开完会后，李、杨和我返回麻田，虽然只有 25 里，但我们花

了 5 个小时。这几天天气又热又干，我们基本会在每棵树下凉快一下再走。

明天回桐峪，我想给城里［日军控制的辽州］我的父亲送封信。如果可能，我想把富三（音译）从监狱里弄出来，让他和我一起回西安。

1940 年 6 月 13 日（星期四，旅馆） 辽县，今天走了 20 里

今天我回了趟桐峪，以便能把 13000 元交给第三分区政府。他们的代表下午 3 点 30 分来完成了交易。交接了 10000 元中央银行的 10 元面值的钱，序列号为 B/S912001X 至 B/S913000X，3000 元中央银行的 5 元面值的钱，序列号为 V989001W/O 至 V989600W/O。

今天有两位同志和我们一起吃饭，他们开始了宗教和共产主义的讨论。没过多久，杨和我就发起了攻势，我们花了 3 个小时才结束讨论。告别时，双方都没有被对方说服，但我相信我们播下了一些可能结出果实的种子。我们争论时间最长的问题是以武力还是以和平手段来达到类似的目的。

晚上我们打了场篮球，军队与教育系统的人比赛，我属于教育系统。我们 24：32 输了。

由于辽县县政府的好意，我给我的父亲寄了封信。

鸡毛信

［这里可能是一个介绍"鸡毛信"机制的好地方。为了短距离通信，农民们恢复了一种古老的邮政系统。下面是索万喜对其工作原理的描述。］

羽毛附着在信封的四角，是中国某些游击队控制地区通信的

独特系统。这一原理并不新鲜，它是对古老的驿站（信使）系统的改进，以适应在华北地区日军后方作战的游击队的需要。羽毛是一个象征，用来提醒信使，他的使命是速度——翅膀的速度，同时也代表着他在社区服务中的使命，他不能被阻止。

当信件要在常规邮政线路之外发出时，发信人只需将一片或多片羽毛粘在信封的一角，再写上通过这样或那样的村庄到达其最终目的地，并将其留在村里长老们的总部。过路的旅客会停下来，拿走要寄到他们要去的地方的普通信件。带有两个或两个以上羽毛的信件被归类为"快件"和"特殊信件"。这种分类保留给政府和军队使用，并由从村庄家庭中选出的特殊信使来接力送达。他们只能去传递线路的最近的村庄。如果送信员在用餐时间不在家，那么他所在的村庄将为他提供食物。除此之外，他将不会获得任何报酬。

作为公共服务，没有什么组织效率更高。信件很少会丢失或延迟送达。据说，特快专递的信件在 24 小时内可以传递 60 英里，甚至可以经过敌人的封锁线。

1940 年 6 月 14 日（星期五，桐峪） 旅馆

我上午写了三封信，一封给母亲，一封给海伦，还有一封给路易。

今天晚上我遇到了一件非常不愉快的事，这个经历让我有点紧张。我正站在旅店门口，有两个身穿军装但没有任何徽章的男人走过来，很唐突地对我说，他们有话要对我说。我问他们什么事，他们却拒绝告诉我。相反，他们让我回到房间。我立刻起了疑心。当他们进到我的房间时，我也就跟他们一起去了。然后我问他们是谁，他们想要什么。他们想看我的证件，但不愿告诉我他们是谁。于是，我告诉他们，如果我不知道是谁问我，我不能

让他们看我的证件。他们生气了，我也生气了，谁也不肯让步。最后我同意和他们一起去见他们的领导。但当我们到了他们的办公室，却没有领导来。他们开始问我一些关于我的工作和教会人士的问题。看来他们想起诉我。我们不得不等等，看事情会怎样发展。看起来不妙。

[给路易的信]

辽州

1940 年 6 月 14 日

亲爱的路易和聂先生：

我到辽州已经大约一个星期了，这是我从这里给你发的第三封信。我想知道你们收到了没有，收到了多少。你们明白吗？辽州已经和一年前不一样了。

我计划五六天后再回来。路线还没确定，但很可能不是我来的时候的那条路。如果一切顺利，我会及时赶回来和你们一起去西安。不过，你们不要在高平或晋城等我。我可能不能走那条路。如果要等，最好待在阳城或垣曲附近。如果因为某种原因我没有及时赶回来陪你们的太白之旅，请不要因为我而犹豫不前。不过，我会尽力回来的。

因为一些当地的原因，尹可能不会和我一起回去。我想再找个旅伴。

我很幸运能找到所有之前和我一起参加救济工作的人员，包括李文郁先生 [又名李棣华]。因此，把我带来的钱分发完是很有可能的。困难之一是货币问题，但是我认为这可以在我离开之前解决。我必须在几天之内去一趟八路军总部，很多事情的解决取决于这一趟。

如果彩色胶卷到了，并且你们在我回来之前返回了西安，请把这些东西留给第 14 集团军或者留给在垣曲的余国参，我路过时会去取。

请给附近所有的县长、邮局和军事总部留话，这样我可以了解你们的动向和下落。

我希望在一两天后能见到我父亲。我一切很好，谢谢。

索万喜

1940 年 6 月 15 日（星期六，桐峪） 旅馆

这一天过得很平静。我们昨天在那些问题上的摩擦还没有解决。

今早我又发出两封信。这次弗恩受益了。我给路易寄了封信，告诉他我昨天的经历。

中午时分，从河北来的大约 40 个"小鬼"来到我们下榻的旅馆。

我立即被一个不超过 12 岁的聪明小家伙吸引了，他要我教他英文字母。与他交谈了一段时间之后，我发现他的父母都是美国公理会教堂的成员，都在战争初期被杀了。他已经加入八路军将近两年了。

今晚我们又和军队打了一场篮球赛。我们还是原来那些人，我们最后以 28 ：24 赢了。

今天我在我的随身物品里加了一个炒面香肠包。我只需要几枚手榴弹就能成为真正的游击队员了。

　　〔炒面是把炒过的玉米、燕麦和豆类磨成面粉。它很轻，可以干吃（我喜欢这样），但最好用沸水冲泡。一点点就够很

长时间食用。这是中国的"混搭"。游击队员将炒面装在一个长袋子里，套在背包上。我猜索万喜厌倦了在空旷的乡间长途赶路而没有食物！〕

1940 年 6 月 16 日（星期日，桐峪） 旅馆

今天是一个值得纪念的日子。人们宰了一头猪，猪肉售价每磅 1.2 元。我买了 5 磅，这几天我们有肉吃了。

肉买得很是时候，因为今天有两位客人。杨来了，带了 4 斤炒面，因此我可以装满我的香肠包。我给了他 1 斤肉带回家给他的家人，这让他十分高兴，他们 5 个月来第一次有肉吃。

晚上李玉舍过来看看我怎么样。他希望我回到麻田，当我说我不回的时候，他担心八路军是不是有所企图。八路军确实有些想法，但没有多严重。

辽县县长今天在桐峪，但我到现在还没见到他。看样子他出于某种原因在躲避我。他和其他人一样，可能对每个人和每件事都有所怀疑。我已经放弃了帮助该地区难民和战争受害者的希望。

1940 年 6 月 17 日（星期一，桐峪） 旅馆

我还在这里，还是没有收到城里的任何消息。

这一天的大部分时间我都花在向疟疾患者发放奎宁并告诉他们如何使用上。我到达的第一天把奎宁给了一个病人。他康复的消息传开后，人们开始蜂拥而至。今天有 25 个病人。

今天我见到了县长①，他似乎是个很有能力的年轻人。他毕业

---

① 应该指魏兆麟（永生），1914 年出生在辽宁省开原县，清华大学土木系毕业，1940 年 6 月—1941 年 10 月任辽县县长。抗战胜利后，赴东北工作。

于清华大学。我们讨论了救济问题，然后像往常一样聊了世界局势，又聊了经济和政治局势。

今天在桐峪召开了辽县的商人大会，政府与企业共同努力是件让我喜闻乐见的事。在会议上，他们讨论了价格问题、商品短缺和过剩问题、合作取代激烈竞争等。

我听说他们也举行了农民会议，农民在会议上讨论他们的问题。这种会议好处很多。我通过一个农民给 O.C.［索万喜的父亲］又寄了一封信。

1940 年 6 月 18 日（星期二，刘家村 ①）　河南，第三分区办事处，今天走了 50 里路

看来我对河南有了一定好感，我坚持每隔一段时间过来一次。

就像一周前一样，这次我来到第三分区政府办事处讨论救济计划。他们已经举行了一次会议，决定在武乡和襄垣购买谷物，然后在平定县东部、昔阳县东部及和顺县东部分发。这些地方似乎是最需要救济的区域。

李棣华的计划似乎受到了挫折，看来他不能陪我在一起了。他们希望他留下来并进入即将开学的抗战建国学院，这似乎打乱了他回去继续他的研究的计划。

这里的人很合作，看起来很真诚。他们比我见过的一些人更现实，我想我们和他们相处不会有问题。

有个"小鬼"［事实上，中国人通常把这个短语翻译为"孩子"。但是，如果他们在"鬼"前加上"美国"或"日本"或"外国"，那么它就会被翻译为"鬼子"。］喜欢我们，他把我们的房间装点得很好。

---

①　应该是今天河北省涉县辽城乡刘家庄村。当时涉县属于河南省。

1940 年 6 月 19 日（星期三，桐峪） 药师家里，今天走了 50 里路

李传元（音译）半夜回来了。我们睡在他的床上，所以不得不为他腾出地方。［这里的床很可能是炕，能睡几个人，每个人都盖着自己的毯子。有点像睡衣派对。］早餐后和他好好聊了聊，他是我在这些地方见过的对我的动机没有表现出任何怀疑的少数人之一。如果再多几个这样的人，我们也许能在这里多帮点忙。

他要给救济委员会写封信，表示他愿意让我们在他们的地区工作。他还让李棣华陪我们去八路军总部。

中午我们回到了麻田，下午大部分时间在太行中学［根据太行山命名］拍照。如果这个系列的拍照成功，将成为一个有趣的故事。学校大约有 400 名学生，其中 1/8 是女孩。学生们学习卫生、绘画、音乐、世界历史和中国历史、地理、数学、语文以及共产主义的原理和实践。学校共有 4 名全职教师。年龄大的学生帮助年龄小的学生。学生和教职员工饮食全包，每年有两套换洗衣物，外加零用钱。校长和业务经理每月 5 元钱，教师每月 8 元钱，学生每月 1 元钱。

晚上我回到了桐峪，我的父亲还没到。不知为什么我今天特别累，几乎吃不下晚饭。

1940 年 6 月 20 日（星期四，王家庄） 杨天普（音译）家，今天走了 30 里路

今天早上我醒来的时候正在下雨，我觉得父亲今天来不了了。然而，尹在上午的时候来看我，建议我向千亩出发。他确信我父亲会来。

我与杨在王家庄吃了午饭后，就上山前往千亩。我还没爬到一半就遇到父亲从山上下来。我们回到了王家庄，今晚住在这里。

翻着父亲拿来的装东西的箱子，真叫人兴奋——面包、黄油、果酱、蛋糕、曲奇、西梅、可可、水果罐头等！晚餐吃了面包、黄油、果酱、蛋糕和豌豆。天啊，这太棒了。他还带了一些药和我的几件旧衣服。

父亲告诉我，日本人知道我回来了。一周前，有人说这附近有个年轻的美国人，他是个"大大的八路军"。

［我们不知道怎么翻译这句话，因为没有明确的汉字，音译存在歧义。然而，静静觉得应该是"他确实帮助八路军"的意思。我好奇 6 月 14 日吓到索万喜的两名穿制服的人会不会是日本间谍。时机差不多，也能解释他们为什么对索万喜的身份感兴趣。如果不是，那可能是地下党吧。可以把这件事和西安的索警官对比一下。我们永远不会知道。］

我担心父亲回去之后会遇到麻烦。父亲说，日本人这段日子对教会不太友好。我希望我不会给他们造成任何麻烦。

1940 年 6 月 21 日（星期五，麻田，教堂） 准备回美国，今天走了 40 里路

早餐我吃了 4 杯牛奶泡可可粉。

我父亲和我一直待到 10 点钟。他告诉我在辽州发生的事情，以及他见到日本人的一些经历。他和王普霖在沁州［被日军］拘留了几天。

我告诉了父亲我要回美国的所有细节，他会让骑士［旅行社］

帮我订 9 月 1 日之后从上海出发的票。我到时从西安发电报通知能不能赶得上。

父亲和我都认为他应该尽快回到辽州，所以我们暂时分别。我们都要回美国，但要走两条不同的路线。他 7 月 8 日从天津启航，从今天起大约一个月后将到达美国。[索万喜不能和父亲一起走，因为他被禁止进入传教团所在的日军控制下的辽州。]

晚上我回到麻田想见李棣华。但他不在，不过他给我留了字条，让我去黎城县西井镇找他。

尹和我一起回来了，他想和我一起回西安。我想我会带他一起走。

1940 年 6 月 22 日（星期六，西井镇） 今天走了 35 里路

昨晚下了很大的雨，我有点担心我们能不能渡过漳河。然而，我们没遇到困难，但一早上都得在雨中前行。

李棣华出来接我们了。昨天晚上我没到，他有点担心。他给桐峪打电话，那边的人告诉他我已经回美国了。

我们到西井镇的时候（中午）雨下得特别大，我们决定停下来休息一天。

整个下午我都在翻译李拿来的 3 人董事局的信，还有救济项目。

和李棣华谈话很有趣，他是个很有学问的人。不过，在目前的情况下，我为他感到惋惜。他说，缺乏自由使他精神上很难受。他想彻底离开，但他担心对他的家人来说事情会复杂化。他的父亲已两次入狱。党内的人是自由的，而党外的人则受到各种形式的压制。

给友爱会、教友会救济委员会及其他感兴趣的
救济组织的一封公开信

日军通过暴力入侵，破坏了我国许多地区，无视一切人权，侵犯了和平。军事占领给我国人民造成了极其沉重的负担，使我国人民深受其害。春汛夏旱，再加上战争，给该地区带来了前所未有的深重苦难。

我们不愿描述我们所处的处境，因为我们知道，在被日军压迫的人民中都有苦难。但是如果我们保持沉默，你不可能知道这里发生了什么。在山西东部和河北西部的许多地方，人们正在收集树叶、树皮和草作为食物。就连小米和小麦的壳也是很少人能得到的奢侈品。人们变成灰白色的骨架，孩子们的腹部凸出，这些场景都十分可悲。每天都有许多人死于贫困、无家可归和疾病。

我们日夜焦急地呼唤着那些能减轻我们痛苦的人。通过你们已经传达的想法，我们相信你们的组织有兴趣帮助人们提升生活质量。委派代表的到来使我们对你们和贵国的友谊有了新的信心。

我们代表本地区人民，对你们给予我们的深切同情和慷慨帮助表示最崇高的敬意和最深切的感谢。在未来的黑暗日子里，它仍将是鼓励和激励我们的源泉。我们热切地希望你们能够继续筹集资金，派人来减轻我们的痛苦，使我们的人民摆脱苦难。

你们最亲爱的

游击队根据地政治指导局

1940 年 6 月 23 日（星期日，武乡） 农民家，今天走了 70 里路

我们没有吃早饭，把行李堆在了带来的那匹老马身上，开始

向武乡出发。我们必须越过把黎城和武乡分开的山脉。一直向上爬，最后爬到最上面。两侧地形的变化是最有趣的。往东边，远看都是崎岖的悬崖峭壁。往西看，我们所在的山脉缩小为连绵起伏的山麓小丘和由被侵蚀的黄土丘陵构成的大山谷，通过开垦梯田，黄土丘陵被从高到低地充分利用。

今天晚上我们遇到了暴风雨，所以没能到达目的地。然而，我们在一个非常和气的村民家过夜，他们非常好客。

今天的《新中国日报》登载了我来到此地的消息，讲述了有关我和我的工作。该死，我希望我可以避免被公开。我尽了最大的努力让我的工作不惹人注意。我希望这不会给我父亲和传教团带来麻烦。

听说法国想向德国求和。

1940 年 6 月 24 日（星期一，八路军总部） 今天走了 30 里路

[注意，索万喜在这里没有写明总部的地址，以防日记落入日军手里。]

今天上午在路上遇到了一个布道的男孩（周），尹和我去看了看他。他们在这里过得很艰难。[这可能是李陈舟，他是来自沁州的福音传播者，见 1939 年 4 月 13 日。]

中午前后我们到了军队总部，说是总部，但基本没什么警卫和军队氛围，让人很疑惑。

我们在这几个村庄之间来回走了好几次，最后终于在宾客服务处找到了地方。他们给我们吃了一顿美餐，帮我们找到了一个非常好的农家住宿。但他们还是把我们当陌生人。

他们今晚给我们带来了食物，但没人和我们说话。这是一种特殊的氛围。

[给路易的信。]

襄垣县

1940 年 6 月 24 日

亲爱的路易：

今天耽搁了一天。日军活动增加了，但我们计划明天继续前进。我们仍计划穿过公路，沿沁河向南去阳城。如我之前所说，我不能和你在高平或者晋城见面了，我要直接去阳城。别等我了，不知道我在路上会遇到些什么。日军在这边有所行动，当然各种摩擦也在继续。

我特别想知道你上个月过得怎么样。

我还想去爬太白山。我上个月参加了锻炼，身体不错。

父亲给我带了一些好吃的，如蛋糕、黄油、牛奶、可可粉、糖和一罐鲑鱼，要是能和你一起分享就好了。

待到重逢时，

索万喜

1940 年 6 月 25 日（星期二，八路军总部）

今天是我在中国度过的最有趣的一天。

早饭后，我们收到了左参谋（朱德将军的参谋长）的邀请函。他接待我们很简单，但很诚恳。我介绍了我们的工作，主要是希望他们能帮助我回到西安。然后话题转到了政治上，就目前［和国民党］的摩擦而言，他并不太乐观。

下午，龚澎小姐——燕京大学［北平一所外国人开办的大型大学］毕业生，现在是朱德将军的秘书，过来看望我们。她是一位迷人而又热情的年轻女士，大约 24 岁。我给她端了两杯可可，看到她这么喜欢，我很高兴。她的家在上海的法租界，所以她很习惯外国的东西。［除了中文外，］她能讲流利的英语、法语和俄语。

1940 年 6 月 26 日（星期三，八路军总部）

我们本来打算今天早上出发，但他们带来了消息，说敌人已经在我们计划经过的地区开始行动了。看来我们可能会被日军的进军困住。真是混乱到极点了。

龚澎小姐和李先生在整个上午都和我们在一起。我们又喝了可可，开了一罐橙子。我们有了 3 个小时非常有建设性的谈话。

今天下午，我们去见了总部的另一位客人——李公朴先生。他是中国著名的自由派学者，现在穿着军装，他正在战争地区搜集信息和新闻以供出版。他可能是国共之间很好的调解人。

第十一章　回到学院

1940 年 6 月 27 日（星期四，周南）　今天走了 120 里路

星期四早晨，我们起了个大早，动身前往公路。李公朴来送我，他送给我一条由贺龙给他的日本腰带。

龚澎小姐早上也来了，给我一些书信和报纸让我带出去。我给她拍了两张照片，希望能洗出来，她很可爱。

在离开前，我得到了另一个战争奖品———一匹日本马，因为头部受伤，它只有一只眼睛。当然，它有点瘦，因为这里没有日本人喂它喂得好。但总的来说，它的潜力不错。出于显而易见的原因，我给他起了个名字叫"游击队"。

他们对我非常友好和开放，以至于我们分别时就像离开老朋友（尤其是龚澎小姐，她跟我走了大约 1 英里才离开。我希望我们能成为亲密的朋友）。

今天我们一共有 4 个人，即总部的宋先生、一名政治组织官、尹和我。除宋从马上摔到了河里之外，我们在路上唯一的兴奋点是不断接近的大炮声。

下午 3 点左右，我们到达了火车轨道以东几里的一个小村庄。我们计划在夜间穿过公路。那里的营长告诉我们，我们过河可能只会在轨道的另一边遇到麻烦。但除此之外，他觉得不会有什么

索万喜日记（1938—1940）

麻烦。在 23 日晚上，他们破坏并带走了 160 根铁轨。日军还在忙着修理。

下午 5 点，一名士兵给我们带来口信，告诉我们立即返回军队总部。日军距离我们西边只有 10 里，而且有一个包围圈在形成。我们的处境很危险，所以我们一刻不停往回走。我们遇见了抗大的一个政治团体，大约 200 名学生，有男孩、女孩。他们都很年轻，对事情的突然变化感到有点兴奋。我们看到了他们的困难处境，所以承担了让他们摆脱困境的责任。在路上还收容了几个病人和伤员，所以我们有很多人。我们不能走我们来时的路。路已经被切断了，所以我们绕道南行。当我们溜出去的时候，只有一个 7 英里的缺口。如果再晚一小时，我们就会被困住了。我们一直走到第二天凌晨 1 点才到了一个我们认为足够安全的过夜之处。

[索万喜很适合给他们带路，因为他对这个地区非常熟悉。]

1940 年 6 月 28 日（星期五，八路军总部） 武乡，今天走了 50 里路

5 点钟，我们被下面距离约 10 里的重机枪和大炮的射击声惊醒。我们没用多长时间就收拾好行李并开始行军，好像日军在追我们。我们再次向南到我们听说总部所在的地方，但与此同时，总部已经再次转移到了西北。到了傍晚，我们找到了地方，重新安定下来。龚澎小姐的第一件事情就是保证我的舒适。

今天在西井附近发生了激烈的战斗。

1940 年 6 月 29 日（星期六，八路军总部） 黎城，今天走了 70 里路

我似乎还没睡着就响起了敲门声，一个声音告诉我们赶快收

拾行李。总部要转移了。敌人离我们只有5英里了。

我们被叫起来7分钟后就做好了出发的准备，但他们决定先吃早餐。我们吃完饭的时候，天已经亮了，我们还没有离开。

大约上午9点钟，彭德怀将军来了。我可以立即看出他因为某件事而感到高兴。日军撤退了。他仅用2000人就赶跑了大约5000名日军。他的损失相当大（死伤约700人），但他们打死打伤的日军比他们自己损失的人更多。

半小时后李公朴进来了。在接下来的4个小时里，我们3个人一起聊天。我们让彭将军从他的早期经历讲起。

傍晚，龚澎小姐来了。我们一起向村子后面的山上走了2个小时。在回来的路上，我们遇到了站在黄土深谷旁的彭将军，他

中国著名学者李公朴送给索万喜的照片

似乎陷入了沉思。我们打断了他的独处，发现他正在考虑修建水坝和灌溉系统的计划。[索万喜告诉我，一名前线将军在战争期间会考虑很多重建的事情，这让他印象十分深刻。]

晚饭后，李来了，我们又是聊天又是唱歌，一直到12点。

[龚澎小姐向索万喜描述了对日本战俘的处理。索万喜在写给一家报纸的一封信中说了这次谈话和他之前目睹的一次事件。虽然并不是所有的日本俘虏都像索万喜信中所描述的那样受到了很好的对待，但中国目前的官方政策是很好地关心他们。以下是他信中的摘录。]

1938年，在访问中国的游击根据地时，我惊讶地偶遇了他们为5名被俘房的日本士兵举行的招待会。致欢迎词后是一场宴会，在宴会上战俘是贵宾。招待会是由县政府与第18集团军和游击队的"决死队"代表举行的。俘房的反应最开始是紧张、困惑的。招待会还没有结束，他们的矜持就被打破了，他们笑着试图用蹩脚的中文与中国人交谈。我被告知，他们之后将会被送往一处学校拘禁营。

两年后……[1940年，龚澎，战俘事务主任]……告诉我[八路军]在处理战俘问题上的政策。

6个月来，他们被关押在一个与"抗日及国家重建大学"相关的营地里。在这里，他们吃的是能够得到的最好的食物，得到了最舒适的住处。他们的时间都用来学习汉语和中国文化，以及中日战争的基础和中国抗击日本帝国主义的原因。

6个月后，战俘被要求选择返回自己的部队，或者留下来与中国人一起工作。约20%的人选择回去。这些人得到了回到自己队伍的通行安全。虽然后来再也没有人听说过他们，但中国人认为失去这些人对他们是有利的，因为这些人再也不是对抗中国军队的顽固士兵了。另外，只要他们健康地重新出现，他们就会向自己的同伴批驳中国人不留俘虏的日常教条。

那些选择继续与中国人在一起的战俘都有试用期。一年后，他们可以获得与中国人平等的地位和晋升机会。几个受过技术训练的人当时获得了相当重要的职位，［一人］成为一个根据地医院的院长，［另一人］成为无线电通信部副部长。许多人通过戏剧化的表演和演讲在农民中开展公共关系和教育工作。有些人选择去前线战斗，他们说："不是反对他们自己的种族，而是反对他们被误导的国家的帝国主义，也是为了在平等的基础上展开的亚洲各国人民之间的未来的联合。"在1076名俘虏中，只有对一个人的信任是错误的。

后来我和几名俘虏聊了聊。他们已经从战争机器中的小卒转变为有同情心和热情的人。他们仅有的遗憾似乎是他们的家庭和社区可能永远不会再接受他们。有些人希望战后他们的妻子能到中国来和他们团聚。

1940 年 6 月 30 日（星期日，黎城） 今天走了 60 里路

从彭将军那里得到的消息说，至少在一星期内不可能穿越公路，所以我们开始经由黎城回去。龚澎小姐陪我走了 1 英里后与我们分开了（在承诺保持书信联系之后）。

他们给我安排了通行证、介绍信和 2 名骑兵护卫。他们对我们确实很好。

越过太行山脉后，我们在黎城的一个小村庄过夜。

1940 年 7 月 1 日（星期一，潞城，潞河村） 今天走了 70 里路

我们及时渡过了漳河。我们刚到河的另一边还没有 15 分钟，一场暴风雨就来了。

今天中午给"游击队"买了一对新的马蹄铁。我猜马蹄铁钉得不正确，以至于它从河岸滑进河里。把我的东西都弄湿了。

我们在离日军不到 5 英里的地方过夜。他们正在行军，但我们不知道他们是朝哪个方向行军。我们采取了预防措施，让一个人（当地农民）今晚和我们待在一起，这样如果我们晚上必须离开，还有人帮助我们渡河到达更安全的地方。我希望去平顺的路是通的。

1940 年 7 月 2 日（星期二，平顺） 今天走了 80 里路

我们在没有任何干扰的情况下过了一夜，但今天上午在潞城县的东北角差点碰到一个陷阱。昨夜离我们不远的日军于今天凌晨向西移动，切断了我们的返回路线。我们到了漳河以南的一个山顶时，日军正离开下方山谷中的一个小村庄，我们曾经计划经过那条山谷。通过我的望远镜可以很清楚地看到他们。起初，我认为回到黎城等待是明智的。但是，正当我们计划沿着原路返回时，一架飞机出现了，在我们上空盘旋，然后直奔黎城的方向去投弹。我们认为这意味着在黎城很快会有行动，因此我们决定继续南行，即使这意味着要越过敌人的防线。

我们选了日军刚刚离开的那个村子作为我们要穿越防线的地点。他们很可能不会立即回来。路过村子时，农民拦住我们，说村里有 3 个伤员需要我们帮忙。尽管当地有危险，我们还是停下来做了我们力所能及的事。在我们工作的时候，村子里的男人去放哨，以免我们受到突然袭击。我们发现一个女人已经死了，她是一个 5 个月大婴儿的母亲。她先是被强奸，然后被刺刀多次刺穿腹部。婴儿也有一个严重的刺刀伤，一个大约 5 英寸长的严重创伤。肠子和胃的一部分露出来了，但是由于这两部分看起来没有受伤，我们把婴儿的伤口缝了 12 针。两小时后，我们离开时婴儿看起来很开心，而且还能吃东西。如果没有感染，那个婴儿可能会渡过难关。第三个也是一名妇女（中年），她的腹部和右肺上都有弹孔。她的右前臂上还有五道伤口，是被刺刀所伤。在试图阻止日本人绑架她 12 岁的儿子时，她受了伤。他们抓住了那个孩子，但他逃脱了，我们还在那里的时候他跑回来了。那名妇女的情况很糟。

我们晚上到了平顺，把八路军司令部的介绍信给了县政府〔地方官〕。但他没有接待我们。我们费了好大劲才找到睡觉的地方。现在是凌晨 1 点，我们刚刚在衙门〔县法院〕的露天院子里铺好床准备睡觉。

1940 年 7 月 3 日（星期三，安口） 天主教传教站，今天走了 55 里路

我们离开了平顺，没见到县长，但我认为让我们睡在他的门阶前实在是太让他丢脸了。八路军今天派了一匹马和 3 个 17 岁的卫兵和我们在一起。我们又要和那个荷兰神父过夜了，他很高兴有外国客人。

1940 年 7 月 4 日（星期四，陵川） 县政府，今天走了 65 里路

妈妈，生日快乐！

今天是辽州被日军占领刚刚一年。因此，今天我庆祝美国独

立日，也纪念我的家乡沦陷。

我们 7 点 30 分离开了在安口的天主教传教站，向红线方向走去。在上一个八路军前哨，我们被告知这几天很难通过那里。在过去几天里发生了几次小冲突。这一次我们既没有有用的建议，也没有邮差的陪伴。国共双方之间的局势变得更加紧张，甚至到了发生实际战斗的程度。当我们最终到达计划重新穿越战线的地方时，我们发现双方正在发生小规模冲突。最近 3 天发生了枪击事件，据我收集的情报，政府军为了获取粮食，正试图入侵八路军地区。八路军说他们是在保卫农民的粮食。但是，无论出于何种原因，他们都在战斗，而且已经战斗了几天。我可以清楚地听到加农炮的轰鸣、机关枪的嗒嗒声和步枪的啪啪声。我从声音判断，情况非常严重。我问一位八路军士兵，他们这边有多少人被杀。他多少有点歉疚地告诉我，他们已经 3 死 5 伤了。3 名遇难者全部是被流弹打中的农民，5 名受伤者中有 3 人是农民。

"你认为有多少政府军被杀？"

他的回答让我有些惊讶："没有，我们希望没有。"

之后，我唯一想问的明智的问题是为什么？

他给出了一个非常明智的答案。"中国人不再杀中国人。我们都是为了保卫祖国抗击日本侵略者这一共同目标。"

我问他这场战斗意味着什么，而除了知道他们从军官那里接到命令阻止政府军入侵他们的地区并从农民那里收粮外，他对其他的显然一无所知。

"既然如此，如果中国人不再杀中国人，为什么你们要浪费这么多弹药向对方开枪？"

他回答："军令就是军令，但它们不能让我们彼此击杀。我们都在这样射击。"他通过向一朵飘过的乌云射击演示了一下。

如果是这样的话，也许我在穿越战线返回的过程中就不会遇到那么多困难了。如果他们不向对方开枪，他们当然不会向他们的一个从前的老朋友开枪。无论如何，我们必须过去。

　　在进入政府军地区时，我们首先要为我们的马感到骄傲，如果我们能够以某种方式让它有第二只眼睛，它也将为自己感到更加骄傲。尹先生是一个很有办法的人，很快找到了我们的问题的解决办法。他拿出一个小小的中国鸡蛋，把蛋壳里的东西吹出去，他用刷子和漆制作了一只眼睛来代替失去的那只眼，当然这只眼没有用，但它仍然是一只眼睛。于是，带上我们的马，我们开始穿越战线。

　　我派了一个农民先于我们带着我的通行证去通知第40军的前哨说我要过去。我跟在农民后面半英里的地方，尹和"游击队"在我后面半英里的地方。我们分开走以避免被怀疑。

　　由于第40军守卫的地方不在主干道上，而是藏在公路上方的一小丛松树中，农民顺利通过了。但当我过来的时候，他们对我动真格了。在向我大喊让我停在开阔地之后，他们想知道我是谁，我是做什么的。我大声喊着回答实际情况，但他们并不满意。因此，我举起我的通行证，请他们下来检查我的证件，或者让我把证件交给他们。他们不同意这两个建议。他们互相商量了一番之后，对我大声说了些我听不懂的话。然后他们威胁说，如果我不照他们说的做，他们就开枪。我知道了他们的想法，他们要我脱衣服。我除了脱光衣服什么也做不了，尽管附近田里有几个女人。当我把所有的衣服都放在一边，赤身裸体地站在他们面前时，他们命令我上来。天啊，我跟在他们后面，向他们说了我的想法。他们的态度立刻改变了，他们害怕我会举报他们。最后，他们派了2名卫兵一路护送我们到陵川。

　　　　　　　　　　　　　　　索万喜日记（1938—1940）

我们在衙门［县政府办公地］过了夜。我注意到这边的人［国民党］并不像另一边的人［共产党］那样乐观。

1940 年 7 月 5 日（星期五，陵川） 县政府

今天早上我在澡堂洗了个澡。我们拜访了鹿钟麟将军。他是个典型的军人形象。我担心有他在这边，摩擦就不会改善。他的计划是如果八路军不守规矩，就和他们作战。合作必须来自对方，"我们不会主动。"

1940 年 7 月 6 日（星期六，陵川） 县政府

范将军没有回音，所以我们又在陵川住了一天。我上午在孔庙的一个小亭子里冥想和写作。

午饭后，我去拜访了黄将军，他是著名的游击队指挥官之一。黄将军跟日军作战了 8 年。他开始是在日军中，但后来退出了，重新加入了中国方面。他有点以自我为中心，但有很强的八路军精神。他把所有的精力都花在了与敌人的战斗上，他几乎总是在前线和他的军队在一起。

黄将军是个好笔友。他在这一页上附了一张便条——向我致敬。［便条内容大致是说，"我们的美国朋友，和我们一起，沉重打击日本敌军"。便条上有签字、盖章和日期。］他还给了我两本书，一本是他的关于游击战争的课本，另一本是他抗日活动的故事。

今天晚上，我们去见了第二战区游击队指挥官刘书霖，讨论去黄河的最佳路线。他建议去晋城以北。在场的还有另外 2 名高级官员。我们对各种事情进行了热烈的讨论，如八路军、欧洲局势、哪个国家有最漂亮的女人，以及什么是美丽。

1940 年 7 月 7 日（星期日，陵川） 县政府，七七事变

3 年前的今天，中国人开始了反抗日本帝国主义的全民族独立战争。当时没有人相信中国能够抵抗 3 年。然而，今天的中国比 3 年前更加强大和坚定。

今天早上在城东举行了一个盛大的庆祝会。我尽最大的努力只做一名观众，但还是让我站在讲台上说几句话。

在会议上我见到了第 27 军参谋长，他说我们可以明天出发去高平公路。那里没有成群的人穿越，但他认为如果我们由农民带路会更好。

衙门里有一位年轻的女士，她是一位艺术家。[她的名字叫陈曼谷，与泰国首都曼谷的中文名字相同，也许她是在那里出生

陈曼谷女士

陈曼谷女士送给索万喜的画作。上面写着她的名字和日期

的。］她一直很努力想认识我，今天甚至给了我一幅她的画。她是北京大学毕业生，她穿着现代服装，吃着最好的食物，坐轿子旅行，但没有龚澎的那种热情。两人形成了有趣的对比。

1940 年 7 月 8 日（星期一，高平，云南村） 县政府，今天走了 45 里路

说提早走，但我们中午才出发。真糟糕，在中国要按时完成工作是很困难的。"即使晚了一个小时或一天又有什么关系呢？"

今天早上在衙门为孙玉津（音译）博士举行了一个纪念仪式，4 名嘉宾总共说了 2.5 小时。我知道他们每周都举行这样的纪念活动。听众在整个会议期间站着。如果仪式都像今天上午这样，那

是相当枯燥的。

9个人、"游击队"、尹和我中午出发去高平和晋城公路方向。从陵川到高平县政府的45里路是我们长途跋涉中最容易走的一段路。这是一条很好的土路，一路下山。我们现在正下太行山。

高平县县长是个有趣的家伙，很能切中要害。他一点也没有旧时的过分客气。如果他是对的，明天晚上我们横穿公路就没有问题。希望他是对的。［索万喜的地图显示，他们向高平南部前进，高平是由日军控制的，日军也在公路上活动。高平地方官逃到了高平外的一个小村庄，可能是云弯。］

1940年7月9日（星期二，高平，原村）旅馆，今天走了90里路

我们上了昨晚住的地方附近的山上去看看地形。从我在的地方看，情况并不乐观。我们必须经过的高平山谷中到处都有小哨所。但我还是决定试试，所以下午2点，"游击队"、尹、一个便服向导和我出发前往敌占区。我们选的时机不是很好，所以必须在黄昏前通过距离敌人第一个哨所不到2里的地方，穿过第一条公路。由于我们的无知（缺乏足够信息），我们被2挺机枪扫射、受到了3发炮弹的轰击。但是我们当时位置还好，在他们到达射程之前就看不见我们了。我觉得可能是"游击队"暴露了我们，它比农民的马大很多。但我们会原谅它，它做得很好。当我们穿过3条公路、溜过8个日军哨所时，它一次也没叫。

周三凌晨2点，我们到达了一个足够安全的地方过夜。找地方睡觉太难了。最后我在一个大磨盘上铺了床。

1940年7月10日（星期三，沁水，固县镇）今天走了50里路

有人今天早晨5点把我从磨盘床上赶了下来，这离我打算起

床的时间早了 2 个小时。但他们必须用磨来碾谷子准备早餐。

我们没有按照原计划往西北走，而是从杨村拐弯向西南走，直奔垣曲［他们要过黄河的地方］而去。我们有两个农民当向导，其中一位是个瘦高个儿，大约 22 岁。他是个非常聪明的家伙，脑子很清楚。他问了很多问题，主要是关于美国的。

固县镇名字听起来很大，但它是一个无足轻重的肮脏的小地方。只有大约 1/3 的人在家，其中一半人患有斑疹伤寒或回归热。沁水和杨村的人和高平的人是完全不同的，前者是懦弱的，是自私的个人主义者。

我们听说现在阳城—沁水公路上有日军。这样我们就要走另一条路过黄河。我希望这一切可以告一段落。

1940 年 7 月 11 日（星期四，沁水县，李庄） 今天走了 60 里路

今天早上出发的时候，路似乎很开阔、很平静，但是在我们快到端氏时，气氛变得很紧张。据报告，日军占领了端氏以南 8 里的主要公路上的一个小村庄。在我们到那里之前，我们就遇到了从附近逃离的难民和士兵。

幸运的是我们对日军的行动有足够的经验，知道这样的举动只是暂时的（他们新采用的游击战法）。他们至多只待半天，所以我们继续前行。然而，我们在端氏一直等到我们得到准确的情报说敌人已返回山里宿营地，我们才出发。

在去李庄的路上，我们经过了他们去过的那个村庄。河床上还有几头死骡子和一个人。

看到了日军在端氏烧毁的一个豪宅，值 20 万元。那个房子肯定曾经是个重要地方，但现在不是了。

1940 年 7 月 12 日（星期五，武安村） 农民家，今天走了 20 里路

昨晚下了一场大雨，今天河水水位很高，是不可能过河了。这可不是好情况，一方面是日军，另一方面是涨水的河流。除了在这个小村子里过夜之外别无他法，但明天我们必须做点什么。这不是个停留的好地方。

我们现在走的是相当大的一条大道，几乎每天都有军队来来往往。今天我们遇到了从河南回来的大约 200 名第 27 军士兵。他们的一名军官 10 天前来看过路易，但不知道他的计划。

第 93 军有一队人驻扎在这个村子里。他们的 100 名士兵给村子带来了很多麻烦。

很明显，在这个地区有大量的日本间谍，我很肯定我今天就遇到了 3 个。

1940 年 7 月 13 日（星期六，武安村） 农民家，今天不走运

今天早晨河水仍然很高，我们希望水位能在午夜前降到足够低，让我们能够过河。我们一直等到 5 点钟，想等这里乱哄哄的士兵走在前面，然后我们跟着他们走，但他们没走。我猜他们在这里吃得太好了，或者有别的原因。

我们让"游击队"驮上行李出发了，但是我们还没走几英里就开始下雨了。当我们到达一个可以安全（远离日军）过河的地方时，河水又涨了起来，以至于不可能过河了。我们没有别的办法，只能回去。

由于下雨，红土路非常滑，可怜的"游击队"重重地摔了一跤。我们回到武安村时已经过了晚上 10 点。但我们待过的那家人很高兴再次让我们进家，还给我们做了一顿玉米面粥晚餐。如果

没有这些农民的话，我们就成落汤鸡了。

1940 年 7 月 14 日（星期日）

天气晴朗使河水大幅下降，我们决定再试试前往阳城。我们找到了一个好向导，他答应带我们走头 10 英里。我们又遇到了抉择的问题，就是先过河，再过日军防线，还是先过日军防线。最后，似乎先过河更好，因为村里的长老给了我们一艘船让我们使用。使用该船的问题是"游击队"是否愿意这样渡河。它乘船的时候挺好，但上岸时比较尴尬，把我们的行李弄湿了。当我们到达沁河西岸时，已经是下午 5 点 30 分，所以我们完全没休息就继续向南走。大约 7 点钟，我们进入了危险区域。天还不够黑，所以我们一直等到晚上 9 点。

由于我们走的路一直是一条很少有人走的山间小道，我们要感谢月光的帮助。但是，当我们靠近公路时，我们希望云彩遮住月光。我们的愿望实现了，就在我们偷偷通过危险地带时，一朵云彩挡在了我们和月亮之间。

1940 年 7 月 15 日（星期一，孔西村） 农民家，今天走了 90 里路

在这紧张的时刻，搅乱这一夜的只是步枪的一声响。

我们的麻烦从公路南边开始了。我们一直无法找到另一个向导，与我们一起出发的那个人不确定该走哪条路，也没有人能问路。那个地区所有的村庄都成了无人的废墟。我们知道我们的方向是朝南，所以我们选择了最有可能的路线继续前行。我不知道我们是如何走在正确道路上的。我们有运气。在公路以南大约 3 英里处，我们遇到了两个农民。经过耐心的劝说，他们中的一个人同意把我们带到安全的地方。我们经过了日军每天要去的几个

村庄，村庄墙上贴满了日军的海报和宣传品。

天刚亮就下雨了。但我们还在敌占区，所以我们必须继续前进。我们到达一个村庄时 10 点多了，在那里我们可以安心睡个觉。

我们一直睡到下午很晚。还在下雨，所以我们要在这里过夜。

1940 年 7 月 16 日（星期二，暖汕） 今天走了 60 里路

我们给居住在孔西村庙里的几百名难民分发了救济品，他们几乎都来自阳城。他们已经离家 3 个月了，日子很不好过。在我帮助的 73 个家庭中有 102 人在这 3 个月期间死亡，目前仍有 157 人患病，主要是斑疹伤寒和回归热。

我们中午经过了河北沟，尹去邮局看有没有我的信。我牵着"游击队"直奔驾岭乡。在路上，我遇到了第 83 师的 30 多名士兵。他们看见我牵着一匹外国马，以为我是日本人，他们掉头就跑。幸运的是他们都没有枪，否则我可能会很危险。

没有信件，但有消息！路易昨天去垣曲了，我只比他晚一天。他不知为何觉得我在他前面，所以他想赶上我。

客栈里没地方了，我们要在马厩的地板上过夜。

1940 年 7 月 17 日（星期三，西哄哄村） 急救站

从暖汕到横河镇，我们以很快的速度前进。日军被抛在后面，前方没有大河。

我们从第 14 集团军那里得到了更多关于路易的信息，他只比我早一天。王医生说他最近胃有点不舒服，所以感觉不太好。总部的人对八路军地区很感兴趣，他们问了很多问题。

午饭后我们离开横河镇去了西哄哄村。出于某种原因，"游

击队"不想动，它在每个斜坡都要停一会儿。我们每小时只能前进一英里。最后，我走在前面，找了个过夜的地方，给"游击队"找了些干草和粮食。他们 12 点才到。在最后一座山顶，"游击队"不肯走了，它躺在路中间，在那里躺了 3 个小时。

1940 年 7 月 18 日（星期四，同善镇） 旅馆

虽然今天和路易会合了，但我不得不和"游击队"分开。今天早上它似乎恢复得很好，可以出发了。但走了不到 1 英里，它又停了下来。尽管我们尽了全力，它还是不走。我们没办法，把所有的行李挪到挑夫和我身上，尹牵着它回到西哄哄村，把它移交给军队的急救站。尽管它有残疾，他们特别高兴能得到它。

下午 5 点我们到达了同善镇。很高兴再次见到路易，他比与我们分开时瘦多了，腹泻使他疲惫不堪。

我收到一批信件，一共 15 封信。还没有海伦的消息，我想知道发生了什么。

今天吃到了本季的第一个西瓜。

1940 年 7 月 19 日（星期五，南村） 河南，今天走了 60 里路

我们终于离开了一团糟的山西，我不能说我为了离开而难过。事实上，当平底帆船漂过黄河时，看着河南的大堤逐渐靠近还是很开心的。

我们到垣曲的时候，余国参不在，他去了洛阳。聂至豪在黄河河南这一侧，与他最近到达的妻子和女儿在一起。我们没在垣曲停留，尽快过了河。

聂至豪的妻子从辽州南下历尽艰难，她在路上失去了最小的孩子。

1940 年 7 月 20 日（星期六，渑池） 今天走了 105 里路

天气对我们很有利，特别适合赶路。没有雨，但整天乌云密布。天气很凉爽，我们走了 100 多里也没觉得很累。

离渑池大约 30 里路的时候，尹和我先去打听了一下杜汗一家的情况。我们在刚刚天黑的时候到了，见到了高医生。他告诉我们，杜汗在洛阳，所以我们决定尽快去看看他们。路易留在渑池等我们，我和尹去洛阳，然后乘晚班火车回来。

我们听说，在最近的几天里西安一直能听到空袭警报，可能是从运城飞来的飞机要去轰炸重庆。重庆一定被夷为平地了。

得知我们再次在铁路边上我们很高兴，我希望翻山越岭的日子就此结束了。

1940 年 7 月 21 日（星期日，洛阳） 和蒋医生、保罗在酒店

今天大约凌晨 2 点钟，我和尹乘上开往洛阳的火车。我们等火车等了 2 个小时。我们昨天走了 105 里路，到站台之前只睡了 1 个小时，我们都累到了极点。我本来希望能买到卧铺，但是我们不仅买不到卧铺，甚至找不到地方坐。所以当我们到达洛阳时（凌晨 5 点），我们彻底累垮了。

蒋医生、保罗和霍尔小姐见到我又惊又喜，我不得不给他们讲了我在山西的全部情况。霍尔小姐为她没有和我一起去感到很难过。

他们带我吃了西式早餐，能换换口味真的太好了。

保罗想去西安，所以我明天会等着和他一起去。我打电话告诉路易计划有变。

今晚拜访了阿什伯里（Ashbury）。蒋医生和保罗很高兴认识尹！

1940 年 7 月 22 日（星期一，从洛阳到西安的火车上） 一直睡到 9 点

蒋医生今天不太舒服，一直躺在床上。

上午我和霍尔小姐好好聊了一下，跟她讲了我在山西的经历以及那里的情况。她决定到山西去做一些防疫工作。我们会把剩下的钱都给她，她打算带尹一起去。[她确实带着尹，回到了她在五台山（平定州以北 80 英里）附近的基地。但是她也生病了，不得不用担架抬过黄河回来。]

保罗和我去了洛阳山洞（难民住的地方），去那里拿他存的一些东西。我们参观了妇产医院和几个难民山洞。

今天准备离开有点匆忙，错过了午餐和晚餐。

八路军军官来看了我们，给了我们一些罐头在火车上吃。

晚上 10 点左右在渑池接上了路易，他和往常一样带了很多食物。

1940 年 7 月 23 日（星期二，去西安的绿色特快火车上）

破晓时分，我们到了文泰新站（音译）。我们把行李放在站台上，去询问手摇车的信息。站长不太保证能搞到，但我们坚持要。11 点左右，果然来了一辆手摇车。（第 15 军的）一位将军、保罗、路易和我被允许使用这辆手摇车。但是，在我们离开文泰新站不久，我们就被铁路上的卫兵拦住了，他们不让我们过去。最后我不得不去见指挥官，之后一切就顺利了。

我们得步行通过潼关隧道，并从另一侧乘另一辆车。潼关与以前差不多，完全是一堆废墟。

我们本来坐的是慢车，为了搭乘最早的火车去西安，我们换

了绿色快车。到西安一路上我见的都是医生和同事。我吃完了我的罐头。

1940 年 7 月 24 日（星期三，西安） 伯格斯特龙旅馆

昨晚 11 点到达了西安站。出站完全没遇到什么困难，没人检查通行证。

半夜 12 点我们到了伯格斯特龙旅馆。

所有人都睡了，朱利叶斯起来给我们安排了一个房间。

今早醒来的第一件事，我发现我的摄像机在我床边的桌子上。我还没仔细看它一眼，早晨的第一声防空警报就响了。

白天，经历了至少 4 次警报和 1 次爆炸，这让我们到处奔跑。我们本期待在西安可以得到休息和放松。

我花了今天的大部分时间在防空洞研究我的摄像机说明书。

天哪，坐在一张摆满了美国美食的桌子旁太好了。

收到一大批邮件，包括海伦、西尔考克、G.M.B［教会总委员会］、母亲、父亲和其他人的。

1940 年 7 月 25 日（星期四，西安） 伯格斯特龙旅馆

今天早上 6 点，我睡得正香。这时一天中的第一次防空警报响了。但是我太困了，根本起不来。然而，当紧急警报 10 分钟后响起时，我从床上起来，穿上衣服，就像一名大学生起床前等最后一遍早餐铃响一样。

今天警报响了两次，但是没有轰炸。

大约中午时分，门卫告诉我，有一个姓王的从上海来的人想见我。我不知道我在上海认识的人中谁可能会来，我出去看一下才知道。是和我在上海一起吃过饭的 21 岁的王小姐［1939 年 11

月 26 日], 有位迷人的小姐来找我真是太好了。但她很忧愁, 是来找我帮忙的。

我请她出去吃饭, 今晚吃了冰激凌和西瓜, 听了她的故事。当局不让她实施她的进入八路军学校的计划。

1940 年 7 月 26 日（星期五, 西安） 伯格斯特龙旅馆

凌晨 6 点整, 该死的警报又响了。这次我又懒得动, 直到紧急警报发出才起来。这只是第一个, 今天还有 3 个。在这座城市的东北地区发生了一次轰炸。

路易和我只能利用警报之间的几分钟时间休息。我们打算去华山放松几天。

我弄清楚了山西东南部的一些统计数字。在阳城县东南部, 29.6% 的难民患有斑疹伤寒或回归热。在调查的 549 名难民的案例中有 168 人生病。

1940 年 7 月 27 日（星期六, 西安） 伯格斯特龙旅馆

去浸信会医院见到了杜汗医生。他正在享受休息时光和外国的食物。

我们的体检也开始了。从山西出来后, 我们应该有很多虫子, 体检只是为了给它们分类。

今天又有 3 次警报。我们现在已经习惯了, 几乎没动。

斯托克利建议我们从年轻的化学家大卫·李（David Lee）那里或者通过他为霍尔小姐购买医疗用品。迄今为止, 清单包括治疗回归热的砷凡纳明（914）、治疗痢疾的硫酸钠和高岭土、奎宁、阿司匹林、焦硫软膏等。

我今天称了体重, 135 磅。这个数字本身就能说明一些问题。

[他的正常体重应该是 170 磅。]

1940 年 7 月 28 日（星期日，西安） 伯格斯特龙旅馆

我今早去了几家商店了解医疗用品的价格，然后回来问大卫·李那边的估价。他给我们的划算得多。

把斯托克利的介绍拿给了中国银行的李银行家。他不在，所以我们离开的日期还很不确定。

我们的第一份体检报告出来了，路易患有阿米巴痢疾，我的血液测试结果都是阳性的。我完全不知道我在哪里染上这些东西，除非是在肮脏的陵川澡堂。

伯格斯特龙一家在兴平（音译）过夜。

1940 年 7 月 29 日（星期一，西安） 伯格斯特龙旅馆

早餐后我们前往大卫·李的化学工厂，刚走到钟楼，该死的警报又响了。我们转过身，随着人群向西门跑去。然而，我们停下来拍了几个有趣的电影镜头。

我们从大卫·李那里拿到了所有药品：100 磅硫酸镁、40 磅高岭土、200 支砷凡纳明（7.5）、2000 片硫酸奎宁，以及一些其他的小物品。

李银行家的消息让我们跳了起来，我们明天可以坐中国银行的卡车从宝鸡出发。我们决定尽力做到，因为只有 4 个小时的时间去赶火车。路易立即回家开始收拾行李。我四处转了转，把事情都办完：去医院，王小姐的事（肺结核导致她不能执行她的计划，我去看她时，她大哭了一场），去圣公会教团取霍尔小姐的钱，然后回家。但我们忘了我们的通行证，警察还留着呢。路易去找他们要，但拿不回来。这样我们所有的狂奔都白费了。我们没有

通行证就走不了。整个晚上都在看伯格斯特龙旅馆的彩色幻灯片。

1940 年 7 月 30 日（星期二，西安） 伯格斯特龙旅馆

今天又有两次空袭警报，飞机仍在飞往重庆及其附近地区。这里的人们觉得日军随时都可能把注意力转移到西安，我希望那时我已不在这里。

路易和我几乎已经决定乘今天晚上的火车去华山了。但是下午 3 点钟，我们接到李银行家的电话，说离开宝鸡的卡车被延误了，我们仍然有很大机会赶上。今天太晚赶不上火车了，所以我们将明天向西走。

今天我洗了几张照片，有些令人非常满意。暖灿的轰炸照片和我们预期的不太一样。

我又去浸信会医院喝茶了。

1940 年 7 月 31 日（星期三，西安） 伯格斯特龙旅馆

我们已经决定今天出发去宝鸡，于是又开始疯狂地到处跑。幸运的是早上的一个长长的警报给了我们足够的时间收拾行李，34 架飞机向四川方向飞去。

午饭后，我借了一辆自行车去医院把给霍尔小姐的一封信交给保罗。在回伯格斯特龙旅馆的路上，我刚刚进入东门，防空警报响了。这时离家还有 4 英里，但我决定尽量赶回去。有那么多的人四处奔跑，我很难向前走。我刚到院子门口，紧急警报就响了，可以听见远处飞机的嗡嗡声。这里没有轰炸，只有 30 多架飞机飞向四川。

尽管有空袭警报的影响，我们还是赶上了火车，12 点 30 分到了宝鸡，准备一直住在中国内陆会的旅馆。

1940 年 8 月 1 日（星期四，宝鸡） 基督教青年会

睡了 3 个小时后，今天早上我们被来教堂祈祷的人吵醒了。于是我们起床去中国银行，希望能搭上一辆卡车。

我们计划搭乘的那辆卡车昨天离开了，但后天还可能回来。

我们本来计划今天四处看看宝鸡，但是我们都太困了。事实上，下午 6 点 30 分，我们终于出去看了看。

宝鸡是一个发展迅速的边界城镇。3 年前，它是一个 5000 人口的内陆小县城。现在它是陇海铁路的终点站，也是甘肃—重庆公路的连接点。它有发电站、大型工业工厂，人口超过 6.5 万。这里还有电影院、基督教青年会，以及所有战时边界城镇中都会有的堕落活动。

今天有 64 架飞机飞过，前往四川。

发了电报到上海，告诉他们我们在路上了。

1940 年 8 月 2 日（星期五，宝鸡） 基督教青年会

我早起去赶前往石罗坡（音译）的快车，上午在那里参观了从汉口搬到这里的合作社纺织厂和一家大棉纺厂。

合作社工厂做得真不错。这个地区使用的大部分布料都是在他们的工厂里制造的。在合作社工厂工作的人似乎受到了很好的待遇。他们每天工作 8 小时，与之对比的是棉纺厂工人每天工作 12 小时。

虽然我只参观了织布厂，但我也看到了他们生产的许多其他产品——皮革制品、盥洗用品、服装、金属配件、草帽等。我还在他们合作社的一个餐厅吃了几顿饭。

大棉纺厂也很有趣，在山洞中设置有 2 万个纺锤。目前，它的动力来自一个铁路机车。

和 Y 秘书一起吃了晚饭。他来自太原，认识 Myrep［？］。晚饭后他们带我们去看了一幅中国画。

1940 年 8 月 3 日［星期六，黄石堡（音译）］ 旅馆

由于银行家要求我们在上午 5 点以前到达银行，为了准时到达，我们很早就动身了。但是让我们非常反感的是我们不得不等到 8 点 30 分才开始走。然后，车只是去货仓里装了些棉花。实际上我们 11 点半才离开宝鸡。

翻过了宝鸡南边的一座大山。公路像葡萄藤一样［蜿蜒而行］，修建得很好。

公路上交通繁忙，大部分是靠人和骡子拉着的胶轮车载着棉花南下。汽车也很多。

今天晚上下雨了，所以在我们的计划之外过了一晚。路易和我住在一家旅馆的房子里。路易睡在一个摇摇晃晃的 2 米 × 4 米大的房间里，我打算在大厅的一块木板上休息一下。

我们一行有 3 辆国际卡车、26 包棉花、1 个女人［银行家的妻子李女士和他们一起去了］，还有 5 个男人。

1940 年 8 月 4 日（星期日，陕西褒城） 周地所（音译）旅馆

尽管今天早上有下雨的危险，我们还是出发向大山的方向驶去。运气还不错，如果我们等的时间再长一点，这条路就无法通行了。因此，我们必须加快一点。

中午，我们在一座古老但环境优美的寺庙①前停了下来，它

---

① 应当是张良庙。——译者注

是为了纪念那位推翻秦朝，但放弃了名声的人而建造的。我拍了一些有趣的照片，希望有趣。

下午大部分时间，我们下山到汉中平原。在几个小时的时间里，经历了从温带到热带的变化。我觉得太热了！

褒城也是一个著名的地方，因为一个女人而闻名。一个帝王的宠妃，为了搞笑一下，让帝王点燃了所有的烽火。错误的警报使军队愤怒，所以当几个月后发出真正的警报时，军队没有回应，都城被入侵者占领了。

1940 年 8 月 5 日（星期一，褒城） 周地所旅馆（银行放假）

这对我们来说也是一个节日。今天早晨这条河的水位太高了，我们过不去。最重要的是我们刚吃午饭又下了一场大雨。照这样下去，谁知道我们会有多少天假。

我一整天都在睡觉、吃饭和调查我们下面的那个小村庄。这里的人和山西的农民很不一样。他们这里的房子比山西的房子更草率、更具临时性，但是吃得更好（更均衡）。

这里的男人似乎不那么活跃，女人则更自由、更具侵略性。

1940 年 8 月 6 日（星期二，褒城） 周地所旅馆

又下了一夜的雨，我们被困在这个洞里需再等一天。

今早我们从卡车上取下我们的皮包，这样我们就有更多的娱乐了。我们换了衣服，玩了几盘中国象棋，然后开始算账了。

路易和我在村子里的餐馆里转了一圈。

早餐：米饭、炒鸡蛋、茄子汤和葡萄。午餐：炒饼（煎饼）、鸡肉和青椒、肝和茄子汤。晚餐：没有。我不饿。

晚上与教育部的［空白］先生聊天。他一直在与一个小组一

起为总裁调查陕西、甘肃、宁夏和青海政府的效率。

甘肃和宁夏比其他地方优秀得多。

1940 年 8 月 7 日（星期三，褒城） 周地所旅馆

雨越来越大！这条河的水越涨越高。

今早发现了一顿美味的早餐：热豆奶、红糖和油条。某家餐厅每天早晨都供应这种早餐。从现在开始我就在那里吃早餐。

今天早上我们在算账间隙下了很多盘棋。负责我们房间的男孩特别喜欢这个游戏，缠着我和他一起玩。

1940 年 8 月 8 日（星期四，汉中） 周地所旅馆

今天还在下雨，我们继续下棋，继续算账。算账进展得很顺利。我把现金换成了一些支票。现在我得等着看流水账的结果。

这条河的水位已经达到最高点了，在夜间上升了 1/2 英尺。这种情况还能持续多久？

今天中午大雨停了一会儿，路易和我决定去汉中看看。我们推了很久，烧木炭的汽车才发动起来。但车子一旦走起来，我们很快就到了汉中。

　　［1949 年春，汽车通过改装而烧木材，这种改装基本上是一个密封的蒸馏器，下面有一个火坑。木材在坑中燃烧会加热蒸馏器，并将易燃气体从装到坑中的木材中排出。这些气体通过管道输送到发动机，为车辆提供动力。这会冒很多烟，但有效。我猜索万喜坐的车就是这样的。］

对于一个面积这么大的城市来说，汉中是一个破败不堪的地

方。可能中国中部的城市无法与华北的城市相比。

我以为我们今晚要去看演出，但是剧院漏雨了，所以我们不得不回家睡觉。

这里的蚊子太可怕了。

1940 年 8 月 9 日（星期五，褒城） 周地所旅馆

昨晚的雨是我们经历过的最大的一场雨。我们起床时周地所旅馆院子里的积水有半尺深。

没有更好的事可做，我们每人都买了一顶直径 2.5 英尺的大雨帽，在雨中走回褒城，走了 15 千米。

1940 年 8 月 10 日（星期六，汉中） 周地所旅馆

我今天上午在饭店非常惊讶地看到了卡洛琳·王（Caroline Wang）小姐，我们似乎去哪里都能遇到。路易、我和王小姐在城里转了转，然后回我们屋子下棋了。

今天晚上我请卡洛琳还有我在阳城遇到的一个第 14 军的人一起出去吃了晚饭。

今天没有下雨！河水水位正在下降。但我们听说西南方向路上有几处被冲毁了，所以即便我们明天过了河也没什么用。

1940 年 8 月 11 日（星期日，褒城） 周地所旅馆

水位一直在下降，但他们仍然拒绝开放轮渡服务。但如果不下雨，他们保证我们明天就能过河。

卡洛琳找不到任何事做，所以过来让我们陪她玩。我觉得我们做得还不错，有象棋和纸牌。然后到了晚上，我们召集了几个人一起唱了很多歌。

1940 年 8 月 12 日〔星期一，勉县新铺（音译）〕 寺庙学校

我们 6 点起床，11 点 15 分才过河。特权车或者比我们更有面子的人一直在我们前面插队。最后，我们绝望了，在街上雇了几个人，用一艘空船把我们送到对面去。前两次渡河都没问题。但是，当我们的第三辆卡车开始过河的时候，渡口的管事人出现了。天哪，他简直疯了。我想我们应该先问问他。

今天下午经过了路上的 11 处断路，我们很幸运能通过其中的几处。在一个地方，我们滑出了道路，大约 50 个人帮助才使我们重新上路。

今晚一些军人带我们进了寺庙，他们有 20 多人来自北部前线。他们在他们住的庙里给了我们一间房，每人两张桌子。〔我猜是用来睡觉的，一张可能不够长。〕我们还和他们一起吃了晚饭，但我必须唱歌。他们想听一些美国歌曲。当然，我必须告诉他们我对中日战争的看法。今早见到了一名可爱的年轻护士，她刚从北京协和医学院来。卡洛琳带她来吃早餐了，她梳着两个简单的短辫子，好有魅力！

1940 年 8 月 13 日（星期二，宁强） 旅馆

我们又被陷住了，刚出新铺，这是今天上午的第一件事情。过河时我们在松软的沙子里陷住了，花了一个小时才把那辆旧卡车拖出来。

今天我们在穿过附近的一座山脉时，走过了一条有趣的蜿蜒小路，在最大的"S"形弯处有 13 棵树。那是一段美丽但艰难的行车旅程。

在上文提到的大山山顶附近，我们经过了一辆合作社卡车，车顶上不是别人，正是我们的老朋友何克先生。我们经过时握了握手，但没有说很多话。

我们今天下午到宁强的时候正在下雨。据说前面的路毁了，我担心我们又要因此被耽搁了。

我注意到中国中部的茶馆比华北的多很多。那里也有说书的或其他娱乐节目。

这里的鸡是无尾的，但是我还没找到原因。

索万喜的老朋友乔治·何克

1940 年 8 月 14 日（星期三，宁强） 旅馆

现在我们在从西安到重庆的路上已有两个星期了。从今天的情况来看，我们可能还要再用一个星期左右的时间赶路。

下了一夜的雨，所以我们在宁强坐了一整天，度过了一个悲惨的夜晚。我的小房间有 6 个地方漏雨。无论我把我的木板床移到哪里，似乎总是在头顶上漏水。我最终放弃了寻找干燥地方的努力，假装我躺在沙滩上，在雨中打盹。我那样睡了一会儿，但我的毯子都湿了。

下午我睡了很久，弥补了昨晚睡眠不足。我找了一块油布盖着，就让它继续漏水吧。

我又找到了面包和牛奶当早餐。豆浆可以救命。我们把银行家的妻子李太太也带上了。

1940 年 8 月 15 日（星期四，四川） 壕沟

今天我们离开了陕西，进入了一个新的省份。但在这里，命运也与我们作对。我们的车驶入了边界附近的一条壕沟里，花了 3 个多小时才被拖出来。幸运的是附近有足够的人提供帮助。没有他们，我们仍然会陷在那里。

我们下午到了，但由于水势太大而无法前进。他们向我们保证，渡轮明天将开放供汽车通行。

我去了趟内陆会，与来自英国的怀特小姐和［空白］小姐喝了杯茶。

路易今晚身体不舒服，我和一个从工业合作社来的小伙子共进晚餐。

预计会有一个糟糕的夜晚。这里的蚊子很可怕，臭虫也不少。

1940 年 8 月 16 日（星期五）

我们早上 5 点与卡车一起到了河边，但是我们前面已经有 4 辆卡车了。然而，当渡轮 7 点开始运营时，12 辆军车（似乎有特权）排在了我们前面。我们想尽量不延误，于是就去找了渡河的

管事人，得到了按照到达时的顺序通行的许可。没有运送补给的军用车辆则没有特权，而这些军车都是空的，但它们还是不顾命令，抢在我们前头。

为了改变这种状况，路易破坏了他们车子的一个关键部件，让他们的车熄火了。这引起了不小的骚动，但却使他们变得规规矩矩了。

后来又发生了拖延的事情，我们的一辆汽车（卡车）滑下甲板，掉进了河里。花了 2 小时才把它拖出来，那时已经是下午 5 点了。

我们今天只能走 20 千米，停在了另一条河边。在我们到达之前，船夫们对一些司机很生气，拒绝再次让车通过。总共有 118 辆车在等待。

路易还是不舒服，今晚睡在地板上。

1940 年 8 月 17 日（星期六） 翻进壕沟！

今天上午渡船开动了，但我们的车过河后已 10 点多了。

在上山的路上，我们的最后一辆车走在一段很滑的路上（那时候雨下得很大）。另一个方向驶来的一辆卡车把我们的车挤出了公路，车翻转了 3/4 圈，侧倒在一条小溪里。

看到我们的车处于这种情况让人十分沮丧，但是我们马上就开始工作，让它重新上路。首先我们雇用了大约 25 个人。把车辆立了起来，卸下了一捆捆棉花，在沟上架起了一座桥。下午 6 点 10 分，我们的车又回到了路上，装好了货物，准备前进。天快黑了，这一夜我们在第一个大城镇停下了。

路易的情况似乎在恶化，他没有吃晚饭，而是马上就上床睡觉了。我和那帮人一起吃了晚饭。

我们今晚在霍乱流行地区附近。

1940 年 8 月 18 日（星期日，汉阳）　周地路（音译）车祸

我们想要不停车直接穿过霍乱流行区。下午 2 点，我们以相当快的速度行进，这时一辆下山的卡车向我们驶来，我们把车开到路边让它过去。但是，它从侧面刮到了我们的车，几乎把我们的车板扯下去。它还真有军队的作风，想逃跑。今天感觉不舒服，我的怒火立刻爆发了。我从车里跳了出来，跳到了那辆车的脚踏板上。车上的人停下车想把我推下去。就在这时，我们后面的一辆卡车出现在拐角处，司机一眼就看清了情况，堵住了道路。

我们的军队朋友快疯了，因为我们已经能够阻止他们了。一场打斗就要发生了，有几个人甚至拿着左轮枪对着我们，但其他人阻止了他们。我拍了几张现场照片，这让他们害怕了。两小时后，他们把我们的车修好了，也道了歉。

在修车的时候，我给路易在一包棉花上安了一张床。他今天发烧 104 华氏度。

1940 年 8 月 19 日（星期一，成都）　加拿大传教团联合教堂

昨晚我一直照顾着路易，没怎么睡。我很感激今天 5 点我们就出发了。今天延误不多，只是司机坚持要每隔一家茶馆停下来喝杯茶。

下午 4 点车到了成都，直接去了中国银行。打了几个电话试图与华西医院取得联系，但电话无法接通。后来我又试着给教友会打电话，也没打通。我把路易安排在旅馆的房间里后就坐着人力车去教友会传教团，找到了传教团地址，但是所有的教友会成员都在山上。然而，我找到了一个乐于助人的中国小伙子，他告

诉我，我们可以找辆汽车，自己送他过去。于是，我们冒着倾盆大雨出发去找车。我们花了 30 元找到了一辆车，然后带着路易去医院。8 点到了医院。

我和威尔福德（Wilford）医生在一起，雷诺克斯（Lenox）医生负责诊治路易。

1940 年 8 月 20 日（星期二，成都） 加拿大传教团联合教堂

我今天早上起来，大约是 8 个月来第一次听新闻广播。听到英国和美国的最新消息真是太让人激动了。

我和昨晚那个帮助我弄到车的年轻人一起去了城里，给路易买了一双拖鞋，给我自己买了一条短裤。我对成都的印象与昨晚截然不同，看起来确实是一个令人愉快的地方。很多人，很多商店，只要付钱就可以买到几乎所有想要的东西。我对丝绸商店里做漂亮绣花的小男孩特别感兴趣，精致的刺绣是让成都受到重视的东西之一。

今天有一次警报，但是飞机飞去重庆了，没到这里。昨天有190 架飞机轰炸重庆。据报道，该市约有 1/3 的地区都着火了。

路易今天感觉好些了，医生认为他得了疟疾或者伤寒。

又延误了！

1940 年 8 月 21 日（星期三，成都） 加拿大传教团联合教堂

路易现在感觉好点了，但医生确信他得了伤寒。

今天早上我又转了个弯去城里买了一条换洗的裤子，只要 23元［50 美分］。今天又有警报，飞机没有到这里来，所以可能又是重庆。

今晚我和威尔福德医生一起去成都扶轮社开会，在华西大学

的一位职员斯洛卡姆斯（Slocams）博士的家中吃了一顿丰盛的晚餐。有3位发言者——武汉国立大学校长艾伦（Allen）先生、开展平民教育运动的晏阳初（James Yen）先生和自由中国食品委员会主席陆（Lu）先生。陆先生现在正致力解决成都的大米短缺问题，他说他们反对让农民出售他们的剩余产品。显然，他们的问题和八路军在山西的问题是一样的。

1940 年 8 月 22 日（星期四，成都） 加拿大传教团联合教堂

今天又有警报，但是什么也没有发生。

我今天花了一些时间在小镇上逛逛，对成都的整体情况有一些了解。

这个城市面积相当大。根据城墙来算，它的周长有 12 英里。现在的人口接近 100 万。成都也是一座具有相当历史背景的城市。在三国时期（220—280 年），它是最强大、最进步的蜀国的都城。中国的众多王朝中也有两个诞生于成都河谷。

这座城市仍然拥有许多古老的皇家地标，但它们正在迅速消失。旧城墙正被拆除，材料用于建设新的政府大楼和工厂。古老的皇城仍然在一圈城墙中屹立，但不能与西安或北平相提并论。

1940 年 8 月 23 日（星期五，成都） 加拿大传教团联合教堂

一天的大部分时间我都花在睡觉和阅读上，但似乎我休息得越多，就感觉越累。

今天下午我进行了体检，想找出瘦了 35 磅的原因，然后开始恢复到原来的体重。

成都仍是"旧"中国与"新"中国的混合体。走在一条街上，你可以看到现代化的商店、旅馆和剧院。

1940 年 8 月 24 日（星期六，成都）　加拿大传教团联合教堂

今早我拍了张胸片，只是身体检查的一部分。下午在乔拉夫太太（Mrs. Chorlaff）为我准备的茶会上，我不得不在众人面前讲述我在华北的经历。他们对我个人的情况比对其他方面更感兴趣。

我给他们看了我从红色地区收集的纸币和我的一些战利品。很遗憾我的照片没有打印出来，它们肯定会很有趣。

我决定在路易治疗伤寒的时候去峨眉山旅行一次。

我们在吉恩·米勒（Jean Miller）医生家办了一场桥牌派对。那里有一对年轻夫妇刚从纽约来，他们正在前往西藏边境的路上。我猜他们是在度蜜月。

我的桥牌有进步。

1940 年 8 月 25 日（星期日，成都）　加拿大传教团联合教堂

我今早去了加拿大传教团联合教堂的中国教堂服务处。在这里参与的人不多，不能展示他们的工作。

今天晚上，我又在吉恩·米勒医生举行的晚餐上面对大学的一群人做了一次演讲。这里的大多数人对八路军的兴趣超过别的事情。

演讲的大纲：

1. 我们的组织和工作地点。

2. 在山西东南部的难民中开展的工作。

3. 华北前线政治、军事概况。

4. 一些个人经历。

我们今晚又吃了冰激凌。我想，如果每次都能吃到冰激凌，我愿意天天演讲。

1940 年 8 月 26 日（星期一，成都） 加拿大传教团联合教堂

尽管昨晚下了一整夜的大雨，我还是早早地来到河边，希望能找到一艘船去嘉定。但是河水涨得太高了，船无法从桥下通过。

回到医院后，我去大学图书馆浏览了一下。在我回曼彻斯特学院之前，在这里我必须经常到校园里去感受一下学校的生活。

路易今天不怎么烧了，但他的体温还有 105 华氏度。

1940 年 8 月 27 日（星期二，船上） 成都西南部

雨又下了一整夜，采纳了威尔福德医生的建议，在船无法通过的地方，我搭乘一辆黄包车从桥外过去。

果然中午有船开往嘉定。我订了一条船，在甲板上铺好床，等待开船。

我们的船是一条大约 60 英尺长的河船，中央部分覆盖着拱形的席子，用于遮挡阳光或雨水。由 1 名舵手在后方掌舵，前方有8 名桨手划船。

由于水涨了，我们现在过得很愉快，经过的乡村也都很美丽。准备收割的稻田，成片的竹林，坐落在起伏的红色山丘上的矮矮的小茅屋，在河岸附近常见的打滚水牛。还经常有一系列巨大的灌溉水车随着河流而缓慢地转动。

我们在船上吃了大锅饭，一大桶米粥被放在船的中央。每个人都必须自己拿碗，自己动手盛。如果你等着别人来帮你，你会发现没人理你。

1940 年 8 月 28 日（星期三，四川嘉定） 船上

我没能好好享受这美丽的一天和独特的风景，因为身体稍有

不适——头痛，可能还有点发烧。希望我不是像路易那样生病了。

值得指出的是幸福和快乐的程度是受一个人身体状况影响的，这点显而易见。

今天我体验到了四川人性格中有趣的一面。我们36人的船被耽搁了，但几乎没人抱怨，因为一个不重要的人度过了一个"狂野"的夜晚后没有心情早起。事实上，当我说我没睡好时，他们才去找他。

还值得说的是四川人本质上是非常"共产主义"的。我这段时间很难让我的床只给我自己睡。每次我坐起来的时候，没有付床位费的人就会躺在我付费的床上，并盖上我的毯子。当我把午餐拿出来的时候，能够拿到的人不经邀请就自己取食，而且显然没有感到尴尬。

1940 年 8 月 29 日（星期四，峨眉县） 福音堂

今天清晨，我们在小阵雨中抵达嘉定。要么是我的中文不够好，要么就是这里的人力车夫不懂他们自己的语言。总之，他们带我走了 3 个地方才找到了中国内陆会传教团的驻地。

昨晚两位内陆会的女士刚从峨眉山回来，所以她们能给我最新的旅行信息等。吃过早饭，我雇了一辆人力车到 30 里外的峨眉县去。

我经过了一些最有趣的地区。这些地区几乎可以被戏称为红土地，所有的岩石甚至土壤都是红色的。由于低山丘上有很多树，呈现出一片红色和绿色的美丽景观，快要成熟的小麦又添加了一点黄色。

峨眉县位于雄伟的峨眉山脚下，它是一座小而繁忙的城市，依靠来访的朝圣者的贸易而存在。我今晚要在内陆会的福音堂住一晚。

1940 年 8 月 30 日（星期五，峨眉山）飞桥亭

我今晚在亭子里休息，亭子位于两条山间激流交汇处的正上方的两座桥之间。两条山流汇合的欢快声音成了我的摇篮曲。但它也有雷鸣般的咆哮，在清晨将我唤醒。这个亭子有点破坏了这里的美感。这种批评不仅适用于飞桥峡谷，而且到目前为止，我对峨眉山的总体印象也是这样。四川的寺庙似乎并没有北方寺庙那种与风景融为一体的感觉。

失去登山的滑竿之后，我正在徒步爬上峨眉山。抬滑竿的人不再抬我了。

1940 年 8 月 31 日（星期六，峨眉山）九老洞

我向上爬了一整天，"峨眉金顶"仍然高耸在我们上方。

出于某些原因，这将被认为是悲惨的一天。无间断的雨和雾。能见度充其量只能达到几百英尺。然而，由于无法看到远处的山峰和下面的平原，我能够更好地专注于眼前的现象。雾有时给人一种奇特的印象。唯一的现实是身后不断上升的石阶以及身前的几个台阶，其他的一切都成了我路上要探索的神秘事物。

今天晚上喂猴子很有趣，它们已经变得非常温驯，甚至会从你的手中拿走食物。

1940 年 9 月 1 日（星期日，峨眉山）金顶

今天，登山时经过天门石后，我们到达了金顶。到达时 6 点半左右，我们欣赏了日落。羊毛状的云朵反射着太阳的金色光芒，这个地方实际上已经变成了真正的"金顶"。无法用言语形容的美丽令人惊叹。在西边，透过闪光的云层，可以看到世界上最高的山之

一的被白雪覆盖的山顶也沐浴在金色的阳光中。而在东南方，8000英尺以下，河流、运河和稻田组成的巨大网络也反射着金光。

但是，当太阳落到西面的大雪山后面，一阵大风刮来，气温骤然下降。我走进屋子，和其他几位客人以及住持，围着一个巨大的炭火盆站在一起。我们的谈话围绕着峨眉山的奇观、西面（西康和西藏）的广袤群山以及世界局势展开。睡觉前，禅师带我们到阳台上，去看在我们下面峡谷里四处飘荡的"神光"，它们看起来像灯笼。

1940 年 9 月 2 日（星期一，峨眉山） 万年古庙

我早起去看壮丽的日出，这是我见过的最美丽的日出之一。这个早晨明亮而晴朗，我们绕到金顶的西侧，希望能看到西部的大雪山。因为有一层层的白色卷云，过了几分钟我们才发现我们要找的东西。当云朵移动的时候，在我们的眼前逐渐出现了 3 座壮丽的白雪覆盖的山峰，高耸入云。只要是山就让我兴奋，你可以想象我的感受。我站在那里用我的放大 10 倍的单筒望远镜看了两个小时。这个地区的山都很高，但有一座山峰高耸入云，比眼前的任何一座山峰都高。这确实是"消失的地平线"的景象。

我上午看到朝圣者前来膜拜金顶寺，十分有趣。我看到他们在到达目的地和在"峨眉山天宫"里烧香时表达的喜悦之情，感觉特别好。

刚好在下山之前，我看了一眼"佛光"。当太阳在你身后，云彩在你脚下，你转向看东边的悬崖时，你就会看到它。你的影子投在羊毛状的云上，周围有一道彩虹的光晕。这就是虔诚的佛教徒过去常常投身于其中的"佛光"。我们过夜的万年古庙是山上最古老的寺庙，据说有 2000 年左右的历史。还有一些寺庙大约有

2000 年的历史。万年古庙吸引人的主要景观是有一座高 33 英尺的青铜铸骑大象的佛。

值得一提的是如果我想开一个度假旅馆，峨眉山寺庙里的一些禅师会成为优秀的酒店经理。在山上时，我们在所住的所有寺庙都得到了很好的管理。他们很高兴使客人们感到舒适，我也很高兴！

1940 年 9 月 3 日（星期二，峨眉县） 中国旅舍

晨祷的声音唤醒了我，那是有节奏的击鼓声、铙声、钟声，伴随着禅师们的吟唱。我通常会很讨厌这么早被叫醒，但今天是个例外。我房间的整个东墙是个落地窗，所以当我睁开眼睛时，首先映入眼帘的是初升的太阳。接着，变成了比我们昨天看到的更美的日出，我用彩色胶片拍了下来。我希望能洗出来。

中午前我到了峨眉县，这里有两辆公共汽车。我希望这意味着我明天能回到成都。

在中国旅行社，有几个外国家庭也希望明天能回到成都。我们也许能包到一辆巴士。

1940 年 9 月 4 日（星期三，成都） 威尔福德家

这一页上除了他在成都威尔福德家的记录外，没有其他笔迹。我猜他是坐上了公共汽车，笔迹变得不稳定了。下一篇日记是 9 月 8 日。

——王晋保

1940 年 9 月 8 日（星期日，成都） 威尔福德家

路易今天病得很重，我又给他父母发了一封电报。天哪，我

希望结果不会像我们担心的那样。雷诺克斯医生今天早上说只有奇迹才能使他渡过难关。

今天下午，路易似乎很喜欢吃冰激凌。我希望这是一个好兆头，但他今天完全没认出我。

1940 年 9 月 9 日（星期一，成都） 威尔福德家

路易在今天早上 8 点 15 分去世了。

我失去了一个高尚的朋友。他是为了我们共同的事业而牺牲了自己的生命，但这不会是无用的。

我很痛苦，很难相信这是真的。

之后又写的，不同颜色的墨水。

——王晋保

西姆金（Simkin）先生非常友好地同意负责葬礼的安排，他用为自己准备的棺材安葬路易。

他们正在进行尸检以确认路易的死因。

没想到我们在山西一年的工作竟会有这样悲惨的结局。我们在前线坚持下来之后竟然发生了这样的事，真是奇怪。

我不知道该怎样把这个不幸的消息告诉路易的父母。

1940 年 9 月 10 日（星期二，成都） 威尔福德家

今天举行了两次葬礼。一次是下午 2 点半在加拿大教堂。[空白] 医生主持了这场葬礼。棺材不在，但是布朗夫人和伊莎白把礼拜堂装饰得很漂亮。下午 4 点半在墓地举行了葬礼。斯帕林[？] 医生主持了葬礼。

外国人社区的各位成员带来了许多美丽的花朵、喷雾和花圈，他们的关心和同情太好了。只有在传教团社区中才会发生这样的事情。

我特别要向西姆金先生致敬，他不辞辛劳地安排、办理了葬礼。这是一个很好的葬礼。

伊莎白·布朗证明了自己是一个具有少见的优秀品质的人，她能够缓解一点我心中因路易离世而产生的悲伤。她花了一整天的时间装饰小礼堂，帮我拍照片，她甚至在其他人都离开后陪我在墓地待着。我们一起走回了家。

伊莎白，你永远不会知道你今天对我意味着什么。

1940 年 9 月 11 日（星期三，成都） 威尔福德家

昨晚很糟糕，我脑海里有太多想法。

我给路易父母的信太难写了。我今天写了一点，然后又把它撕了。与伊莎白交谈后，我又试写了一次，比较顺利。

今天我和西姆金一家吃了午饭，他们是一个大家庭。

1940 年 9 月 12 日（星期四，成都） 威尔福德家

下雨期间，我与伊莎白讨论了 2 个小时关于"部落人"的话题。天哪，她是一位天使——美丽、真诚、友善、热情和富有同情心。她真是一个好女孩，坐在她的面前，听着她柔和甜美的声音，让我获得了最近两年中最宁静的心情。

下午我去拜访了柯鲁克，谈了我们的"问题孩子"卡洛琳·王。柯鲁克刚收到她的来信。[卡洛琳似乎和索万喜一样倔强固执！]

今晚应邀去布朗家吃晚饭。太棒了！伊莎白和我互相看了对

方的一些照片。她的照片是在部落国家拍的，我的照片是在前线拍的。一个愉快的夜晚！

［日记有几页空白。］

1940 年 9 月 16 日（星期一，成都） 中国农历八月十五中秋节

我在中国银行的卡车上下车的希望今天破灭了，但现在我已经安排好了 20 日乘邮政卡车去。

今晚，啊，快乐属于我。似乎很奇怪，失去一个好朋友会给我带来另一个好朋友。

下午 3 点 30 分，伊莎白和我坐黄包车出发去北门外的中国戏院。6 点 30 分我们出去散步。艰难地穿过泥泞的小路，穿过墓地，迷了路，终于在演出结束后回到了剧院。晚上我们在街边的小摊处逛来逛去，吃了我们感兴趣的东西。我们在公园里花了半个小时在月光下慢慢地吃月饼。［本来应该是满月的。］我们坐在池塘上方的一个小土堆上。晚上我们用火锅自己煮了东西吃。这难道不是快乐吗？

1940 年 9 月 17 日（星期二，成都）

今晚我给成都扶轮社做了一个简短的报告。像往常一样，八路军是报告的话题。

但是比在扶轮社的演讲更重要的是后来的桥牌，这也很难说是桥牌。伊莎白也在。桥牌玩得不怎么投入，但我喜欢看着她。今天晚上她穿着一套深蓝色的衣服，比昨晚绿色的那套更保守一点。天啊，她穿什么都漂亮。为什么我这么快就要走？

我自然想知道她是怎么看我的。如果有，也只是表面印象。

即使我想打扮，我除了剃须也不会更多打扮。我没有花哨的社交活动。

1940 年 9 月 20 日（星期五，内江）

我们凌晨 5 点半到了邮局，但我们直到 7 点才出发。我们坐在一辆被撞得稀烂的道奇卡车里，但它还能开，感谢上帝。我们有一个好司机。

今天我对中国西部有了一些新的认识。这里的景观与成都北部有很大的不同，有相当大的砂岩露出来。

昨晚我没怎么睡，今天不断犯困。我猜我想伊莎白太多了。我无法忘记，我也不想忘记昨晚我们在门廊上告别时她的样子。

索万喜，你恋爱了吗？还是只是一时迷恋？至少我们会试着通几封信，看看结果如何。

她是个美丽的女人。我现在知道了那个真实的想法，情况越来越复杂了。

1940 年 9 月 21 日（星期六，重庆） 加拿大商务局

酒精会让人做出各种滑稽动作，但要让卡车保持行进需要的不仅仅是酒精。这是邮政卡车用酒精作为燃料的第一次旅行。今天早上发动车子时我们费了很大力气。在我们离邮政补给站还很远的时候，我们的燃料就用完了。

我想要拦下路过的汽车，要一点汽油或酒精。我坐在挡泥板上，一点一点地把借到的酒精滴进化油器里。这样我们撑到了下一个邮政站。

换卡车后，我们在发动汽车方面遇到了同样的困难。等我们到重庆的时候，星星已经在我们头顶 6 个小时了。

因为找不到加拿大商务局，我们去了一家中国客栈，度过夜里的最后几个小时。

1940 年 9 月 22 日（星期日，重庆） 沃特（Vaught）家

早餐前，我叫了一辆人力车，帮我找在长平街（音译）54 号的教友会中心。一个小时后，我找到了长平街，但没有 54 号。我只能在地上找到一个大洞，我怀疑即使是老鼠也能在那里找到栖身之所。

漫无目的地寻找加拿大商务局，后来我终于遇到了一个年轻的俄罗斯女孩，她帮我找到了正确的方向。

我从中国航空公司订购了机票和军事通行证，他们承诺我可以在 28 日乘坐 DC2 班机。

我去了从长平街搬到河对岸山上的沃特家。

我所看到的重庆就像武乡一样。废墟，废墟，还是废墟。但是即使这样，留下来的数量还是很让人惊讶。生意照常进行，每个人似乎都很满足。

1940 年 9 月 23 日（星期一，重庆） 沃特家 ［此页空白］

1940 年 9 月 24 日（星期二，重庆） 德拉姆赖特（Drumwright）家

今天上午我写了几封信。有一封是给伊莎白的第一封信，我希望可以成功寄到！第二封信是预订九龙莫迪路 52 号上飞利浦大厦的一间房间。显然，在我去上海之前，我们将在那里待几天。

下午，沃特先生的中国秘书和我去了城里。我本来希望在基督教青年会找到龚小姐——龚澎［朱德的秘书，见 6 月 25 日的日记］的妹妹。她还没来，但我和一位教友会信徒爱丽丝·杨谈得很愉快。

晚上我去德拉姆赖特家吃了晚饭，他是美国大使馆的工作人员。他的目的很直接，想获得一些关于八路军的情报。我们讨论得太久，我晚上在那里过了夜。

从今天晚上收到的消息来看，法属印度支那显然将很快成为日本帝国的一部分。

1940 年 9 月 25 日（星期三，重庆）

今天我又去了扶轮社，看来我已经养成了去扶轮社的习惯。他们没有像成都或西安那样好的团队。

1940 年 9 月 26 日（星期四，重庆） 沃特家

我早起进城，参观了似乎在城外几英里的中央宣传委员会。我见到了洛（Loh）先生，他说他邮寄了 80 元给我。奇怪，我还没收到。

我在麦克赫迪（Mcherdy）家吃了午饭，也是基督教女青年会的爱丽丝·杨和盖拉克（Geilack）小姐邀请我共进午餐。她们和大多数人一样，想知道有关八路军的信息。

喝茶的时候，我碰到了"问题儿童"卡洛琳·王，她几乎又哭了起来。为什么这些人一定要把我当成他们的哥哥？

1940 年 9 月 27 日（星期五，重庆） 沃特家

今天早上我坐在地板上，周围散落着我的东西，我试图将想要的和不想要的、必需品和想要的分开，最后找出最基本的必需品。中国航空公司所允许携带的行李不超过 15 千克。

中午我去城里看看我的票是否已经准备好了。他们虽然准备好了，但是他们把我的行程推迟到了 30 日。他们认为我更喜欢乘

坐 DC3，而不是 DC2。太好了，其实很可能是某个将军希望把他的情妇送出去。

我花了一个下午与作家兼画家的佩克（Peck）先生交谈（八路军问题）。然后我去中央宣传委员会询问照片的事。他们建议走私，因为办理许可证需要花太多时间在繁文缛节上。

1940 年 9 月 30 日（星期一，香港） 飞利浦大厦，飞行

约定的时间为下午 1 点，我按时到了河中的飞机场，但没有飞机。终于从拉修（缅甸边境）传来消息，昆明正遭受空袭，我们的飞机被延误了。但是在下午 5 点，DC3 突然从云层中出现了。

办完行李和护照手续后，我们登上了载有 21 位旅客的飞机，下午 6 点飞机像魔毯一样飞往香港。

因为云层太厚，我们从飞机上看不到地面，不过云和日落还是很壮丽的。

除非有一个好的空姐，否则 4 个半小时的飞行会变得很单调。我们有！

天哪，从中国内陆这么短时间就到了香港，感觉很奇怪。这像一场梦！

1940 年 10 月 1 日（星期二，九龙） 飞利浦大厦

这是我回到文明世界的第一天。我做了什么？做得很少。我为去上海的行程进行了各种预订，包括接种天花疫苗和霍乱疫苗。他们承诺我星期五可以搭乘"俄国皇后号"离开。

参观冰激凌店也是一个非常重要的事件。我尽情享受了菠萝圣代和黄油苏格兰麦芽牛奶。为了获得今天吃一个的享受，一年可以不吃。今天我还吃了巧克力。

1940 年 10 月 4 日（星期五，香港）"俄国皇后号"

我中午登上了"俄国皇后号"。能再次出海感觉真好，终于有一种确实在回家路上的感觉了。由于某种原因，船给我一种"归途"的感觉。

我和一个年轻的法国人共用一个船舱，他可以用"帝国主义者"这个词来形容。他说："我想在一个有苦力的国家生活。我们可以在这样的地方当国王，而在我们自己的国家，我们只是奴隶。"我知道我们哪里不太合适了。

有一个年轻的英国女孩刚从曲阜毕业，她要去加拿大上大学，她觉得一定会很有趣。她喜欢甲板网球，也能认真交谈。她就是玛丽·柯克（Mary Kirk）小姐。

1940 年 10 月 6 日（星期日，上海）"接收之家"

今晚我再次回到了中国。西尔考克在船下等着见我。我没有如我所计划甚至希望的那样去基督教青年会，而是被带到愚园路上荒废地带的教友会"接收之家"。

最近从英国来的一对姓李的先生和夫人——肯尼斯和霍普负责这个"接收之家"，它是为警察捡到的失踪、流浪和"问题儿童"而设立的。但我没经过警察就进去了。

李先生和李太太似乎是最可爱的一对夫妻，他们结婚才一年。我已经可以看到我将在上海得到很好的照顾。

回来真好，但我希望路易能和我一起回来。

1940 年 10 月 29 日（星期二，上海）

今天中午在教堂给一个中国学生团体讲课，这是一个热心、感兴趣的团体。我说的是中文，因为这样似乎更容易把我的想法传达给一个中国团体。我能够用中文表达我的意思，这让我说的东西比用英文表达更有分量。

在这次讲座之后，我立即收到了另外 4 个邀请，其中一个是上海银行家和金融组织。我很抱歉，我不能接受邀请。我想告诉那些男孩一些关于他们自己国家的事。

1940 年 11 月 1 日（星期五，上海） 万圣节

在中国为路易举行了追悼仪式。列博士就路易为中国人牺牲的意义说了几句话。爱丽丝·格雷格（Alice Gregg）代表路易的父母提到了他的家庭对他的工作和牺牲的态度。

（日期为 1940 年 9 月 23 日的迈纳·迈尔斯牧师给友爱会理事会秘书邦萨克的一封信中描述了在北京为路易举行的追悼仪式）

"我们对于路易·惠特克在成都去世深感悲痛，他和索万喜当时正要离开。我们不知道细节，但听说在加拿大小礼堂举行了葬礼，他的遗体被安放在那里的一个墓地里。他的父母从山东来陪伴他们在通州上学的女儿。我们在北京协和教堂举行了追悼会，这个教堂很合适。他的父母非常勇敢。我们没有看到他们流下一滴眼泪。他们都是非常优秀的人，惠特克夫人说他们已经做好思想准备去面对任何可能发生的事情，至少是尝试去做了思想准备。我认为他们做得很好。从我们听到的消息来看，这两个孩子在激流中一定是吃了不少苦头——来自中国人的，而且，与饥饿的或者说至少是没有足够食物的中国人在一起使他们基本上是皮包骨头。在成都，我们听说他们打算在那里待一段时间，以便在继续他们的旅行之前多长点肉。你很快就会知道全部细节的。但是，除非我们的代表去上海，否则我们不想说。"

1940 年 11 月 2 日（星期六，上海）

我在佩里家吃了午饭，他们很喜欢我拍的照片。

我和赫伯特（Herbert）、波森（Boyson）还有一个德国医生共进晚餐。整个晚上都在讨论世界和远东局势。

波森给我们看了他在爪哇岛和巴厘岛拍的照片。天哪，那里的年轻姑娘真是迷人。

1940 年 11 月 3 日（星期日，上海）"蒙特雷号"

所有的行李都留到了今天打包，因此我从早上 8 点一直收拾到下午 2 点。我急急忙忙试图把我的东西放进我的一个小衣箱和三个手提箱里。这永远是最烦人的经历。

会议之后，西尔考克、休伯特、肯尼思、霍普、伊芙琳、玛丽和我在信诚公司吃了一顿中国面条。这是我在中国的最后一餐，很好吃。

晚上 9 点乘摆渡船前往"蒙特雷号"，所有人都下来为我送行。

我登上了"蒙特雷号"，当它从港口驶出时，我不禁为中国祈祷。我为中国奉献了两年的时间，当中国还在为生存而奋斗的时候，我因为自己乘坐这艘豪华游轮离开而有点不舒服。

"要记住，人们称教友派为'朋友'，就为他们设立了一个理想，相信如果一个人无所畏惧地围绕着每个人心中的善说话，将会得到回应；平易地对待高贵的人和普通人；用同样的水准对待居住在宫殿的人和居住在茅舍的人，避免言辞冲突，无论是用嘴还是用笔——不做仓促的结论——这是一个教友应该学到的信条。"——诺拉·沃恩（Nora Waln）

"友爱会的'友爱'一词意味着继承这样的信条，对每个人亲如兄弟，无论他们是贵族还是普通人，无论他们的肤色是深还是浅；相信善是与生俱来的，同类人的吁请会得到回应；在每次接触中都应该言行一致，生活朴素，避免过度奢侈。"

附　录　烽火驰援

——美国青年索万喜 1938—1940 在太行山

刘红庆

111 年前，一群美国人漂洋过海来到中国，学习中国语言文字，扎根太行山偏远的平定、辽县等地，创办新式学校、西式医院，给几个古老的山区小县及其村庄带来了异域文明。他们有很多都带着孩子来到中国，或者在中国生下第二代。其中，索万喜（Howard Sollenberger）1917 年出生，1919 年 8 月随父母来到中国。而王普霖（Ernest M.Wampler）的长子王晋保（Joe Wampler）1933 年出生在山西。索万喜和王晋保都会说太行土话，把太行山视为生命的根！

1937 年，抗日战争全面爆发后，日军迅速推进到太行山，制造了一起又一起惨案，大量乡民流离失所。正在美国读大学的索万喜闻讯毅然回到太行山，寻访并统计难民数量，从美国慈善机构获得支援，将粮食、美元送到最需要接济的乡民手里……

在整个救灾过程中，索万喜留下了数十万字的日记、书信及大量战地摄影作品，并于晚年将这份珍贵的资料交给了一起在辽县生活过的王晋保。

"好红血"用种子代表"钱"，用"鸟"代表难民

"如果可能的话，派一个'good red blood'来帮忙救灾吧！"1938年5月13日，留在辽县负责整体工作的王普霖再次致函美国伊利诺伊州总部。"good red blood"，好红血？笔者无法理解，就征求王晋保的意见。2019年3月27日，王晋保回信说："是的，我能理解为什么不熟悉美国俚语的人会对'好红血'这句话感到困惑。在我父亲信中，这意味着他需要一个精力充沛的年轻人。"据此，笔者将"好红血"翻译为"热血青年"。因为日军入侵，辽县平静的生活被打乱了。辽县友爱会医院的场地和育贤学校成了难民营，无家可归的人被收留在这里。但是，散落在周围大山里的人呢？烽火驰援，这是王普霖的决定。不过，给周围山里难民发放救灾物品，需要靠得住的人员来管理。21岁的"热血青年"索万喜在这个背景下重返中国。

为什么说是"重返"？因为索万喜的父母在平定工作多年后，于1929年来到辽县，在这里干了8年。所以，12岁到19岁大约八年时间，索万喜经常会待在辽县。他的童年、少年时代，是在太行山里度过的。他可以用方言和山里人交流，可以说是地地道道的太行人！

高中阶段，索万喜进入了通州潞河中学学习。在那里，他强壮的身体令人感到惊讶，无论是百米短跑还是撑竿跳高，学校的纪录都是由他保持的。篮球队、棒球队、曲棍球队，都少不了他的影子。高三年级时，他和好友骑自行车在晋东南旅行800英里。索万喜是个好猎手，冬季，他进山里狩猎，几乎走遍了辽县一带的大山。他甚至比当地人还熟悉山里的事情，因为本地人在固定的岗位上劳作，而索万喜在山野里释放着年轻的能量。

　　　　　　　　　　　索万喜日记（1938—1940）

当日本人对太行山狂轰滥炸的时候，索万喜正在美国曼彻斯特大学读书。听说曾经的乐园遭受荼毒，那里善良的人们忍受饥寒，他毅然决然地停止了学业，响应王普霖的召唤，积极要求陪父亲重返中国，重返太行山，援救危难中的人们！

索万喜和父亲于1938年8月20日从美国西雅图启程。父亲开始的是在中国的第三个任期，而21岁的索万喜开始的是人生的第一次任务担当之旅。旅途漫长，他们于10月到了魂牵梦绕的辽县。

时局动荡，在中国北方走不很远的路，索万喜需要有多种通行证。父亲为他安排了从平定到辽县的行程，但是，驮运物资的牲口很难搞到，他需要10匹骡子和8头驴。

当时太行山区不少核心城镇已经被日军占领，索万喜在北平给远在美国的女朋友海伦（Helen Hafner）写最后一封不用审查的信时，和海伦约好，以后在敌占区或需要经过敌人审查的地方发信时，他会使用暗语。比如，乌鸦代表日军，蓝松鸦代表土匪，麻雀代表八路军，种子代表赈灾用的"钱"，鸟则代表需要救援的难民。索万喜举例考验一下女朋友是否能明白：我携带四千袋谷物，到辽县周围喂养那些可怜的鸟儿。这些鸟儿如今遭受了天灾，正忍受着饥饿的痛苦。我希望数量庞大的乌鸦不要掠夺我的谷物，也不要被蓝松鸦们发现……

三个儿子都死于战火，无依无靠的太行老汉边叙述边擦泪

带着和女朋友的暗语约定，索万喜来到了辽县。这时候，辽县周边山区有几支中国军队抵抗着日军。一支是刘伯承、邓小平率领的八路军129师，驻扎在西河头村；一支是薄一波领导的山

西青年抗敌决死队，在辽县西南部的沁县一带；还有张荫梧领导的河北民军中的"二路军"，在辽县东部山区。

1938年10月，真正意义上的烽火驰援开始了。一天，索万喜来到马家拐村调查，村里有36户、约320口人，家家经受了炮火摧残，村民们不得不蜷缩在废墟里或土窑洞里挨过漫长的冬天。一个年迈老汉和两个无助的儿媳妇待在一起，他告诉索万喜，他的三个儿子都死在战火中，而今无依无靠，病了只能由女婿照顾。老汉边说边擦眼泪。

10月22日，索万喜来到桐峪镇，参观了新创办的"第三民族革命小学"，简称"三民校"。三民校的孩子们被派到各交通路口站岗、查路条，索万喜领略了抗日根据地少年的风貌。他在日记中写道："孩子们有一块小黑板，每天在上面写两个生字。拦住过路人，考察他们是否认识。如果不认识，就被关起来，直到学会为止。看着孩子们教老农民明白'汉奸'两个字的意义，我觉得生活里充满了欢乐。"连续在乡村奔走的时候，传来了日军接连占领广州、汉口等重要城市的消息。眼前的和远方的，日军的罪恶让美国热血青年索万喜感到愤怒！他写道："每当我眼前浮现出燃烧着的城市、流离失所的难民，我就恨不得立刻背起行囊，到炮火中去，和中国人一起受苦！恨不能立即参加中国军队，投入到战斗中去！"

因为救济资金有限，能不能用钱生出钱来？21岁的索万喜想了个新办法。由于战乱加上经济封锁，太行山里物资匮乏，百姓生活中最常用的布也不易得到。而山区不缺少棉花，农村妇女又会织粗布，但无力购买棉花。于是，他尝试着搞"小额循环贷款基金"，向能通过织布谋生的人提供5—15美元贷款，卖掉粗布之后还钱。在山里，第一次下乡搞救援，大约 400 名妇女参与了他的这个项目。

1939 年 1 月，索万喜去北平筹措更多的善款和药品。1 月 27 日，奔走中的索万喜在火车上给女朋友写信说："我身上还有一万美元现金。而黑色大手提箱里有十瓶一磅重的乙醚，它们将用来帮助一百多名躺在辽县医院的士兵，他们都负了伤。而医院之外，在半径约二十英里的区域内，还有一千四百多个这样年轻的生命等待救援。"

寻找躲藏在山里的三万个无巢可归的"鸟"并帮助他们

1939 年 3 月，索万喜雇用了四个当地人和他一起走向战区，他骄傲地称呼自己的队伍是"冲锋陷阵五壮士""微型游击队"。其中，最得力的是聂至豪，育贤学校培养出来的第一个大学生，齐鲁大学毕业后返乡担任育贤学校校长。另一位，是索万喜通州潞河中学的学弟、校友、在读学生刘春荣，他与索万喜年纪不相上下，帅气精干。与"五壮士"一起冲锋陷阵的是一头温顺的毛驴。壮士们各自背着铺盖卷，遵循"敌进我退，敌退我进"的行动原则。索万喜站在中国人的立场上，他知道自己的行动是不被日军容忍的，所以，必须与日军周旋才能安全。3 月 11 日当天，他们来到了和顺县喂马村。这里的抗日组织告诉索万喜：大约有三万名无家可归者躲藏在周边山里。当他们从县城或附近村庄逃离时，无法带足够的东西，所以需要救援。

索万喜一行在和顺县城的南部山区走了两周的时间，调查了躲藏在那里的难民数量，并随机发放了粮食、现金，总值 2500 美元。尽管他更乐意直接发放粮食，但运输粮食是不可能的。运输粮食有随时落入日本人手里的危险，因为住在和顺县城的日军一样需要粮食。

这两周时间内，索万喜一行尽可能在一个村庄住宿不超过两个晚上，避免让任何人知道其行踪。两次驰援，索万喜至少发放了四千美元的现金或粮食。

奔走在晋东南根据地，近在几十里处的辽县城已无法回去

1940年春夏，索万喜用麻袋背着两万美元善款，冲破重重封锁进入太行根据地。他在晋城、阳城、高平、陵川、壶关、桐峪、麻田一带不同战区的烽火中穿行，向难民发放赈灾款。令他欣喜的是，在阳城县山区，他居然与一位"辽县男孩"尹光裕相遇。尹光裕的父母都在友爱会服务，父母喂奶牛，母亲作奶妈。而尹光裕本人曾在友爱会医院工作。索万喜成功动员尹光裕和他一起上路，继续向北，朝辽县方向推进。

几次驰援，索万喜至少将3万美元送到灾民手里。3万美元在当时是个大数额吗？可以比较的是，美国人在辽县盖了一所学校花费2500美元，盖了一座带地下室的三层庞大洋楼花费6000美元。所以，3万美元，不算小数目。索万喜烽火驰援的义举，得到了彭德怀、薄一波、李公朴等革命家与爱国民主人士的高度评价。薄一波、戎伍胜、李一清于1940年6月18日请索万喜捎信给"公谊友爱协会赈灾委员会"，信中说："自日本背叛正义，破坏和平，以暴力侵华以来，全国各地惨遭荼毒。兵燹劫余，灾情奇重，而晋东南、冀西各地，复因去年春间苦旱，入夏水潦，旱潦交作，灾荒空前。加以日军烧杀抢掠，难民水深火热，痛苦异常。去年收获成数，较诸往年仅及十之一二。平定、昔阳、和

顺等县，草根树皮树叶罗食几尽，糠粃已如珍馐之难得。辽县、平顺及冀西一带，难民均以糠粃树叶充腹，菜色骨立，惨不忍睹。饥饿毙命者，日必数起。本年入春以来亢旱，迄今不能下种，农时已误，灾荒加重。波等日夜焦急，呼吁请赈。素稔恢宏人道，维护正义，援助抗战，不遗余力。谨代表此区人民，对诸友邦之深切同情及伟大援助，致崇高之敬意及无限之感谢。此次，索万喜先生到此，波等至为感奋，敬请执事诸公垂念灾情，筹拨巨款来此施赈，以解难痛苦为祷。"

得到薄一波等人的书信两天后，索万喜在辽县皇家庄村，与从已被日军占领的辽县城来的父亲见面。当天的日记中，索万喜写道："爸爸告诉我，日本人知道我回来了。一周前，有报道说，有一位年轻的美国人在附近，他是'大大地八路军'！"

1940年7月，在太行抗日根据地的军人黄宇宙给索万喜题字："谢谢美国的朋友，以物资和精神来援助我们，共同打倒破坏世界和平的日本军阀！"此时，在太行山区采访并宣传抗日的李公朴，书赠索万喜以及千万美国朋友："现在的时代一方面是最黑暗的，一方面又是最光明的。时代给予我们的使命就是要把光明的一面尽量的延长和扩大，把黑暗的一面彻底的予以消除。"

而此时，沦陷着的辽县城里，人们暗中和根据地进行着抗日合作。育贤学校的教师，友爱会医院里的医生、护士，甚至厨师，在日军眼皮底下，向根据地发送情报。1940年8月，日军分三次抓捕了学校、医院的十余名中国工作人员，搜查了几个美国人在辽县的家。经过惨无人道的虐待，于秋天将其中十三人屠杀，制造了轰动一时的"友爱会惨案"。其中有曾与索万喜一起奔赴和顺县分配救济物资、此时返乡度假的刘春荣。遇害时，刘春荣只有22岁，他的孩子刚刚出生几个月。美国人侯其苏在文章中回忆道，刘春荣准备动身返校前，和县里人辞行说："这几天，我和姐姐就中日战争的形势谈论了好几个夜晚。由于打仗，许多中国青年丧生，许多青年惨遭迫害……。我们不知道自己是不是也要经受考验，但我们两个到死还能保持伟大的信念，就好了！"索万喜拍摄并珍藏有一张刘春荣的照片，以永远纪念。

在中国工作了两年，23岁的索万喜于1940年11月回到美国曼彻斯特学院。1942年，辽县因抗日名将左权将军牺牲于此而易名左权县。"友爱会惨案"遇害者之一王桂荣的孙子王宁，1955年出生在北京，1989年开始接触友爱会材料。1997年，王晋保带领索万喜等一行人重返中国，王宁在北京迎接。这是王宁第一次也是最后一次见到索万喜。王宁告诉记者：索万喜大学毕业后多次重返中国，或者赈灾，或者工作。而在美国，也以传播中国文化为职业。王晋保在美国大学天文学教授的位置上退休后，多次到北京大学天文学系讲学，与王宁一起把索万喜的故事告诉更多的人。

2016年，笔者同乡好友北京星河公益基金会理事长刘廷儒到美国拜访了王晋保，得到了索万喜书信、日记的英文打印稿。2017年，84岁的王晋保再次回访中国，回访辽县，和王宁、刘廷儒聊他与索万喜共同经历的1938—1940年的点点滴滴。当笔者将索万喜的事迹用中文写成短篇故事时，王晋保回信说："在我看来，你抓住了友爱会赈灾工作的精神，并为中国读者提供了一个非常公正的总结。我父亲始终认为，那些在辽县奉献过的人们做出了比较大的牺牲，应该对他们有一些纪念。现在看来，他的愿望终于实现了。"

为了让索万喜的中国故事更为丰满，笔者联系到了聂至豪定居上海的子女，走访了尹光裕定居在左权县的儿子。清明节，笔者到"友爱会惨案"遇害者李文焕、王桂荣、程玉的坟前献上一份迟到的缅怀；并沿着索万喜烽火驰援之路，重走太行乡村，完成"星河乡土文库"之《洋楼往事从头说》一书……

而索万喜已于2008年以骨灰的形式回到了太行山，并永远与太行人民在一起……

2019年4月6日于左权迎宾馆

后　记

　　索万喜（Howard Sollenberger，1917—1999），美国著名汉学家、外交家、教育家，国际人道主义战士。他在中国友人口中、笔下有"豪尔""霍华德""索利""苏伦白"等不同的名字，但本书的编者、编辑和我们一致认为应以其中文名字"索万喜"为准。

　　30岁之前，索万喜就成为人道主义者，无论在战争中还是战争之后，他时刻关注受难的人们，身体力行地给予帮助。索万喜2岁到达中国，他青少年时代在太行山和北京通州的学校里度过。他在美国读大学期间，中国抗日战争全面爆发，他主动请缨回到他熟悉的太行山救灾。他完成大学学业后再次来到中国，这次他是友爱会和联合国善后救济总署共同支持的联合小组的领导人。他希望通过"农家子弟"项目切实帮助中国农民。

　　30岁之后，索万喜成了外交家、外交教育家，将他和平主义的外交理念和对社会问题的深刻思考带入外交界和外交教育领域。他在美国国务院工作过，在美国外交学院担任过院长。由于他对中国有深厚的感情，所以在美国外交界，他有自己的政治主张，这也招致了反对他的声音一直存在。但他不为所动，始终相信中国人民，甚至在去世之后，他的一部分骨灰撒在了北京大学（原燕京大学）校园，另一部分撒在太行山的千亩、麻田等他曾经魂牵梦绕的地方。

索万喜在山西辽县（今左权县）救灾的原始文字记录保存在略小于索万喜、同样在太行山区成长的王晋保（Joseph Wampler）手里。2017 年，北京星河公益基金会理事长刘廷儒到美国拜访王晋保的时候，得到了经过认真编辑的索万喜资料的英文版打印稿。

起初，我们是为完成"星河乡土文库"《洋楼往事说从头》[①]和乡土文化纪录片《洋楼》[②]而在索万喜的文字中寻找故事。我们用软件翻译索万喜的文字，勾勒索万喜行程地图，尽可能地核实地名、人名等专有名词，以便在用中文表达的时候能准确还原作者本意。当我们自己的工作接近尾声的时候，强烈地感受到索万喜自己的讲述自成一体，独具魅力。

《索万喜日记（1938—1940）》的魅力在哪里？

首先，生动、细腻地描绘出 1938—1940 年太行山区在日军铁蹄蹂躏下，乡村百姓的艰难生存状态，以及中国人民的不懈抗争。本书从一个外国人的视角看战乱中中国的灾难，字里行间充满了人道主义的关怀，对中国当年的战事、生产生活环境、卫生状况、交通条件、区域分割、百姓基本精神风貌和风土民俗都有细致的刻画。本书几乎是中国战时太行山的全景画和战时众生相，对今天认识、理解那个时代，堪称是一本生动的教科书。

其次，面对灾难时作者流露出的深切的人文关怀、爱恨之间的是非及对生命无时无刻的关心，让本书在叙说中有浓郁的人情

---

① 北京星河公益基金会"星河乡土文库"编写组编著，北岳文艺出版社2020年8月版。

② 《洋楼》片长110分钟，分"育贤""疗疾""乡建""驰援""撤离"五部分，讲述了友爱会传教士在辽县29年间的往事，其中"驰援"部分即索万喜的故事。

味儿。特别是索万喜在两年间的生离死别，每一次重要的赈灾、主要人物的聚散给读者的是不经意间的感动。本书不是面向广大读者创作的文学作品，但是这种表达或许更具有文学性。好朋友路易殉职，伴随索万喜不少行程的聂至豪，巧遇的辽州男孩尹光裕，令自己怦然心动的伊莎白，都表达出作者是个重情重义之人。本书是赈灾史，更是灾难中的情感史，灾难重，情更重。

特别珍贵的是本书还对太行革命根据地进行了完全正面的、积极的描述。如果说《西行漫记》告诉人们中国的希望在延安，那么《索万喜日记（1938—1940）》则让我们感受到了灾难深重的中国依旧蕴藏着崛起的力量——在太行山上！

于是，我们通过王晋保与索万喜的家人取得联系，并获得中文翻译本的授权。

虽说隔得不算久远，但索万喜去的地方多，战争环境下军队移动性强，我们很难一一反映出当年的场景。尽管翻译者、校订者和更熟悉太行山地理的我们反复推敲书稿译文，但是依旧不敢保证全部准确。希望更多的朋友在阅读的过程中指出我们的缺憾，以期再版时弥补。

2020 年 6 月 13 日，乡土文化纪录片《洋楼》首映，中国工合主席柯马凯应邀前来观影，他说他的母亲伊莎白和索万喜是旧相识，索万喜曾经表达过对伊莎白的爱意。这一点，索万喜在1940 年 9 月的日记中有明确表达，只是我们在见到柯马凯之前无法判断这是同一个人。伊莎白于 2019 年 9 月 29 日在人民大会堂被授予"国家友谊勋章"，她当时 105 岁，为中国革命和建设做出的贡献有目共睹，所以我们特约她写序言。

感谢王晋保的前期工作，感谢索万喜家人的授权，感谢伊莎白、柯马凯，感谢译校者，感谢北京出版社诸位编辑。希望索万喜讲述的 80 年前的驰援故事能把中美人民的战斗友谊立体而本真地呈现在中国读者面前。读了索万喜的书，中国读者将更加珍惜我们来之不易的和平生活，一起为人类命运共同体的构建奉献绵薄的力量！

北京星河公益基金会